Moulin de 1828 du Mas de la Bosse
Promilhanes

Le livre de la St Valentin

Du même auteur*

Certaines œuvres sont connues sous différents titres.

Romans

La Faute à Souchon : (Le roman du show-biz et de la sagesse)
Quand les familles sans toit sont entrées dans les maisons fermées
Liberté j'ignorais tant de Toi (Libertés d'avant l'an 2000)
Viré, viré, viré, même viré du Rmi !
Ils ne sont pas intervenus (Peut-être un roman autobiographique)

Théâtre

Neuf femmes et la star
Les secrets de maître Pierre, notaire de campagne
Ça magouille aux assurances
Chanteur, écrivain : même cirque
Deux sœurs et un contrôle fiscal
Amour, sud et chansons
Pourquoi est-il venu :
Aventures d'écrivains régionaux
Avant les élections présidentielles
Scènes de campagne, scènes du Quercy
Blaise Pascal serait webmaster
Trois femmes et un Amour
J'avais 25 ans
« Révélations » sur « les apparitions d'Astaffort » Brel Cabrel

Théâtre pour troupes d'enfants

La fille aux 200 doudous
Les filles en profitent
Révélations sur la disparition du père Noël
Le lion l'autruche et le renard,
Mertilou prépare l'été
Nous n'irons plus au restaurant

* extrait du catalogue, voir www.ternoise.net

Stéphane Ternoise

Le livre de la St Valentin

Sortie : 30 janvier 2017

Jean-Luc Petit éditeur

Stéphane Ternoise versant Amour :

http://www.**acommeamour**.com

Tout simplement et logiquement !

À quelques semaines de la Saint Valentin, certains lancent une nouvelle ligne de lingerie...

À la St-Valentin, les femmes voudraient des fleurs... et de l'Amour...
Le diamant, dans certains milieux, s'impose.

Un livre au tirage confidentiel... En 2014, la même idée s'est cognée sur la réalité : un livre invisible...

Peut-être, des femmes (et des hommes) littéraires apprécieront un livre collector... S'ils le voient...

Quand Stéphane Ternoise aborde l'amour, un essai, deux pièces de théâtre, des sketchs, des chansons...
Plus de cinq cents pages, avec douze photos d'art...
Un livre dans lequel les amoureux pourront se plonger jusqu'à la Saint Valentin suivante...

Un livre non distribué dans les grands réseaux. Vous ne le trouverez pas entre le rayon promo et *Charlie Hebdo* ! Ni dans les 25 000 points de vente du livre, tenus par les distributeurs (ce maillon invisible mais efficace de la chaîne du livre : il enchaîne l'ensemble du secteur, avec la bénédiction de l'Etat, même après le départ d'Aurélie Filippetti, la ministre en contrat avec Lagardère, premier groupe d'édition en France)

Un livre au tirage confidentiel, pour les amoureux réceptifs aux signaux quasiment inaudibles d'un éditeur vraiment indépendant...

Lavoir
Mas de Jarlan
(Vidaillac)

Essayer de comprendre l'Amour. Pour éviter certaines impasses, certains désespoirs après des ruptures nécessaires, avant la rencontre essentielle.

Mais l'Amour ne se définissant jamais en quelques phrases définitives, cet *essai global* l'aborde sous une multitude d'angles et de styles :

- Un « essai classique » s'inscrivant dans la perspective Stendhalienne du « *de l'amour* » mais développant un nouveau concept, celui de la sérénamour (l'amour serein en aspirations similaires). Essai illustré de nombreuses citations, de Stendhal, naturellement, à Jacques Lacan ou Gœthe, en passant par Benoîte Groult et… Michel Houellebecq !

La jalousie, la confiance, la passion, l'adultère, la solitude, l'amitié, la dépendance affective, l'attirance physique et même le Bonheur en couple !

– Un roman où l'Amour est plus important que la réussite artistique.

- Deux pièces de théâtre avec des personnages en pleine réflexion sur l'Amour : *Trois femmes et un amour* puis *Amour, sud et chansons*.

- Quelques sketchs. Il faut bien en rire, parfois.

- Des textes de chansons. Cette option de la poésie permet de toucher de nombreux points sensibles.

Le tout signé Stéphane Ternoise, qui s'intéresse avec une certaine continuité à ce sentiment depuis deux décennies.

Lavoir Aujols

Vers la Sérénamour

Stéphane Ternoise

(repris de l'essai :

Amour,

Etat du sentiment et perspectives)

Madeleine de Lebreil

Aborder le thème AMOUR ? Trop vaste ? Certes l'approcher différemment de liberté d'opinion ou production céréalière...
Sous peine de le trahir, l'Amour ne se rationalise pas totalement, il part dans, presque, toutes les directions ? Bien sûr si l'on accepte d'accorder le qualificatif Amour à tout ce qui s'en prétend...

Quand, dans un presque dernier regard, Stendhal embrasse son œuvre, il privilégie *De l'amour*, son essai sur l'Amour. *La Chartreuse de Parme* et *Le rouge et le noir* nous semblent ses œuvres majeures. M'aventurer là où Stendhal n'a pas atteint le sommet souhaité ?
Toujours digérer l'expérience de nos glorieux devanciers... Après... vous n'en sortirez pas avec des certitudes, peut-être un autre regard... Une lucidité après remise en perspective... et la lucidité n'empêche pas forcément d'aimer !

Tout a été dit sur l'amour ?... Et pourtant, quand il en a la possibilité, chacun - ou presque !... - ajoute sa touche personnelle. Et qui aborde ce texte en a la possibilité : pouvoir penser à l'Amour est un privilège, droit, acquis de civilisation.
L'Amour voué à l'échec ?... Car éphémère ?... et la vie alors ! et c'est justement pourquoi vivre *autre chose*, en le sachant, s'avère au mieux une perte de temps.

Dire quelque chose de plus ? Ou autrement ?
Combien d'écrivains ont rêvé du livre future référence sur l'amour ? Un jour il a bien fallu reconnaître l'évidence : lectures, notes, réflexions et même textes de chansons... tout me ramenait à cette ambition !...

Comme Stendhal lance le concept de cristallisation dans l'amour-passion, est ici isolé l'amour serein en aspirations similaires, la sérénamour.
La sérénamour ?

La sérénamour...
L'amour troisième millénaire ?...

> Mais aussi : pourquoi l'amour ? nous cherchons quoi ?
> quel besoin ? pourquoi si souvent l'échec ? l'amertume ?
> le naufrage ?
> Multiplier les approches, les angles et ne pas hésiter à
> opposer "les certitudes de l'instant"...

L'amour au cœur de la vie humaine : sublimation, lyrisme, sujet
artistique, espérance...

> *« A la fin on doit commencer à aimer pour*
> *ne pas tomber malade »*
> Sigmund Freud

Stéphane Ternoise, décembre 2002

> Le désordre qui prévalait dans l'essai de Stendhal,
> m'avait d'abord irrité puis je l'ai apprécié, alors je
> l'ai adopté. N'en soyez pas irrités !

Arbre accompagné

I) Approches

STENDHAL *De l'amour* 1822

Le 4 mars 1818, Stendhal, 35 ans, rencontre Mathilde Dembovski, il écrit « je me connais, je vous aime pour le reste de ma vie » ; cet « amour fou », non partagé, est considéré comme l'événement majeur de sa vie... il commettra en son nom les pires extravagances...

Pour elle, il écrit *De l'amour* où il définit quatre types d'amour :

Amour-passion
Celui de la religieuse portugaise, celui d'Héloïse pour Abélard, celui du capitaine de Vésel, du gendarme de Cento.

Amour de vanité
L'immense majorité des hommes, surtout en France, désire et a une femme à la mode, comme on a un joli cheval, comme chose nécessaire au luxe d'un jeune homme.

Amour physique
Tout le monde connaît l'amour fondé sur ce genre de plaisirs...

Amour-goût
Un tableau où il ne doit entrer rien de désagréable... il est vrai que, si l'on ôte la vanité à ce pauvre amour, il en reste bien peu de chose.

La cristallisation :

On se plaît à orner de mille perfections une femme de l'amour de laquelle on est sûr ; on se détaille tout son bonheur avec une complaisance infinie. Cela se réduit à exagérer une propriété superbe, qui vient de nous tomber du ciel, que l'on ne connaît pas, et de la possession de laquelle on est assuré.

Explication du terme cristallisation :

Aux mines de sel de Salzbourg, on jette, dans les profondeurs abandonnées de la mine, un rameau d'arbre effeuillé de l'hiver ; deux ou trois mois après on le retire couvert de cristallisations

brillantes : les plus petites branches, celles qui ne sont pas plus grosses que la patte d'une mésange, sont garnies d'une infinité de diamants, mobiles et éblouissants ; on ne peut plus reconnaître le rameau primitif.
Ce que j'appelle cristallisation, c'est l'opération de l'esprit, qui tire de tout ce qui se présente la découverte que l'objet aimé a de nouvelles perfections.

Présenté comme une libre improvisation, comme écrit sur des cartes à jouer ou un programme de concert, selon la tradition des moralistes, cet essai fut, même par ses proches, snobé.
L'éditeur se débarrassa des invendus en les livrant comme lest pour un navire.
En 1833, Stendhal convainc le libraire Bohaire de relancer l'édition. Il écrit une deuxième préface.
Je n'écris que pour cent lecteurs, et de ces êtres malheureux, aimables, charmants, point hypocrites, point moraux, auxquels je voudrais plaire, j'en connais à peine un ou deux...

En 1842, dans les derniers jours de sa vie, il écrit une troisième préface :
Je n'avais pas même eu l'idée de solliciter des articles dans les journaux ; une telle chose m'eût semblé ignominie.
Le résultat de mon ignorance des conditions du plus humble succès fut de trouver que dix-sept lecteurs de 1822 à 1833 ; c'est à peine si, après vingt ans d'existence, l'essai sur l'Amour a été compris d'une centaine de curieux.

En 1938, à 55 ans, Stendhal avait écrit *La Chartreuse de Parme*, en marge il notait « aimes-tu mieux avoir eu trois femmes ou avoir fait ce roman ?»

Stendhal et l'amour ?
"L'amour a toujours été pour moi la plus grande des affaires, ou plutôt la seule"
La vie de Henri Brulard

Rien de grand ne s'est fait dans le monde sans passion (Hegel)

En Amour, comme ailleurs... mais l'heure est plutôt aux « plaisirs simples » jusqu'à simplistes, aux amours tranquilles, entre plan d'épargne logement et d'assurance retraite. Soyez raisonnables, profitez des minuscules plaisirs, en rescapés des années vih, prion, uranium, effet de serre...
Philippe Delerm aurait pu écrire incognito toute une vie des gnangnanteries qui n'intéresseraient que sa femme et son fils (et peut-être Francis Cabrel) mais l'époque est à la morosité, la frilosité, et le père Delerm est un héros !
Il faut du solide, du toujours... même si en même temps l'on sent que c'est faux... Comme si quelque chose durait ! Mais l'époque essaye de nier la mort, au moins ne pas la voir.
Et peu importe, on y croit sans trop penser, et en cas de drame la psychanalyse nous rattrapera... Finalement, ça fait du bien d'apercevoir l'éventuelle bouée de sauvetage... Sécurité. A quand l'assurance sur l'amour ? Avec croisière d'oubli, traversée Aphrodite, en cas de rupture ?

Ainsi les Etats-Unis dérangent, New York, ville du « tout est possible », cosmopolite, suscite plus de haine que d'envie...
On veut du terroir (entre les romans du terroir et ceux du trottoir on a du mal à voir l'écrivain qui va son chemin), de la nostalgie, un passé idéalisé. Le troisième millénaire débute par Amélie Poulain et Jean-Marie Le Pen.

Il faut tout simplifier, pour être "compris" de toutes et tous. Et bien sûr, comme l'époque se veut tolérante, elle exhibe ses rebelles de service, au rôle aussi simpliste.
Le trop compliqué est censuré (censure par indifférence, mépris, manque de temps, absence de relations, non soumission aux normes du simplisme). Et comme l'amour c'est la complexité...

Pourtant, malgré le conditionnement, le nivellement par

l'insipide, quand les gavés vomissent, ils reviennent à l'amour !...
La passion suscite encore des questions, parfois des vocations.
Aimer à la passion, Aimer, c'est donc être marginal.
Marginalité qui nous rend plus grand, plus beau, plus fort... un peu la devise des jeux olympiques (mais l'heure est au dopage !)

L'évolution apparaissait pourtant inéluctable : l'amour-passion supplanterait ses rivaux, l'amour atteindrait au sublime, par la conscience de l'absurdité de perdre son temps avec l'amour purement physique, l'amour anti-solitude, qu'avec le temps libre, la culture... mais la culture ne s'est pas imposée, le divertissement triomphe...
L'amour passion a mauvaise réputation. Destructeur... effectivement, destruction du "lien social"... l'Amour est intolérant avec l'extérieur...
Disséqué par des spécialistes, sa durée de vie maximale est décrétée de quatre ans...
Pourtant l'Amour peut-il commencer autrement que par la passion ? (pour éviter toute interprétation erronée : des instants d'aveuglement total)
Bien sûr il y aura « un après »... et alors !

Le passionné restera amoureux de l'Amour, toujours prêt à y croire... mais de plus en plus conscient de viser l'inaccessible Amour ?
Alors... Alors quoi ?
Ne pas attendre bêtement !, vivre d'autres choses, surtout ne pas s'abandonner, encore, dans une histoire insipide...
Puisque de toute manière, en ayant le temps d'observer, on les voit défiler les blessés par leur histoire moins belle que rêvée... ils envient le célibataire pour qui tout est encore possible, avouent envier cette chance d'aimer la solitude, d'avoir une passion... une autre passion.
Les portes sont toujours ouvertes chez « les passionnés », qui font TOUT VRAIMENT.
Seuls l'amour, la croyance et l'art transcendent nos vies... font

qu'on est ce que l'on n'est pas !, qu'on touche à quelque chose d'éternel, d'absolu, qui bien sûr n'existe pas, et c'est justement pour cela qu'il nous faut l'inventer.

Donc vivre de passions pour vivre vraiment pleinement ? Plus que de passions, passionnément... mais comme La Rochefoucauld l'avait déjà remarqué *la durée de nos passions ne dépend pas plus de nous que la durée de notre vie.*

Condamner l'absence de passions ?
L'absence de passions s'observe chez l'ascète serein comme chez le sous beatnik aussi éveillé qu'une vache broutant son herbe.
Si l'absence de passions résulte d'une démarche intérieure, elle élève, sinon elle rejette la différence fondamentale de l'humain et l'animal.
Entre ces extrêmes, d'autres voies... si la corde est trop tendue elle casse, si elle est détendue le violon n'émettra aucun son.

Premier amour...
Lequel ?!!!

Premier sentiment d'amour, l'impression que quelqu'un a quelque chose de particulier, d'où une place particulière dans notre cœur, une attirance surprenante...

Ou le premier vécu ?
Et vécu comment ?
Le premier baiser ?
Le premier avec contact sexuel ?

Au moins trois premiers amours. Et il serait dommage qu'un seul remplisse ces trois étapes de découverte de la vie.
L'amour : découverte de la vie, balise.
Etape vers quelque chose ou but en soi ?

Du livre (en couleur)
Les chattes de Montcuq

Sous l'effet de l'ecstasy, les mêmes zones du cerveau s'activent que lors d'une intense émotion amoureuse... Mais sous l'effet de l'ecstasy, envers la première personne présente...
Consentement obtenu par ecstasy, violer par ecstasy...

Odeurs... Un partenaire rappelle à la femme les odeurs paternelles de l'enfance... et c'est l'amour !...

La partie « archaïque » du cerveau, qui réagit à la faim, à la drogue... et quand un homme hétérosexuel focalise son regard sur une ravissante femme !... alors que la vue d'un homme ravissant la laisse inerte.
Résultat d'une étude de trois années de chercheurs américains de Harvard et du Massachusetts General Hospital concluant que le cerveau différencie le fait de trouver beau et celui de désirer...
Drogue, faim, désir... même... archaïsme !

Ça se passe dans l'hypothalamus, un coin du cerveau.
Et on n'a pas fini de s'interroger sur l'orgasme féminin...

L'être humain est monogame... sauf quand s'active une hormone, l'ocytocine, le système nerveux central nous perturbe alors, et...

Le premier organe sexuel : le cerveau.

Certains animaux détectent les molécules volatiles émises par le corps, les phéromones, à l'influence prépondérante sur le comportement sexuel...
Les phéromones humaines ne sont pas encore prouvées.

Vers la recherche de l'amour génétiquement programmé ? Entrer dans un méga ordinateur le génome de chaque humain et trouver le partenaire idéal. Mais l'être humain a besoin de se tromper. Seules les dictatures veulent tout réglementer.

Etudes :

Prenez des hommes mariés en bonne santé, posez-leur la question « vous sentez-vous aimé par votre femme ? »... et cinq ans plus tard, du groupe de ceux ayant répondu OUI, trois fois moins d'ulcères se seront développés.

Prenez des femmes atteintes d'un cancer du sein... et cinq ans plus tard il y aura deux fois plus de décès chez celles qui ne se sentaient pas aimées...

Hormones, système de défense immunitaire... tout passe par le cerveau...

Ce n'est pas seulement dans les romans que si souvent le survivant ne s'attarde pas sur terre après la disparition de son double... comme si l'autre avait emmené l'énergie vitale.

Aimer et être aimé, c'est être BIEN, une manière d'être bien dans sa tête, une sérénité même sans sérénité intellectuelle, une "force tranquille". Exister pour quelqu'un, par quelqu'un, faute d'avoir trouvé une raison d'exister pour soi.

C'est ?

Une loterie - un rêve - un miracle - des histoires - des mots - du silence - le hasard - des corps - un voyage - une attirance - une chance - une harmonie - quelques jours - des ennuis - des nuits - une répétition - la monotonie - la surprise - des regards - des odeurs - des peaux - un mystère - une conquête - une possession - une énergie - apprendre - des doutes - une route - un fantasme - un privilège - une faille - un enchantement - une mise en scène - une preuve (de la vie) - la quiétude - l'inquiétude - l'invisible - un plaisir - du désir - de l'absolu - le bonheur - le malheur - un besoin - des retards - une lumière - une communion - un passe temps - un passe ennui - une expérience - un but - une cause - une conséquence - une question - une étoile morte (dont la lumière nous parvient seulement) - une nostalgie - un sacerdoce - une alchimie - un enchantement - une hypothèse - une malédiction - un piège - une réponse - l'euphorie - un arc-en-ciel...

Et pourtant on dit aussi « un mot vide ».

Le besoin d'être serré, d'être aimé, de se sentir exister...

> *Aimer, c'est préférer un autre à soi-même. Dans ce sens-là, je n'ai jamais aimé.*
> Paul Léautaud

Aimer, préférer un autre à soi-même ? Devoir choisir entre préférer soi ou un autre répond à d'autres motivations, et fort heureusement, ici et maintenant, la confrontation à cet extrême est rare (et personne sans y être confronté ne peut être certain de sa réaction)

> *L'amour de soi passe chez tout le monde avant l'amour du prochain*
> Euripide (480-405 avant J-C)

Savoir se mettre en scène, prendre la lumière, plaire.
L'amour, sujet le plus fréquent au cinéma aussi (l'art se reconnaît à la capacité d'aborder l'amour ?). Cinéma... c'est du cinéma tout ça... Proportionnellement, est-ce dans les titres de chansons ou de films, qu'apparaît le plus souvent le mot amour ?

> *L'amour, c'est un moyen comme un autre de priver*
> *quelqu'un de sa liberté, c'est rien d'autre !*
> *Institut Vénus Beauté* (Tonie Marshall)

Pour le *Littré* :

- Sentiment d'affection d'un sexe pour l'autre
- En général, affection profonde. L'amour des parents pour leurs enfants
- En parlant des choses, sentiment vif, attachement qu'on éprouve pour une chose
- Amour de soi, sentiment naturel qui attache chaque homme à ce qui lui est personnel
- Amour-propre, considéré comme un sentiment excessif pour soi et de préférence sur les autres

Quant à l'amourette : amour sans passion.

Passion : mouvement de l'âme, en bien ou en mal, pour le plaisir ou pour la peine.

L'amour inné ?

Des êtres humains naturellement bons et la société les corrompt.
Cette vision Rousseauiste ne résiste ni à l'approche psychanalytique ni à l'observation.
Rapidement les enfants veulent confronter leurs muscles.
Et la différence est source d'exclusions. Porter des lunettes, être roux fut longtemps cause d'ostracisme. Aujourd'hui faut baskets, fringues...
Mais, quand même, l'être humain tend naturellement vers l'amour ou... la civilisation le met en situation d'aimer ?
Sans référence, sans loi, les êtres humains s'accouplent simplement dans un rapport de force... ainsi les êtres humains déstructurés connaissent uniquement ce rapport de force. La genèse de tout viol est à chercher dans les errances hors des valeurs pour nous désormais fondamentales...
Mais un enfant réclame de l'amour et en donne : un enfant réclame nourriture et protection et il est reconnaissant de l'obtenir.

Aimer, c'est essentiellement vouloir être aimé.
Jacques Lacan

Aimer, c'est d'abord pouvoir aimer. Donc souvent d'abord guérir de blessures au lieu de réclamer à l'autre de l'Amour, comme un dû, sans être capable d'en éprouver.

Il y a des gens qui n'auraient jamais été amoureux, s'ils n'avaient jamais entendu parler de l'amour.
Pas seulement "des gens", cher La Rochefoucauld, l'image d'une terre paradis originel où femmes et hommes vivaient d'amour, d'air pur et d'eau douce est peu plausible avec l'évolution Darwinienne de notre espèce, la nécessité de combattre pour survivre.
L'amour est une victoire de l'humanité sur l'animalité.
Une société sans Amour signe l'échec, la faillite d'une civilisation.
Le troisième millénaire sera Amoureux ou ne sera pas ! (c'est

peut-être ce qu'a voulu dire Malraux avec son « religieux », sûrement à comprendre « spirituel »...)

Génétiquement programmé pour l'amour, l'échec, les maths, le sport, le rêve ? Le vécu, la volonté contredisent cette vision du grand rouleau où tout serait écrit... toujours "la faute à Rousseau !"

La condition féminine...

La femme fut longtemps le simple repos du guerrier, son plaisir passager. La nature l'avait faite faible quand il fallait être fort (en muscles)

Malgré le mythe de l'amour courtois, que les femmes ne rêvent pas aux siècles lointains !...

La femme qui n'avait pas le droit de vote avait le droit d'aimer ? Non, elle en avait le devoir, comme un chien aime son maître.

La condamnation du viol est récente, même en France. Encore récemment une femme violée n'osait pas porter plainte, savait affronter des murs, la réponse : *tu l'as cherché.*
L'homme était naturellement un prédateur et la femme une proie. Si elle s'aventurait en certains territoires, si elle portait certaines tenues, elle se devait "d'assumer"... L'homme ne pouvant être condamné pour avoir agit suivant sa nature.

L'Amour n'est possible qu'en égalité de droits.
Ainsi est balayé le romantisme gnangnan fondement de la nostalgie de temps idylliques.

Mariage : idéal religieux d'une société bien structurée.
Mariage : alliance entre familles.
Mariage : modèle d'organisation sociale (sous Vichy proclamé ainsi)

« Nul amour possible entre époux »... l'axiome de la courtoisie médiévale témoigne de l'ambition du mariage...

Ces mariages arrangés n'interdisaient nullement de vivre ailleurs des sentiments (pour les classes disposant du temps nécessaire aux sentiments...), sentiments et mariages apparaissaient trop contradictoires, inconciliables...

> *Il n'y a qu'un moyen d'obtenir plus de fidélité des femmes dans le mariage, c'est de donner la liberté aux jeunes filles et le divorce aux gens mariés.*
> *De l'amour*, Stendhal

A partir du XIXe siècle le mariage d'amour, tout doucement, tend à supplanter le mariage arrangé, d'intérêts. Eh oui, pas avant ! et ce fut lent, avec de nombreux foyers de résistance...
Mariage d'intérêts, même si l'image renvoie à l'aristocratie, c'était d'abord des mariages de survie, entre voisins... Vivre fut le plus souvent supporter la misère, survivre.

Aux premiers temps du mariage d'amour, on a voulu (avec la mauvaise idée de le déprécier ? par naïveté ?) lui imposer les mêmes règles qu'au mariage d'intérêts, ainsi, divorce interdit ou honteux...

Forcément, le mariage fondé sur la mise en commun d'intérêts (titres, fortune...) résiste mieux au temps que le couple de sentiments... (préférons couple à mariage)
Alors, pourquoi regretter, déplorer l'augmentation des divorces, séparations... ces réactions témoignent d'une difficulté à appréhender, assumer, notre liberté... Il vaudrait mieux stigmatiser les « mariages non lucides ».

Vouloir vivre en même temps couple et amour est une nouveauté (seulement quelques décennies), le *rodage* peut s'éterniser !

Etapes fondamentales à méditer : l'émancipation de la femme, le passage de la reproduction naturelle à l'acte volontaire, contrôlé (contraception, légalisation de l'avortement).

Nous vivons encore la période de transition entre le couple social et le couple uniquement sentimental ? de plus en plus les humains privilégiés cohabiteront avec quelqu'un seulement si une force intérieure rend l'autre indispensable ?

Humains privilégiés : qui ne s'usent pas pour leur survie et utilisent un minimum de raisonnement...

Les « familles recomposées » vont dans la logique de cette avancée du refus de continuer un couple pour d'autres raisons que l'amour. Des femmes, des hommes responsables, qui assument leur passé, sans haine ni troubles... on ne « refait pas sa vie », on se la réapproprie, on la continue, « seul ou même à deux ».

Ou alors l'économique imposera à l'amour ses règles ?

> *Le mariage, c'est résoudre à deux les problèmes qu'on n'aurait pas eus tout seul.*
> Sacha Guitry

> *La famille conjugale ne répond pas à un besoin universel. Elle représente plutôt une solution moyenne, un certain état d'équilibre entre des formules possibles.*
> Claude Lévi-Strauss (*Histoire de la famille*)

Pourtant, malgré le Pacs, le dégriment, la courbe des mariages repart à la hausse, a redépassé la barre symbolique des 300 000 en l'an 2000 (et 305 000 en 2001).

En période d'incertitudes, on remarque le besoin de repères, d'un clan, de stabilité...

Quel statisticien éclairera les chiffres du mariage en isolant les mariages A comme Amour, de volonté sentimentale d'insérer cette histoire définitivement dans le temps ?

Elevé aux amours mythiques, comment l'adulte ne serait pas dégoûté par la réalité ?

L'amour, idéal religieux ?

« *Aimez-vous les uns les autres* » proclament les écritures. Le Christ s'exclame « *ses péchés lui seront pardonnés parce qu'elle a beaucoup aimé* ». Mais l'amour du prochain souffre de nombreuses exceptions...
Dans les religions monothéistes la femme n'est jamais l'égale de l'homme et l'homosexualité, la masturbation sont des péchés !...

Le Nom de Dieu permet bien des oppressions, des impunités. Caïn refuse d'assumer l'assassinat d'Abel, en se proclamant sous la dépendance de Dieu, avoir agit parce que Dieu le voulait ainsi.

L'amour courtois... idéal ?

Qu'il faisait bon vivre au XIe siècle ! Avec le troubadour sous la fenêtre, déclamant son amour...
Mais le troubadour exaltait l'amour malheureux et la belle (forcément une belle privilégiée, la belle propriété d'un seigneur) se devait de répondre NON. La belle est mariée. Et si la belle dit oui, c'est en adultère.

Quatre ans suffisent à détruire un couple en occident (un mariage sur trois suivi de divorce, un sur deux à Paris ; d'où le nouveau dicton : mariage pluvieux, divorce sous peu)

> *C'est vers la cinquième année de mariage que la fréquence des divorces est le plus élevée, 18% se produisent avant cinq ans, 21% entre cinq et dix ans de mariage*
> Francoscopie 2003

L'amour fusionnel ("l'hypnose amoureuse") : deux ans en moyenne.

> *Quatre-vingt-quinze fois sur cent*
> *La femme s'emmerde en baisant*
> *Qu'elle le taise ou le confesse*
> *C'est pas tous les jours qu'on lui déride les fesses*
> *Quatre-vingt-quinze pour cent*, Georges Brassens

Certaines nuits les hommes s'ennuient aussi...

Un sondage pour "un nouveau magazine", claironné sur France-Inter le 3 décembre 2002 :
60% des hommes aimeraient changer le caractère de leur femme.
Quelle portée accorder à ce résultat ?

> *Après l'amour, dix pour cent des hommes se retournent sur leur côté droit et s'endorment, dix pour cent font de même sur le côté gauche. Les autres se rhabillent et rentrent chez eux.*
> Francis Blanche

Autre sondage (entendu à la radio le 9 octobre 2000) :
un Italien sur trois préfère son chien à sa femme...
Raison : il ne discute pas le programme télé le soir...

Le contact (pas seulement sentimental) :
80% de physique. Le reste : la voix, les connaissances...

Ne pas aimer quand on reçu du ciel une âme faite pour l'amour, c'est se priver soi et autrui d'un grand bonheur. C'est comme un oranger qui ne fleurirait pas de peur de faire un péché ; et remarquez qu'une âme faite pour l'amour ne peut goûter avec transport aucun autre bonheur.

L'amour est une fleur délicieuse, mais il faut avoir le courage d'aller la cueillir sur les bords d'un précipice affreux.

Un adolescent a besoin d'aimer un être dont les qualités l'élève à ses propres yeux. C'est au déclin de la vie qu'on en revient tristement à aimer le simple et l'innocent, désespérant du sublime. Entre les deux, se place l'amour véritable, qui ne pense à rien qu'à soi-même.

La disposition à l'amour-physique, et même au plaisir physique, n'est point la même chez les deux sexes. Au contraire des hommes, presque toutes les femmes sont au moins susceptibles d'un genre d'amour. Depuis le premier roman qu'une femme a ouvert, en cachette à quinze ans, elle attend en secret la venue de l'amour-passion. Elle voit dans une grande passion la preuve de son mérite. Cette attente redouble vers vingt ans, lorsqu'elle est revenue des premières étourderies de la vie, tandis qu'à peine arrivés à trente, les hommes croient l'amour impossible ou ridicule.

Le malheur de l'inconstance, c'est l'ennui ; le malheur de l'amour-passion, c'est le désespoir et la mort. On remarque les désespoirs d'amour, ils font anecdote ; personne ne fait attention aux vieux libertins blasés qui crèvent d'ennui et dont Paris est pavé.

L'amour qui s'éteint tombe rapidement, et rarement se ranime.
(à rapprocher de Pierre Corneille : *le feu mal éteint est bientôt rallumé*)

Critique de la cristallisation : Voir l'autre avec toutes les qualités qu'on lui voudrait : se bercer, agréablement, d'illusions... la décristallisation est ainsi inévitable...

33

Charme de l'amour, qui pourrait vous peindre ! Cette persuasion que nous avons trouvé l'être que la nature avait destiné pour nous, ce jour subit répandu sur la vie, et qui nous semble en expliquer le mystère, cette valeur inconnue attachée aux moindres circonstances, ces heures rapides, dont tous les détails échappent au souvenir par leur douceur même, et qui ne laissent dans notre âme qu'une longue trace de bonheur, cette gaieté folâtre qui se mêle quelquefois sans cause à un attendrissement habituel, tant de plaisir dans la présence, et dans l'absence tant d'espoir, ce détachement de tous les soins vulgaires, cette supériorité sur tout ce qui nous entoure, cette certitude que désormais le monde ne peut nous atteindre où nous vivons, cette intelligence mutuelle qui devine chaque pensée et qui répond à chaque émotion, charme de l'amour, qui vous éprouva ne saurait vous décrire !
Adolphe, Benjamin Constant

L'Amour, foi, cause féminine ?

Les filles rêvent du prince charmant, les mecs d'une Ferrari ?...

Pour contrarier les grammairiens, amour est féminin et action masculin ?

Est-on sorti de cette vision simpliste, manichéenne ?
Par la mauvaise porte ? (les femmes ressemblent de plus en plus aux hommes, préfèrent l'action ? alors que peu d'hommes ont emprunté le chemin inverse ?)

II) Etats, étapes, circonstances et dérives

Rencontre…

Se croiser. Les premières impressions. Comme un aimant.
Les premiers regards, les premiers mots.
Emotions. Tellement d'émotions, que les émotions deviennent comme des œillères...
Elle était comment quand j'étais « dans cet état » ? Je ne sais pas !
Et si elle s'est aperçue de mon inattention, elle peut m'avoir pris pour un goujat... non elle sait qu'on peut se mettre dans un tel état par Amour !
On se sent plus d'énergie, plus beau, plus intelligent... l'amour valorise.
On est certain de vouloir connaître l'autre, partager, donner, on dit je t'aime.
Magie. Les mots n'ont plus le sens des mots.
Les regards sont plus que des regards...
On fait des tas de projets (au lieu de vraiment profiter de l'instant, pour ce qu'il est, du "hors temps").
Difficile de dormir ! Et jusqu'au contact, la question taraude : est-ce réciproque ?

Rien n'est écrit. Rien n'est certain.
Mais en Amour aussi : *ceux qui veulent un masque doivent le porter* (Oscar Wilde)

Mieux vaut ne pas penser - faute de ne pas être dans cette situation - : je t'aime car tu es... comme moi !
A travers, toi j'aime l'image de la seule personne importante : moi.

Et cette image créée les premiers jours de la rencontre, l'autre aura de plus en plus tendance à ne pas s'y conformer... Ah ! Comme l'autre a changé !

Une infidélité purement plaisir, sexuelle ou phantasme, met en danger l'Amour ?

Les fidèles sont frustrés ?

A ces questions "modernes", préférer :
Pourquoi accorder du temps à quelqu'un sans l'aimer vraiment ?
Ce partenaire non aimé pouvant naturellement être l'officiel.

Dans l'idéal :
Si je ne peux pas regarder l'autre en face, pourquoi le regarder ?
Toute infidélité, mentale ou physique, se traitera en conscience !

La mode est au jeu avec les mots - faute d'idées... -, présenter des « fidélités plurielles » mais la notion de fidélité s'aborde après l'Amour...
Durant l'Amour, qui se pose la question ?
La notion de fidélité est vouée à disparaître ? si j'aime je ne peux m'imaginer avec un(e) autre ?...

La fidélité est une évidence de l'AMOUR, une non question. Puisque l'autre est tout. SAUF EXCEPTIONS !

Mais l'auréole de la fidélité ne donne pas le droit d'empoisonner la vie de l'autre ! de s'en considérer propriétaire.
Où commence l'infidélité ? Au désir ?
Les auto-auréolés répondront « à l'acte »... « j'ai su me retenir, moi...»
Fidèle à l'image que l'on s'est forgé de la fidélité, à des principes, fidèle à un principe plutôt qu'à ses désirs ! en accord avec le moule judéo-chrétien, infidèle à soi par surmoi castrateur.

Je t'aimais inconstant, qu'aurais-je fait fidèle
(Jean Racine)

« *Pour désirer quelqu'un il faut qu'il soit désiré par un autre* »
Jacques Henric, auteur de « *Légendes de Catherine M* », le mari
de Catherine Millet.

Même en modifiant par il faut l'imaginer désirable par un tiers...
NON
Pourquoi un tiers ? Rapport de force, deux coqs se déchirent...
Vivre reste un rapport de force ?

Naturellement, dans les relations classiques, répondre NON est
naïf.

Sommes-nous des êtres à prédominance d'esprit ou d'instinct ?

La fatigue, les habitudes, les contrariétés érodent le plaisir... C'est
devenu ainsi ! Une relation saine sait gérer ce principe humain ?

> *L'amour humain ne se distingue du rut stupide des animaux*
> *que par deux fonctions divines : la caresse et le baiser.*
> Pierre Louÿs

> *Et chacun croit aisément*
> *Ce qu'il craint et ce qu'il désire.*
> Jean de la Fontaine (*Le loup et le renard*)

> *Il était dans cet état d'étonnement et de trouble où tombe*
> *l'âme qui vient d'obtenir ce qu'elle a longtemps désiré. Elle*
> *est habituée à désirer, ne trouve plus quoi désirer, et*
> *cependant n'a pas encore de souvenirs.*
> Stendhal (*le rouge et le noir*)

> *Tout ce qui est de l'ordre du passionnel, du désir, est*
> *contradictoire avec l'amour. A cause de l'aspect possessif.*
> Yasmina Reza

Mesurer l'intensité de l'orgasme féminin et masculin est naturellement subjectif.

Tantra et Tao révolutionnent (pour des hommes occidentaux... donc pour des femmes) l'art d'aimer.
Aborder l'amour en sachant l'éjaculation physiologiquement programmée pour survenir rapidement.
Apprendre à dissocier orgasme et éjaculation, à "intérioriser" l'orgasme grâce aux muscles pubococcygiens, muscles PC, et une respiration "consciente".

Quand il est simple cessation d'une peine, le plaisir est forcément éphémère.
Ainsi le plaisir d'être avec quelqu'un pour pallier à la solitude... on en veut rapidement à l'autre de n'avoir été qu'éphémère...
Donc le plaisir se doit d'être autre chose que cette simple cessation d'une peine...

> *La débauche commence où commence à se dissocier de l'amour le plaisir.*
> André Gide

> *Ce qu'on aime dans un autre, c'est soi, c'est son plaisir, c'est le plaisir qu'on lui donne et qui est encore une forme du nôtre*
> *Amour*, Paul Léautaud

> *Si la félicité résidait dans les plaisirs du corps, nous dirions que les bœufs ont la félicité quand ils trouvent du foin à brouter*
> Héraclite 546-480 av J.C.

Même si un coin de la mémoire maintient en éveil la méfiance, rappelle que la majorité des gens ne mérite pas la confiance... savoir qu'on peut se faire avoir... mais faire confiance, se mettre en danger... raisonnablement !

En Amour aussi. Encore plus. Au pire, ce sera une blessure de plus !, la « force vitale » ne sera pas touchée, juste un moment KO...

Mais l'hypocrisie, la vénalité, le sida, comment aimer à une telle époque ?

L'époque ne fait rien à l'affaire ! Quel intérêt d'aborder le possible protégé mentalement, non impliqué totalement...
- Mais je vais encore prendre des coups !
- Une fois qu'on n'en donne pas volontairement.
Savoir que s'effacent finalement rapidement les souffrances subies (quand la page est tournée) mais qu'une souffrance causée rôde bien des nuits...

   - Je ne peux plus faire confiance.
   - A chacun de faire la paix avec son passé... parfois un long chemin... mais comment espérer vivre l'Amour sans le préalable de la confiance ?

La jalousie en amour exprime un sentiment d'insécurité, sur sa propre valeur, sa valeur pour l'autre, la peur de se voir remplacé(e)...
Identifier ce qu'elle cache : l'importance de l'autre et des frustrations affectives.
Toujours significative sur notre interrogation envers notre capacité de séduction... et le sens de notre vie... qui tient alors à...

Etre jaloux d'un regard ? c'est se sentir incapable de rivaliser, ne pas se sentir à la hauteur, "digne" de cet amour... et pour que l'autre ne s'en aperçoive pas, tenter de contrôler toute sa vie.
La jalousie "avec raisons" : l'autre me trompe, je le sais, mais je reste avec et pense gagner par le harcèlement de la jalousie... j'entre donc en combat... où est l'amour ?
Rester par "besoin de sécurité, peur de la solitude"... alors pourquoi être jaloux s'il n'y a pas d'amour ? La vie est simple... en rationalisant !

La jalousie de l'être délaissé est humaine... pour l'éviter mettre le mot FIN avant !

La jalousie, ce cancer de l'amour selon Yves Simon en chanson. Alors que pour Paul Léautaud, *l'amour, sans la jalousie, n'est pas l'amour.*

Le remède de la jalousie est la certitude de ce qu'on craint, parce qu'elle cause la fin de la vie ou la fin de l'amour.
La Rochefoucauld

Les femmes ne peuvent jamais se décider entre la fierté d'inspirer de la jalousie et l'ennui d'en supporter les conséquences.
Etienne Rey, dans une préface de *De l'Amour* Stendhal

Ce n'est pas l'amour qui est aveugle, mais bien la jalousie.
Justine, Lawrence Durrel

Il n'est rien comme la jalousie pour absorber un être humain tout entier, La valse aux adieux, Milan Kundera

Notion culturelle !... Ainsi les Kofyars du Nigéria accordent aux deux époux le droit de prendre un(e) amant(e) légitime sous son toit en cas d'insatisfaction n'allant pas jusqu'au souhait de divorcer...

Ne jetez pas la pierre à la femme adultère, je suis derrière
A l'ombre des maris, Georges Brassens

Confronté à une vie de couple oppressante, il est parfois doux de rêver, puis de vivre, une histoire où seul intervient l'Amour. Retrouver le "vieux schéma" du couple pour d'autres raisons et les sentiments ailleurs ?
Mais pourquoi continuer à vivre un amour poubelle au quotidien ? Pour ne pas avoir la tentation de vivre au quotidien des sentiments si agréables en secret ? L'adultère « sain » conduit à la monogamie.

En secret

C'est comme un aimant
Un grand bouleversement
L'histoire à la maison
Tient pas la comparaison

Une quête d'idéal
Des gorgées vitales
De tous les sentiments
C'est le grand embrasement

Va falloir se cacher
Avec les horaires tricher
A ne se voir qu'en secret)
on se crée des instants sacrés) bis
On trouve des complices
Pour qu'le rite s'accomplisse
Tant pis pour les cornes
Des déjà vieux si mornes

Du jamais vécu
Plus vivant qu'un roman
Un goût d'fruit défendu
On le sait finalement

Va falloir se cacher
Avec les horaires tricher
A ne se voir qu'en secret)
on se crée des instants sacrés) bis

Mirage de notre âge
Bien mieux qu'un naufrage
De tous les sentiments
C'est le grand embrasement

Mirage de notre âge
Bien mieux qu'un naufrage
Ceux qui parlent de chimère
Qu'ils nous jettent leur dernière bière

Va falloir se cacher
Avec les horaires tricher
A ne se voir qu'en secret)
on se crée des instants sacrés) bis

Grâce à Guy Sagnier, compositeur, arrangeur et interprète, ce texte est devenu une chanson, disponible sur CD.

Sentiment impur ?

La psychanalyse ordonne de ne plus croire en la pureté des sentiments, tout est forcément, avec les humains, orgueil, vanité, pouvoir, gloire...
Mais la psychanalyse n'a d'autre ambition que de rendre vivable la vie qui apparaît ne plus l'être...

> *"La psychanalyse ne sert pas à être heureux mais à passer d'une souffrance névrotique à un malheur banal"*
> Freud

Nous sommes en droit d'espérer plus, de viser à mieux. La démarche spirituelle va naturellement au-delà...

Manipulation

Manipulation : rapport de force.
Quand l'amour vire à la manipulation : j'obtiendrai de toi tout ce que je veux ; l'amour aliénation, privation de liberté.

Manipulateur : être malsain ?
Donner non pour donner mais pour s'attacher, emprisonner.
Gare à trop de compliments, la manipulation commence par le compliment.
A la base : le complexe d'abandon.

La haine

La haine est, considérée du point de vue intellectuel, la négation éternelle. Considérée du point de vue émotionnel, c'est une forme d'atrophie et elle détruit toutes choses sauf elle-même.
De Profondis, Oscar Wilde

Se détruire en essayant de détruire l'autre.
Croire cacher sa peine sous la haine.

> *Tu n'as commis d'autre péché*
> *Que de distiller chaque jour*
> *L'ennui et la banalité*
> *Quand d'autres distillent l'amour*
> *Et mille jours pour une nuit*
> *Voilà ce que tu m'as donné*
> *Tu as peint notre amour en gris*
> *Terminé notre éternité...*
>
> *L'amour est mort vive la haine...*
> Jacques Brel, *la haine*, 1953

Confronté à une telle opposition : faire le choix de l'amour, de l'ailleurs possible, partir. *Il faut fuir sans se retourner la compagnie des méchants* (Platon)

Donner sa chance à la haine ?
Une. Seulement si la haine entreprend une véritable thérapie...
Mais haïr étant vouloir se donner plus d'importance qu'on en a...

J'aime trop l'amour pour beaucoup aimer les femmes...
Jacques Brel

On aime une femme pour ce qu'elle n'est pas ; on la quitte pour ce qu'elle est...
Si j'avais à choisir entre une dernière femme et une dernière cigarette, je choisirais la cigarette : on la jette plus facilement !...
La beauté est la seule vengeance des femmes...
Serge Gainsbourg... aussi l'auteur des textes d'amour aux femmes parmi les plus beaux...

Je passe pour misogyne aux yeux des connes, pas aux yeux des femmes.
Pierre Desproges

Les femmes sont tellement menteuses qu'on ne peut même pas croire le contraire de ce qu'elles disent.
Courteline

Aimer une femme, c'est surestimer la différence qui existe entre une femme et une autre.
Bernard Shaw

Sacha Guitry, dialogue tiré de la pièce *Jean de la Fontaine* :
- Mme de la Fontaine : - Mais vous détestez donc les femmes ?
- Jean de la Fontaine : - Moi, détester les femmes ? Ah ! Grands Dieux, non !... Car une femme, une vraie femme, c'est adorable, c'est charmant...
- Mme de la Fontaine : - Qu'appelez-vous une vraie femme ?
- Jean de la Fontaine : - Une femme qui aime et qui est aimée.

Celles qui ne coûtent rien prennent votre temps ; c'est de l'argent sous une autre forme ; or je ne suis pas riche ! Et puis elles sont toutes si bêtes ! Est-ce que tu peux causer avec une femme, toi ?
Deslauriers, dans *L'éducation Sentimentale*, Flaubert

C'est pas l'enfer... mais vivre comme ça... je ne crois plus en l'amour... heureusement le travail me permet de m'investir ailleurs.

A 20 ans, j'y croyais pourtant ! C'est pas l'enfer, mais il manque quelque chose : l'Amour.

Partir ? Pour finir comment ? Et nous avons un enfant...

Des instants d'amour, peut-être... je n'aurais jamais cru penser ça un jour... penser à l'amour uniquement possible en adultère... et j'ai si peu de temps.

Mon travail, ma « vie privée », et dormir. Certains livres, parfois, me redonnent courage... mais pas encore au point de franchir le pas... Il y a bien son regard. Son regard qui m'accompagne... mais est-ce que ce serait sérieux, si...

On sera peut-être amants un jour. C'est à moi d'oser créer des rencontres, téléphoner, dépasser l'e-mail de courtoisie (penser à prendre une adresse e-mail totalement personnelle... juste pour lui !)

Et je vais vieillir ainsi, hésiter... Peut-être je rêve, peut-être ses regards... non, je ne peux pas avoir inventé ! C'est pas l'enfer mais une vie qui s'effiloche doucement... comme c'est moche...

L'amour passe par l'estime... et je l'estime !

L'amour passe par l'attirance... et il m'attire !

L'amour passe par la réciprocité... et j'en suis sûre ! ou presque !

L'amour passe par la force de briser mes chaînes...

Cependant, ils en étaient à cette période où, dans les unions disparates, une invincible lassitude ressort des concessions que l'on s'est faites et rend l'existence intolérable.
L'éducation Sentimentale, Flaubert

Des reproches, oui, forcément.
Il est difficile de faire cohabiter deux personnes, même quand elles l'ont décidé.
Des insultes, non !

Savoir arrêter avant le temps des insultes... demande une lucidité rare, pour ne pas après porter le regret du "ce n'était quand même pas la guerre".

En plus, la tentation d'accepter cette "forme" de vie : imprégnation judéo-chrétienne de la faute, ou judéo-chréti-kafkaïenne, la faute qui existe forcément, et qu'il faut trouver.

Fuir les fanatiques des conflits qui commencent par étouffer sous prétexte de fusion... insultent pour avoir l'impression d'être le pouvoir, de diriger le couple...

La fin d'un amour... c'est plus souvent la fin d'une amourette...
même si la personne quittée est rarement en état de l'analyser
ainsi... pas plus que celle prenant l'initiative !
Et la durée ne fait rien à l'affaire : il existe des amourettes d'une
décennie.

Quand l'autre est ressenti comme un boulet, une prison, que cette
vie ne correspond plus à notre évolution...
Chacun évolue (tant pis pour qui croit les chansons à la con, genre
« ça ne change pas un homme »...)
Accusation presque inévitable : « pour quelqu'un »... non, pour
soi, pour sauver son avenir, cela peut passer par « une autre
histoire » mais c'est POUR SOI.
Tentation de se complaire dans un relation insatisfaisante... voyez
un psy !
Dire stop. Et agir. Ce qui fut n'est plus ; vivre de souvenirs :
perdre son temps, et nous n'avons rien de plus précieux. Ne pas
accepter, ne pas assumer un échec, c'est stopper sa marche...
Se refuser de rompre, quand on se trouve toutes les raisons de le
faire (et d'abord l'absence d'amour) n'est ni sagesse ni grandeur
d'âme mais renoncement, faiblesse, petite mort, peur de l'avenir.
Rompre et assumer la rupture.
Rompre oblige à « faire le point » ce que l'habitude permet
d'éviter...
Echec ? Oui, et alors ! le pire des échecs n'est-il pas de rester, et
dix ans plus tard se réveiller du troupeau des désespérés.
Ne pas être retenu par le « je ne peux pas lui faire ça... » : quitter
quelqu'un c'est aussi lui donner une chance de se trouver, de faire
mieux.

Même nécessaire, indispensable, la blessure de la rupture sera
longue à cicatriser. Des questions seront à résoudre...
Le meilleur moyen d'abréger la souffrance : accepter qu'il est
normal de souffrir.

Le bonheur est salutaire pour le corps mais c'est le chagrin qui développe l'esprit (Marcel Proust, *le temps retrouvé*)

La pire : trouver quelqu'un de complètement différent et « s'engager à vie » (le jour de la sortie de cet engagement, deux histoires devront alors être assumées)

Mais le chagrin trop long - années - abîme, est abîme.

La rupture est salutaire, fait partie de la vie, nous construit.

On n'est pas détruit par rupture, on est KO.

« Ce qui ne vous tue pas vous rend plus fort » (Friedrich Nietzsche)

Ne pas sombrer pour prendre le temps de se relever doucement, et même s'élever...

Ne pas sombrer dans la drogue, l'alcool, la haine, la boulimie, l'anorexie, la débauche, la dépression (juste un peu d'alcool, une légère déprime, quelques goinfreries, un jeûne - mais le véritable jeûne nécessite une sérénité impossible en cet instant - et un joint ne serait pas dramatique !)

Comment réagir quand on sent l'autre incapable d'accepter la réalité et prêt à se venger sur un enfant ? Expliquer toujours à l'enfant... qui comprendra, mieux vaut l'éloignement à la guerre quotidienne... On ne fait pas le bonheur d'un enfant en lui catapultant sur les épaules le poids d'un sacrifice. Ce sera compliqué. Mais croire en la sincérité...

Du côté de la personne quittée...

Comprendre que seule une perception erronée forçait à voir l'autre indispensable. La vie ne s'arrête pas faute de...

Voir ce qui est essentiel pour soi, faire le bilan, se projeter dans les « encore possibles », dans les vraies envies étouffées par la vie de couple.

Changer d'environnement est toujours un élément perturbateur.

Le prisonnier aura des difficultés à gérer sa future liberté.

Quand l'autre prend l'initiative, la rupture renvoie à des questions du genre : pourquoi ? qu'ai-je fait ?

Et ne pas se croire plus malheureux qu'on l'est en réalité !

La tendance à s'exagérer les choses cause souvent plus de ravages que les choses en elles-mêmes.

Aucune douleur sentimentale ne doit perdurer face au rationalisme de l'esprit.

L'objectif : sortir du tunnel...

Comme dans un tunnel on n'y voit pas grand chose, inutile de courir, on risque une chute dangereuse (inutile de vouloir aimer dans ce tunnel... sans lumière il est rare de voir l'autre...)

Marcher tranquillement, la route sera peut-être longue... rien n'intéresse, alors penser... faire autre chose...

On n'en sort pas indemne... mais autrement. Et tant mieux !

Changer, changer, avancer, devrait être le but de chacun. Vivre plusieurs (formes de) vies est une chance nouvelle...

Le travail du deuil : retrouver l'envie de vivre, d'aimer.

On n'oublie pas, on assume, on va plus loin...

Bien sûr il fallait être Henry de Montherlant pour s'exclamer : *vive qui m'abandonne ! il me rend à moi-même.*

Quand de l'amour reste après l'Amour... c'est que ce fut vraiment de l'Amour. Mais des Histoires comme ça demandent une grande sérénité...

Et attention : vouloir garder un cercle "d'ex" est simplement une manière de nier les séparations, refuser le temps qui passe...

Parfois (voisinage, enfants, profession...) l'ex reste une relation... savoir que l'autre n'est pas coupable quand c'est fini, revoir l'autre avec plaisir... nécessite un équilibre psychique encore rare...

« Qui aime bien châtie bien » stupide platitude réponse de celles et ceux qui n'ont jamais Aimé, végètent dans leur passé et maudissent la terre entière de leur médiocrité.

Bien sûr on voudrait rompre sans faire souffrir. Dire « tu n'es pas la personne avec qui je peux vivre... ce n'est ni ta faute ni la mienne, c'est ainsi... nous avons cru cheminer sur la même route alors que nos routes se sont simplement croisées et, passé ce croisement, elles se sont imperceptiblement éloignées au point qu'aujourd'hui continuer à vivre ensemble n'a plus de sens ».

Mais non, il y aura des incompréhensions, la révolte, sacs vidés, larmes, pseudo-réconciliations par sexualité, et parfois la haine, la mesquinerie.

Y'a t-il de belles séparations ?
L'addition... chacun fait l'addition et réclame réparation... une rime par euphémisme pour le « problème d'argent »... on partage tout, on donne jusqu'au jour où l'on veut « faire payer »... mais des séparations saines... c'est possible...

Certaines souffrances nous rendent meilleurs. Et des souffrances similaires rendent d'autres pires ; certains tendent vers la bonté, d'autres vers la haine...

D'autres empêcheurs de rupture en paix :

La rupture ne concerne pas que deux personnes. Si elle concerne de moins en moins la société (cette société qui portait un jugement négatif et répandait l'opprobre) elle est encore "un enjeu vis à vis des proches".
Que vont penser les proches ? Chacun alors compose un rôle vis à vis des autres, rôle par rapport à son propre passé, mais aussi d'après l'idée de ce que les autres peuvent accepter de lui, de ce que les autres attendent de lui en pareille circonstance.

Après la prise de conscience d'une union vouée à l'échec, d'une incompréhension fondamentale, différence irrémédiable, combien de mois encore dérivera le radeau ? Deux trois ans ?

Solitude

J'ai découvert que tout le malheur des hommes vient d'une seule chose, qui est de ne savoir pas demeurer au repos dans une chambre. Cette découverte de Blaise Pascal (1623-1662), confirmée par Jean de la Bruyère (1645-1696) : *tout notre mal vient de ne pouvoir être seuls,* est toujours d'actualité !

Indispensable à la découverte de notre potentiel, notre conscience, la solitude apeure.

La solitude souhaitée, source de création, d'attention renforcée au monde, alors vin grisant, s'avère pour la majorité n'être qu'un amer breuvage.

Ainsi la solitude est rarement une démarche personnelle... souvent un « accident » (rupture familiale, sentimentale...)

Solitude... et non isolement...

La solitude : et un jour, ne plus chercher à l'extérieur ce qui est seulement en nous, personnel, unique, la réponse existentielle.

Et alors ne plus être en amour pour cette fausse raison : remédier à la solitude.

Rencontres, amour, rupture, solitude, rencontres, amour, rupture, solitude, rencontres, amour, rupture, solitude, rencontres, amour, rupture, solitude, rencontres, amour, rupture, solitude, rencontres, amour, rupture, solitude...

Solitude, l'étape souvent absente, ou réduite au minimum... sûrement la cause « rencontres, amour, rupture » semblent de simples répétitions.

Solitude : changer, avancer, « retour à soi »... pour que les autres phases soient aussi constructives.

Je vais donc enfin vivre seul ! Et déjà, je me demande avec qui, ne cherchons pas plus loin l'éternel recommencement des déboires sentimentaux de Sacha Guitry, affectueusement surnommé "l'éternel cocu"...

Les moutons, les canards, les poules, les loups vivent en bandes, l'être humain est naturellement plus sauvage, mais on le socialise...

S'il ne vit pas seul, c'est aussi que la solitude est lourde à porter...

Vieillir seul... redouter de vieillir seul... mais vieillir avec la haine ou l'indifférence, s'éteindre tristement... se voir "aimé" à cause de... l'argent...

> *Je m'étais trop éloigné des gens, j'avais vécu trop seul, je ne savais plus du tout comment m'y prendre...*
> *Plateforme*, Michel Houellebecq

> *La solitude est bonne aux grands esprits et mauvaise aux petits. La solitude trouble les cerveaux qu'elle n'illumine pas.*
> *Choses vues*, Victor Hugo

> *Ce qui rend les hommes sociables est leur incapacité à supporter la solitude et donc, eux-mêmes.*
> Arthur Schopenhauer

> *La solitude c'est l'impossibilité de vivre seul.*
> *Pensées, répliques, textes et anecdotes*, Jean Yanne

> *Notre grand tourment dans l'existence vient de ce que nous sommes éternellement seuls, et tous nos efforts, tous nos actes ne tendent qu'à fuir cette solitude.*
> *La Solitude*, Guy de Maupassant

> *Le défaut le plus répandu de notre type d'éducation : personne n'apprend, personne n'aspire, personne n'enseigne à supporter la solitude.*
> *Aurore*, Friedrich Nietzsche

La solitude ? situation d'ennui ; et la présence ou l'absence des autres n'est pas toujours un critère.
S'ennuyer avec des crétins et vivre pleinement avec un bouquin.
Mais aussi vivre pleinement en compagnie de citoyens intelligents et cultivés, s'ennuyer devant une télévision.

Toujours de bonnes raisons pour se jurer d'éviter désormais l'amour.

Mais l'amour n'est pas raisonnable ! Et la « glaciation affective » ne résiste pas aux flammes de la passion.

La méfiance se conseille aux âmes portées à aimer... comme on aime à seize ans. La nécessité d'intégrer que l'autre ne sera pas comme il est rêvé, et même comme il se présente (comme s'il s'agissait de la raison de l'écueil...)

De toute manière, l'amour ?... pas le temps ! Avec tout ce travail, les embouteillages, les dîners, les cocktails... (rayer les mentions inutiles)

> *Lorsque la vie amoureuse est terminée, c'est la vie dans son ensemble qui acquiert quelque chose d'un peu conventionnel et forcé. On maintient une forme humaine, des comportements habituels, une espèce de structure ; mais le cœur, comme on dit, n'y est plus.*
> *Plateforme*, Michel Houellebecq

Oser !...

Oser, tout oser...

- Muss eis sein ?
- Eis muss sein !
(le faut-il ? / il le faut !)
L'injonction Beethovienne.

Oser, même si rien ne semble pouvoir transformer le NON en OUI.
Oser, jeter toute son imagination dans ce possible, si c'est vital !...
mais faire autre chose dès que ça ne l'est plus !...

Sinon, *les passantes*, le texte de Max Pol popularisé par Georges Brassens ne voudra plus sortir de la tête (ou son adaptation en *les passants*) :

> *Alors, aux soirs de lassitude*
> *Tout en peuplant sa solitude*
> *Des fantômes du souvenir*
> *On pleure les lèvres absentes*
> *De toutes ces belles passantes*
> *Que l'on n'a pas su retenir*

L'amitié

Je me blâme d'avoir laissé une amitié sans affinités intellectuelles, une amitié dont le but essentiel n'était pas la création et la contemplation des belles choses dominer entièrement ma vie...

La lettre d'Oscar Wilde étant destinée à Bosie, le mot amitié est forcément ambigu (suite procès pour homosexualité)

L'amitié ? une manière de ne pas assumer une bisexualité (ou de la cacher) ou une présentation plus valorisante de simples gens côtoyés, des passe-ennuis, du simple voisinage ou promiscuité sociale ; des amis pour ne pas être seul...
Ou une manière de maintenir un lien avec le passé...
Ou donc l'Amitié, pendant de l'Amour, sans sexualité ni vie commune. Mais ce "ne pas tout partager" est "suspect" !
Néanmoins, comme en toutes relations les heurts prépondérants proviennent de la vie commune (le même toit, le même bureau...), l'amitié se poursuit souvent toute une vie, d'où son auréole.

La voie du milieu, l'amitié par respect, intérêt d'une démarche similaire, par échanges enrichissants...

Si pour Georges Brassens être une bande de cons commence à "plus de quatre", à plus de deux l'amitié sombre en comportement social... comme l'amour à plus de deux...

L'Amitié prétendue peut aussi être une manière de cacher l'amant, et elle sera fière de lui susurrer *amimour*, et d'écrire *amour* au cocu.

Il manque quelque chose.
Et le pressentiment : ce quelque chose fera toute la différence.
Quelque chose jamais connu.
Ou quelque chose presque connu, et enjolivé par les années qui nous en séparent... on croit l'avoir connu...

S'il manque quelque chose, forcément l'autre peut me l'apporter...

D'un point de vue religieux : le rapport avec Dieu. Dieu est Amour ; le seul Amour pur possible est celui éprouvé pour Dieu... Cette phrase déclenche un sourire chez l'athée, suscite l'exclamation "c'est exactement ça..." des fidèles.

D'un point de vue "païen", le moule monothéiste a néanmoins fonctionné, incite à chercher la réponse aussi ailleurs, dans un autre, terrien vivant.

La sensation d'absence d'Amour, du besoin : une manière d'exprimer l'angoisse métaphysique. Je suis qui, je vais où, pourquoi j'existe. Pourquoi des atomes se sont ainsi organisés ?

Quand l'amour permet d'échapper à la frayeur de notre destin, personne ne peut longtemps combler cette quête.

Je n'existe que par l'autre.

Alcool, drogue, amour deviennent alors similaires.

Et le toxicomane ment forcément. La dépendance devient le centre de la vie, la vie.
Toute relation à l'autre se conçoit alors, plus ou moins consciemment, dans le but d'obtenir un produit, je te hais et je t'aime.

L'amour passion est trop souvent confondu avec cet "amour" dépendance.
Quand l'amour est dépendance, il ravive la plus violente des angoisses de l'enfance : la peur de l'abandon.

Saint-Exupéry : la morale de responsabilité envers la rose apprivoisée (*le petit prince*) cause, quand elle est arborée en explication de l'amour, des ravages difficiles à cicatriser.
Je ne suis pas responsable de toi. Aimer n'est pas apprivoiser mais vivre une relation d'égalité.
Tout amour demande un minimum d'équilibre affectif.

C'est toujours la même chose. La "situation d'échec" se répète.
On dirait que j'attire...

Le constat est une première étape.
Car ce n'est nullement une malédiction.
Mais si "je" n'évolue pas, je continuerai à répéter. Les mêmes causes génèreront les mêmes conséquences.
Pour que les causes changent il suffit que le passé m'ait changé, ne me soit pas passé dessus comme l'eau sur un bol retourné.

La stagnation, et son refus, est affaire personnelle.

Est-ce que cette situation me convient, finalement ?!

Les femmes fêlées
J'essaye de les recoller
On passe la nuit à roucouler
Mais après faut bien se lever
Et les femmes fêlées
Même bien élevées
A la verticale
Me sont souvent fatales...

Vous allez vous demander
Pourquoi j'attire tout le temps les femmes fêlées...

L'apparence : attirance physique

Bien que Pascal assène : *on aime jamais les personnes, mais seulement les qualités. Celui qui aime quelqu'un à cause de sa beauté l'aime-t-il ? Non, car la petite vérole qui tuera la beauté sans tuer la personne fera qu'il ne l'aimera plus.*

Quand il manque quelque chose (imaginez Leonardo DiCaprio avec seulement trois dents) ou quelque chose en plus (une tache à la Gortbatchev sur le visage de Claudia Schiffer), c'est presque foutu !

Peu importe alors la démarche spirituelle ou la dérive crétine.

Au départ aucun handicap n'est admis. Puis il faudra continuer à paraître jeune. Et respecter les modes.

Car "je t'aime" est rarement j'aime tes qualités mais j'aime ton regard, ton corps, ton visage, ton sourire, ta bouche, tes hanches... et en plus j'estime tes idées, ta répartie...

> *Eux on les envisage,*
> *moi, on me dévisage*
> Jean Cocteau

- Oh non ! pour moi l'apparence est secondaire...
Ainsi s'exprime souvent une personne magnifiquement accompagnée, comme pour dire : elle (il) est aussi très intelligent(e) et c'est cette intelligence qui m'a séduit(e)...

J'ai toujours espéré trouver l'intelligence dans la beauté...

Témoin d'état de civilisation : la jeunesse même bêlante est adulée, louangée, et l'intellectuel vilipendé « élite éloignée de la France d'en bas ». Le divertissement prétend cultiver.

Amour : la tyrannie des apparences.

De l'estime mais pas d'attirance : pas de chance !
Il faut s'y faire : la beauté apporte de l'amour non mérité... mais l'extrême beauté ne rend ni serein ni heureux, occulte la réalisation de soi, et dès le premier grain de sable, une mini prise de conscience renvoie en pleine tronche que l'apparence a

seulement embrigadé dans des triomphes superficiels, une stagnation dans la médiocrité.

Bien sûr une attirance physique ne peut porter grandes espérances d'un futur commun d'amour.

Mais pour que l'attirance spirituelle dévie en attirance physique... le temps est nécessaire... et avec trois heures en moyenne quotidienne devant une télévision, le temps, qui en a ?

La réduction du temps de travail n'a pas entraîné une société d'Amour...

« *la laideur a ceci de supérieur à la beauté c'est qu'elle dure* »
Serge Gainsbourg

"On ne s'éprend que de l'apparence, mais on aime la vérité."
Mais les épris préfèrent s'appeler amoureux et on ne peut exiger qu'ils se conforment aux subtilités d'Emmanuel Kant...

Néanmoins... l'absence de beauté éclatante est un véritable moteur, force à aller plus loin, et ces limites dépassées pourront causer l'amour. Un amour AVEC estime.
Nettement plus difficile mais nettement plus valorisant !

Comment donner un peu de consistance à l'amour ?
D'abord reconnaître l'attirance physique pour ce qu'elle est : une simple attirance physique.

Avoir l'extrême beauté et la grandeur d'âme ? Ah !
Mais enfin !, en dehors des extrêmes, c'est quand même un monde où, à long terme, la personnalité fait la différence !...
(trop optimiste ?)

On va tous pareils moyen moyen
La grande aventure Tintin
Le bagad de Lann Bihouë, Alain Souchon

L'amour est-ce que ça s'explique
Ça tient parfois plus du mystique
Que d'une attirance physique...

Seul l'amour pour un enfant peut être absolu...
On ne lui demande rien, on lui donne tout.
Mais combien d'enfants connaissent cet amour désintéressé ?

« Parfois » l'enfant devient « la chose » (objet d'un combat, miroir, remplacement...), c'est alors... foutu...

Aimer un enfant, quoi de plus naturel, normal ? Le contraire étant inhumain...
Et pourtant, longtemps les enfants furent d'abord un poids non désiré à porter par la femme alors incapable de travailler, parfois la cause du décès en couches, puis des bouches à nourrir, longtemps improductives. Et quand ces "sales gosses" grandissaient, au lieu d'apporter un salaire, ils pensaient à partir, fonder leur propre foyer, et reprochaient aux parents de s'attarder trop longtemps sur terre quand ils devenaient à leur tour une charge ou / et retardaient un héritage essentiel...
Le conflit des générations s'est nettement édulcoré. Un acquis de civilisation.
Mais cela n'empêche nullement des immatures ou / et stupides de se "venger sur l'enfant", le plus souvent inconsciemment... Aimer est si souvent employé à la place de s'approprier...

La vie sexuelle de Catherine M, livre signé Catherine Millet.
Peut être lu comme insipide déballage. Du non amour. Même pas du plaisir.
La pauvre, n'avoir rien trouvé de mieux pour révéler au grand public son statut de critique d'art contemporain réputée ? Compte-rendu d'une vie vide, même pas du militantisme sexuel, juste parce que les choses s'enchaînent, les jours se répètent, un vie comme un objet.
Dans une société où les baveries de Christine Angot se prétendent littérature, succès de librairie non surprenant...

Mais si cela n'a aucune valeur artistique, si cela présente sans talent une vie à la dérive, au moins cela confirme notre sortie des blocages judéo-chrétiens, une église, un travail, un amour, une tombe (et bien sûr la femme faite pour distraire l'homme).
Nul n'aurait permis à Colette, écrivain majeur, d'explorer ces sujets...

> *C'est uniquement pour ne pas être brûlée en l'autre monde, dans une grande chaudière d'huile bouillante que Mme de Tourvel résiste à Valmont.*
> *De l'amour*, Stendhal

Et Clélia, devenue marquise Crescenzi, effrayée par son directeur de conscience, repoussera Fabrice (*La Chartreuse de Parme*)

Dans un monde où nous ne sommes plus les marionnettes d'un Dieu, l'amour est une espérance.
Les religions parlent si souvent d'amour pour l'accaparer, le réglementer. Ils doivent sentir une concurrence !
Au nom de l'amour, intégrismes, intolérance, massacres ; ne commettez pas l'adultère ou..., le mariage est un sacrement éternel, tuez les hérétiques...

Religion et Amour incompatibles ?

> Si la religion est vécue comme une soumission, il sera difficile de vivre une relation saine, d'égalité, de complémentarité.
> Si la religion est vécue comme une lumière, tout est possible...

- Si Dieu est hors-jeu (n'existe pas ou s'occupe de sa propre stratosphère), alors tout est permis !
Non justement. La raison, les "droits de l'Homme", ont supplanté l'injonction « au nom du Dieu ». Les citoyens deviennent responsables... et condamnent ainsi la pédophilie longtemps couverte du voile du secret de confessionnal... L'homme n'était pas coupable puisque Satan agissait en lui... ou que Dieu le voulait ainsi...
(« un monde sans Dieu »... n'interdit nullement la spiritualité, spiritualité laïque ou croyance en Dieu... mais en Dieu créateur et non allié de despotes, une croyance personnelle et non intolérante, castratrice de soi et des autres).

La croisade de Jean-Paul II contre le préservatif a justement scandalisé même les catholiques conscients des réalités du sida. Le pape peut continuer à vitupérer : l'instruction a sauvé une partie de l'humanité de son emprise (ce qui n'a pas empêché son rôle politique majeur durant les deux dernières décennies du vingtième siècle)

On aurait préféré une position du genre :
"Vivre pleinement sa religion Chrétienne c'est n'avoir de relations sexuelles que dans le cadre du mariage. Mais si vous ne pouvez vivre ainsi, n'ajoutez pas la mise en danger d'autrui à votre péché".
On aurait compris le terme "péché" dans la bouche du Souverain Pontife.

L'autre...

L'autre est une énigme
Ayant sûrement déjà "appartenu"
A quelques inconnu(e)s

La non compréhension de la thématique existentielle de l'autre ne
peut aboutir qu'à l'échec (rupture, tricherie...)

> *Aimer, c'est donner ce que l'on n'a pas*
> LACAN

Aimer en sérénité lucide, c'est donner tout ce que l'on a à l'autre
qui veut donner de même.
L'autre ne donne pas le bonheur, avec l'autre je peux partager le
bonheur. Partager et non donner.

A cause du trouble existentiel, demander à l'autre plus qu'il peut
donner... et quelques mois croire l'autre exceptionnel...

L'autre est toute ma pensée.
Je ne peux concevoir la non réciprocité.
L'autre commence à me lasser.
L'autre c'est mon enfer.
L'autre doit disparaître.

De par les séparations,
et du divorce, la banalisation
Furent soulagés les tribunaux,
de bien des drames conjugaux.

A long terme, la qualité de la relation sentimentale est prépondérante dans la "qualité" de la relation sexuelle.

Le nombre de partenaires d'une vie, question de morale ?
Plutôt de circonstances.

> Des gens qui s'aiment
> Des gens qui aiment le sexe
> Des gens qui pallient l'ennui
> Des gens à qui ça donne l'impression d'exister
> Des gens qui souffrent

> *A part dans l'acte sexuel, il y a peu de moments dans la vie où le corps exulte du simple bonheur de vivre, est rempli de joie par le simple fait de sa présence au monde.*
> *Plateforme,* Michel Houellebecq

Vivre différemment Sexualité et Amour ?
Comme "avant" amour et mariage se vivaient différemment, différencier sexualité et couple devient une mode...

Est-ce que l'amour n'entraîne pas automatiquement le besoin de sexualité ?... Oui mais d'autres jouissances peuvent se vivre en dehors, modernité oblige !

Prôner une différenciation amour et sexualité n'est souvent qu'une manière de revenir à la dichotomie mariage / vie sentimentale.
Amour remplaçant mariage. La sexualité n'étant effectivement pas dans ce cas des sentiments mais juste un délassement, une manière d'aller moins mal, supporter "le blues", un besoin physique.
Et l'amour ? Prétendre "je l'aime encore"... mais j'ai besoin d'autre chose, c'est tenir à cette "cellule familiale" - intérêt financier, social, enfants... - comme à une bouée.
Homosexualité, bisexualité...

*Il est incontestable que le fait d'être bisexuel double vos chances
de rencontrer quelqu'un le samedi soir.*
Woody Allen

L'un des événements majeurs de la deuxième partie du vingtième
siècle : la tombée dans le domaine privé de la sexualité.
N'oublions pas qu'homosexualité et pédophilie furent longtemps
assimilés, qu'Oscar Wilde fut emprisonné pour homosexualité,
que Marcel Proust écrivait Albertine en pensant Albert... ce qui
permit à Dave de chanter "à l'ombre des jeunes filles en fleurs"
sans être forcément compris !

> Le fiasco cher à Stendhal ?
> Qu'y a-t-il de plus beau
> Qu'une première fois fiasco
> Tant d'émotions
> Que le corps tombe en pâmoison...

On dit souvent « banlieue » mais ailleurs aussi des parents abandonnent l'éducation de leurs enfants à la télé, la rue, les copains...
L'éducation sexuelle, qui longtemps se fit "sur le tas", se fait devant les pornos.
La loi du plus fort relègue l'amour au rang des faiblesses.

Milieux défavorisés : où tout amour est non seulement absent mais impossible.
Comment sauver les abandonnés ?
La culture, des contacts sains...

Chacun se fait de blessures, d'erreurs, de refus...

Un jour refuser d'être le simple fruit d'une éducation négligée...

III) FEUILLETS

Types littéraires...

Roméo et Juliette...
>Ne pas survivre à la mort de l'autre.

Shéhérazade...
>La princesse des *mille et une nuits*, belle et sage, qui sait distraire son roi.

Don Quichotte...
>Toute action dédiée à Dulcinée.

Anna Karénine...
>Tout quitter, même son fils, pour Vronski...
>Et se jeter sous un train quand l'amour apparaît perdu.

Foedora
>La femme du monde, séductrice. Mais la duchesse de Langeais peut être glaciale, ne se donne jamais (je vous parle d'un temps Balzacien où quelques secondes risquaient d'entraîner des conséquences maternelles)

Madame Bovary...
>L'Amour ou la mort.

Werther...
>Plutôt mourir que vivre sans Charlotte.

Mais bon... si Werther s'était réalisé dans son travail plutôt qu'échouer sur un supérieur hostile, se serait-il suicidé ?

Werther ne se suicide pas par amour mais parce que seul l'amour lui semble pouvoir sauver sa vie de la médiocrité, et que cet amour est impossible.
L'image du Werther idéal romantique... montre bien l'immaturité du personnage romantique.

Anna Karénine et madame Bovary posent plus des "problèmes de société", le droit des femmes à vivre autrement que dans le rôle assigné par les hommes...

Goethe (28 août 1749 - 26 mars 1832)

En 1772, l'Amour frappe en plein cœur de Goethe... mais Charlotte Buff est fiancée à Albert Kestner, elle ne veut lui donner plus que de l'amitié... l'amoureux désespéré s'éloignera...
Et en 1774, *Les souffrances du jeune Werther* est sur papier... Goethe se sent alors libéré comme après « une confession générale ».
Werther se suicidera donc et Goethe sera écrivain. Sublimation.

Le 12 juillet 1788 Goethe rencontre Christiane Vulpius, la compagne de sa vie : mariage en 1806, elle meurt en 1816... et en 1823 Goethe revivra les heures qui l'ont mis en situation d'écrire Werther... écrire n'épanche pas la soif d'amour... Ulrike Von Levetzon, 19 ans, refusera sa main.
Revoyant alors son œuvre pivot, Goethe notera : « *ce serait grave si chacun n'avait pas une fois dans sa vie, une époque où Werther lui apparaît avoir été écrit pour lui.* »

Qu'est-ce pour notre cœur que le monde sans amour ?...

Seul notre cœur est l'artiste de son propre malheur...

C'est que je ris de mon propre cœur... et je lui passe toutes ses volontés.
Mon sort n'est pas unique. Tous les mortels se voient déçus dans leurs espérances, trompés dans leur attitude...

Parfois je ne comprends pas comment un autre peut l'aimer, a le droit de l'aimer, alors que mon amour pour elle est si exclusif, si profond, si plein, alors que je ne connais, que je ne sais, que je ne possède rien d'autre qu'elle...

Il m'arrive de me dire : "ton destin est unique ; les autres, tu peux les dire heureux... Nul encore n'a connu des tourments comme les tiens." Puis je lis un poète des temps anciens et il me semble plonger mes regards dans mon propre cœur. J'ai tant à endurer ! Ah ! y eut-il donc avant moi des hommes aussi misérables que moi ?...

Tolstoï (28 août 1828-7 novembre 1910)

A 34 ans, il se marie avec Sofia Andréïevna Bers, vingt ans (ils auront treize enfants). L'année suivante, il commence « GUERRE ET PAIX. »
En 1870 : première trace d'une allusion à ANNA KARENINE... surtout travaillé en 1874 et publié dans le *Messager Russe* de 1875 à 1877. Anna Karénine : une vie véritable protestation contre le moule social où l'amour est exclu, la revendication du droit au bonheur... mais aussi le fatalisme : oser défier les lois sociales c'est le payer...

- Tu te demandes si je puis être heureuse dans ma situation ? Eh bien, j'ai honte de l'avouer mais je... je suis impardonnablement heureuse. Ce qui m'est arrivé tient de l'enchantement. C'est comme lorsqu'on se réveille d'un cauchemar affreux et qu'on sent que toutes les terreurs sont passées. Je me suis réveillée. J'ai survécu à cette époque atroce et maintenant je suis tellement heureuse !

Je veux être aimée et je ne le suis pas. Donc, tout est fini.

"Que cherchait-il en moi ? non tant l'amour que la satisfaction de vanité". Elle se rappela ses paroles et son expression de chien couchant dans les premiers temps de leur liaison. Tout maintenant venait à l'appui de ses soupçons. "Oui, c'était sa vanité qui triomphait. Il avait aussi de l'amour pour moi mais, par dessus tout, il était fier de sa réussite. Il s'enorgueillissait de moi. Maintenant, c'est fini..."

Mon amour devient de plus en plus passionné et égoïste tandis que le sien s'éteint de jour en jour, voilà pourquoi nous nous éloignons l'un de l'autre. Il n'y a pas de remède. Il est tout pour moi et je voudrais qu'il se donne à moi tout entier. Et lui, il désire de plus en plus m'échapper. Avant notre liaison, nous allions à la rencontre l'un de l'autre, mais depuis chacun de nous suit sa voie, irrésistiblement. Cela ne peut changer. Il me dit que je suis absurdement jalouse ; moi-même je me le suis reproché ; or ce n'est pas vrai. Je ne suis pas jalouse, je suis insatisfaite.

En écho … l'échec d'Anna Karénine avec Vronski, répond la sérénité de Lévine :

Une connaissance inaccessible à la raison m'a été révélée personnellement, par le cœur, et je cherche obstinément à l'exprimer par des mots et à l'aide de la raison...

Mais désormais toute ma vie, chacun des instants de ma vie, indépendamment de ce qui pourra m'arriver, aura un sens, un caractère dont j'aurai le pouvoir de le revêtir : celui du bien.

Manon Lescaut,
Abbé Prévost (1er avril 1697 - 25 novembre 1763)

Quel avenir pour l'amour confronté à la misère ?

Je mènerai une vie sage et chrétienne, disais-je ; je m'occuperai
de l'étude et de la religion, qui ne me permettront point de penser
aux dangereux plaisirs de l'amour. Je mépriserai ce que le
commun des hommes admire ; et comme je sens assez que mon
cœur ne désirera que ce qu'il estime, j'aurai aussi peu
d'inquiétudes que de désirs. Je formai là-dessus, d'avance, un
système de vie paisible et solitaire. J'y faisais entrer une maison
écartée, avec un petit bois et un ruisseau d'eau douce au bout du
jardin, une bibliothèque composée de livres choisis, un petit
nombre d'amis vertueux et de bon sens, une table propre, mais
frugale et modérée...
Mais à la fin d'un si sage arrangement, je sentais que mon cœur
attendait encore quelque chose, et que, pour n'avoir rien à désirer
dans la plus charmante solitude, il y fallait être avec Manon.

Je vais perdre ma fortune et ma réputation pour toi, je le prévois
bien ; je lis ma destinée dans tes beaux yeux ; mais de quelles
pertes ne serai-je pas consolé par ton amour !

Je connaissais Manon ; je n'avais déjà que trop éprouvé que,
quelque fidèle et quelque attachée qu'elle me fût dans la bonne
fortune, il ne fallait pas compter sur elle dans la misère. Elle
aimait trop l'abondance et les plaisirs pour me les sacrifier...

L'amour est plus fort que l'abondance, plus fort que les trésors et
les princesses, mais il a besoin de leurs secours ; et rien n'est plus
désespérant, pour un amant délicat, que de se voir ramené par là,
malgré lui, à la grossièreté des âmes les plus basses.

Daniel D'Arthez, écrivain tout à son œuvre... succombe au roman de la princesse de Cadignan... Comblé, il n'écrira presque plus.
D'Arthez, double de Balzac, qui aimerait vivre l'Amour (il apprécie *l'étrangère*) mais redoute d'ainsi tarir sa verve créatrice. Art ou amour ?

En voyant venir la terrible faillite de l'amour, cet âge de quarante ans au-delà duquel il y a si peu de choses pour la femme, la princesse s'était jetée dans le royaume de la philosophe. Elle lisait, elle qui avait, durant seize ans, manifesté la plus grande horreur pour les choses graves. La littérature et la politique sont aujourd'hui ce qu'était autrefois la dévotion pour les femmes, le dernier asile de leurs prétentions.

- Voici bientôt trois années que je passe dans une solitude entière, ce calme n'a rien eu de pénible... J'étais blasée d'adorations, fatiguée sans plaisir, émue à la superficie sans que l'émotion me traversât le cœur. J'ai trouvé tous les hommes que j'ai connus petits, mesquins, superficiels ; aucun d'eux ne m'a causé la plus légère surprise, ils étaient sans innocence, sans grandeur, sans délicatesse. J'aurais voulu rencontrer quelqu'un qui m'eut imposé.
- N'auriez-vous jamais rencontré l'amour en essayant d'aimer ?
- Jamais... Comme vous, peut-être ai-je été plus aimée que ne le sont les autres femmes; mais à travers tant d'aventures, je le sens, je n'ai pas connu le bonheur. J'ai fait bien des folies, mais elles avaient un but, et le but reculait à mesure que j'avançais! Dans mon cœur vieilli, je sens une innocence qui n'a pas été entamée. Oui, sous tant d'expérience gît un premier amour qu'on pourrait abuser ; de même que, malgré tant de fatigues et de flétrissures, je me sens jeune et belle. Nous pouvons aimer sans être heureuses, nous pouvons être heureuses et ne pas aimer ; mais aimer et avoir du bonheur, réunir ces deux immenses jouissances humaines, est un prodige. Ce prodige ne s'est pas accompli pour moi.
- Ni pour moi, dit madame d'Espart.

- Je suis poursuivie dans ma retraite par un regret affreux ; je me suis amusée, mais je n'ai pas aimé.

- Il n'est pas probable que nous trouvions dans l'arrière-saison, la belle fleur qui nous a manqué pendant le printemps et l'été.

- La question n'est pas là, reprit la marquise après une pause pleine de méditations respectueuses. Nous sommes encore assez belles pour inspirer une passion ; mais nous ne convaincrons jamais personne de notre innocence ni de notre vertu....
Pour résoudre un pareil problème, il nous faut un homme de génie. Le génie seul a la foi de l'enfance, la religion de l'amour, et se laisse volontiers bander les yeux... Si vous et moi nous avons rencontré des hommes de génie, ils étaient peut-être trop loin de nous, trop occupés et nous trop frivoles, trop entraînées, trop prises.

- Ah ! Je voudrais cependant bien ne pas quitter ce monde sans avoir connu les plaisirs du véritable amour, s'écria la princesse.

Depuis quelques mois, d'Arthez était l'objet des railleries de Blondet et de Rastignac, qui lui reprochaient de ne connaître ni le monde ni les femmes. A les entendre ses œuvres étaient assez nombreuses et assez avancées pour qu'il se permît des distractions : il avait une belle fortune et vivait comme un étudiant ; il ne jouissait de rien, ni de son or ni de sa gloire.

D'Arthez laissa l'amour pénétrer dans son cœur à la manière de notre oncle Tobie*, sans faire la moindre résistance, il procéda par l'adoration sans critique, par l'admiration exclusive. La princesse, cette belle créature, une des plus remarquables créations de ce monstrueux Paris où tout est possible en bien comme en mal, devint, quelque vulgaire que le malheur des temps ait rendu ce mot, l'ange rêvé. Pour bien comprendre la subite transformation de cet illustre auteur, il faudrait savoir tout ce que la solitude et le travail constant laissent d'innocence au cœur, tout ce que l'amour réduit au besoin et devenu pénible auprès d'une femme ignoble, développe de désirs et de fantaisie, excite de regrets et fait naître de sentiments divins dans les plus hautes régions de l'âme.

* héros biblique séduit par la belle Sara à son arrivée à Ecbatane.

Adolphe, écrit vers 1806, publié en 1816.
Benjamin Constant **(25 octobre 1767 - 8 décembre 1830)**

Comment quitter une femme séduite par vanité, devenue des chaînes ?

C'est ne pas commencer de telles liaisons qu'il faut pour le bonheur de la vie : quand on est entré dans cette route, on n'a plus que le choix des maux.
Préface seconde édition

Mon père, bien qu'il observât strictement les convenances extérieures, se permettait fréquemment des propos légers sur les liaisons d'amour : il les regardait comme des amusements, sinon permis, du moins excusables, et considérait le mariage seul sous un rapport sérieux. Il avait pour principe qu'un jeune homme doit éviter avec soin de faire ce qu'on nomme une folie, c'est-à-dire de contracter un engagement durable avec une personne qui ne fût pas parfaitement son égale pour la fortune, la naissance et les avantages extérieurs : mais du reste, toutes les femmes, aussi longtemps qu'il ne s'agissait pas de les épouser, lui paraissaient pouvoir, sans inconvénient, être prises, puis être quittées... Cela leur fait si peu de mal, et à nous tant de plaisir !

Malheur à l'homme qui, dans les premiers moments d'une liaison d'amour, ne croit pas que cette liaison doit être éternelle !

Il n'y a point d'unité complète dans l'homme, et presque jamais personne n'est tout à fait sincère ni tout à fait de mauvaise foi.

C'est un affreux malheur de n'être pas aimé quand on aime ; mais c'en est un bien plus grand d'être aimé avec passion quand on n'aime plus.

Il y a dans les liaisons qui se prolongent quelque chose de si profond! Elles deviennent à notre insu une partie si intime de notre existence! Nous formons de loin, avec calme, la résolution de les rompre; nous croyons attendre avec impatience l'époque de l'exécuter : mais quand ce moment arrive, il nous remplit de terreur; et telle est la bizarrerie de notre cœur misérable que nous quittons avec un déchirement horrible ceux près de qui nous demeurons sans plaisir.

Nous sommes des créatures tellement mobiles, que, les sentiments que nous feignons, nous finissons par les éprouver.

Mais l'amour, ce transport des sens, cette ivresse involontaire, cet oubli de tous les intérêts, de tous les devoirs, Ellénore, je ne l'ai plus...

Elle croyait ranimer mon amour en excitant ma jalousie; mais c'est agiter des cendres que rien ne pouvait réchauffer.

On change de situation, mais on transporte dans chacune le tourment dont on espérait se délivrer; et comme on ne se corrige pas en se déplaçant, l'on se trouve seulement avoir ajouté des remords aux regrets et des fautes aux souffrances.

Jacques Brel
(8 avril 1929 - 9 octobre 1978)

Dans *La pléiade*, un auteur de chansons mériterait d'entrer, de trôner : Jacques Brel.

Quand on n'a que l'amour
Pour tracer un chemin
Et forcer le destin
A chaque carrefour
     Quand on n'a que l'amour, 1956

On est deux mon amour
Et l'amour chante et rit
Mais à la mort du jour
Dans les draps de l'ennui
On se retrouve seul
     Seul, 1959

Ne me quitte pas
Je t'inventerai
Des mots insensés
Que tu comprendras
     Ne me quitte pas, 1959

Je sais pourtant que ce prochain amour
Sera pour moi la prochaine défaite
Je sais déjà à l'entrée de la fête
La feuille morte que sera le petit jour
     Le prochain amour, 1961

Elle est pourtant tellement jolie
Elle est pourtant tellement tout ça
Elle est pourtant toute ma vie
Madeleine qui ne viendra pas
     Madeleine, 1962

Les filles
C'est beau comme un fruit
C'est beau comme la nuit
C'est beaucoup d'ennuis...
Les filles
Ça se donne pourtant
Ça se donne un temps
C'est "donnant donnant"
Les filles et les chiens, 1962

A mon dernier repas
Je veux voir mon âme
Mes poules et mes oies
Mes vaches et mes femmes
Le dernier repas, 1964

Et je n'aime plus personne
Et plus personne ne m'aime
On ne m'attend nulle part
Je n'attends que le hasard
Je suis bien
Je suis bien..., 1967

Mais les femmes toujours
Ne ressemblent qu'aux femmes
Et d'entre elles les connes
Ne ressemblent qu'aux connes
Et je ne suis pas bien sûr
Comme chante un certain
Qu'elles soient l'avenir de l'homme
La ville s'endormait, 1977

Revenant, à la même époque, quelques mois avant sa disparition, sur l'observation "*L'amour est mort vive la haine*", il écrit *Vive la haine*, un texte inédit :

Il rêve à d'anciennes maîtresses
Elle s'invente son prochain amant

Ils ne voient plus dans leurs enfants
Que les défauts que l'autre y laisse

Jacques Brel, qui avoua si souvent ne pas comprendre les femmes.

On dit souvent que je suis misogyne mais en réalité on dit ça très souvent d'un individu qui n'est pas cavaleur...

Jacques Brel, qui aurait dit « *elle ou une autre...*» en partant aux Marquises, où il savait vivre ses dernières années, accompagné. Hiva-oa, le village d'Atuona, où déjà Paul Gauguin avait trouvé une certaine sérénité.

A fredonner

Je sais qu'l'amour physique est sans issue
J'le sais, mais si j'avais su
A temps je ne serais pas hélas
Au point où tu m'as connue
       Physique et sans issue, Serge Gainsbourg

Amour année zéro
C'est l'amour année zéro
Le passé est dérisoire
Tourne-lui le dos
Le futur est illusoire
N'y compte pas trop
Ne compte que le présent
Où l'amour t'attend
       Amour année zéro, Serge Gainsbourg

L'amour est enfant de bohême
Il n'a jamais connu de loi...
       CARMEN de BIZET

Il te reste encore de beaux jours
Profite en mon pauvre amour
Les belles années passent si vite
       La vie d'artiste, Léo Ferré

Quand on rat'rait la fin du monde
Et qu'on vendrait l'éternité
Pour cette éternelle seconde
Quand on raterait la fin du monde
       L'amour, Léo Ferré

Autrefois pour faire sa cour
On parlait d'amour
Pour mieux prouver son ardeur

On offrait son cœur
Maintenant c'est plus pareil ça change ça change
Pour séduire le cher ange...
  Complainte du progrès, Boris Vian, 1956

J'ai beau me dire qu'il faut du temps
J'ai beau l'écrire si noir sur blanc
Quoique je fasse, où que je sois
Rien ne s'efface, je pense à toi
  Pas toi, Jean-Jacques Goldman

J'avoue j'en ai bavé pas vous
Avant d'avoir eu vent de vous
  La javanaise remake, Serge Gainsbourg

L'amour physique est sans issue.
  Initiales B. B., Serge Gainsbourg

Tu vois on danse
Le corps on le balance
On s'touche
On s'embrasse la bouche
Tiens même v'la qu'on s'dit qu'on s'aime
Mais c'est que de la crème
De la pommade rose
Pour cacher les choses
Du p'tit plaisir
Pour pas tout seul dormir
  On s'aime pas, Alain Souchon

Rétines et pupilles
Les garçons ont les yeux qui brillent
Pour un jeu de dupe
Voir sous les jupes des filles
Et la vie toute entière
Absorbés par cette affaire

Pour un jeu de dupes
Voir sous les jupes des filles
  Sous les jupes des filles, Alain Souchon

L'amour sans philosopher
C'est comme le café
Très vite passé.
  Couleur café, Serge Gainsbourg

Je voulais simplement te dire
Que ton visage et ton sourire
Resteront près de moi sur mon chemin
Te dire que c'était pour de vrai
Tout ce qu'on s'est dit, tout ce qu'on a fait
  Confidentiel, Jean-Jacques Goldman

Nous avons des vies monotones
Rien dans le cœur rien dans la main
Comme on ne dit plus rien à personne
Personne ne nous dit plus rien
  Vies monotones, Gérard Manset

Avec le temps, on n'aime plus ?...
Un jour renoncer à l'amour ? Léo Ferré aussi a écrit des conneries !

Même quand on se murmure « c'est ma dernière histoire d'amour », rester disponible, la porte au moins légèrement entrebâillée... tant qu'on n'a pas croisé toute l'humanité, l'espoir demeure !...

Avec le temps,
Ce n'est pas "on n'aime plus"
Mais on aime différemment
On prend son temps
On connaît la valeur de chaque instant
On aime différemment

Quand avant il fallait deux ans
On voit d'un regard
Qu'il ne sert à rien
De rester sur ce chemin...

Avec le temps on aime intellectuellement
On sait que l'Amour
Pour avoir une chance de résister
Doit passer par l'estime et le respect.

Au fil du temps
Si on perd des illusions
On avance dans la raison
Sauf bien sûr les pions
Qui passent d'un patron à une télévision
Pour qui le partenaire est l'autre nom de l'enfer
Alors là oui, avec le temps, on n'aime plus...

Un commerce ?

Jamais ! l'amour n'est jamais un commerce !
La prostitution n'est pas de l'amour mais une rationalisation financière de la sexualité (là comme ailleurs l'amour peut survenir)

Les « agences » ne vendent pas de l'amour mais un service, une mise en relation (là comme ailleurs l'amour peut survenir)

Mais soyez réaliste, tout s'achète et tout se vend !
Mieux vaut désirer uniquement ce qui s'achète, se paye comptant, puisque de toute manière il faut payer un jour.
Alors plutôt un prix convenu d'avance, qu'il n'y ait pas de surprise (forcément toujours mauvaise)...

Vivre ailleurs, ailleurs que dans ces relations vénales... qui n'en a jamais rêvé... et pourtant, qui vit ailleurs se retrouve isolé, on se méfie de qui vit autrement... Cercle vicieux des "conditionnements sociaux".

Finalement, un commerce, n'est-ce pas la préférence du plus grand nombre ? Un commerce que le plus grand nombre, par la force de la majorité, a les moyens d'appeler amour... nous ne changerons pas les noms mais derrière les noms se faufileront d'autres définitions...

Je n'irai pas à ce rendez-vous. Car c'est un rendez-vous !... Je lui ai donné des excuses ! Des excuses comme si je n'avais pas compris que derrière le "professionnel"... Et c'est vrai... j'ai trop de travail !

Il a eu raison de me répondre : c'est une question de choix.

Oui, si je voulais... et je veux !... mais j'ai peur que cela m'entraîne "trop loin"... ah ! comme j'ai envie que cela m'entraîne "trop loin". Je vous Aime !

Mais oserais-je ?...

Bien plus tard, longtemps après le mot fin, je me suis aperçu avoir vécu UNE GRANDE HISTOIRE D'AMOUR.

Je ne me suis pas inquiété, j'étais encore jeune.

Je me souriais : la prochaine fois essaye de vivre l'instant en le sachant exceptionnel, unique, comme une première fois.

Puis j'ai connu la nostalgie, l'amertume... je cherchais à revivre la même chose.

- Tu m'as reconnue tout de suite ?

- Tu as changé... mais je savais que c'était toi !

Je ne t'ai pas reconnue, je t'ai ressentie, et tu es encore plus belle que dans mes souvenirs de ces quelques minutes... tu es désormais perturbée et sereine... nous sommes sur la même longueur d'onde...

- Mais il faudra gérer les perturbations !

- Eh oui, nous avons chacun notre présent et...

- La seule personne qui te dit « je t'aime » pourquoi tu ne l'aimes pas ?

- La seule personne à qui j'écris « je t'aime » pourquoi elle ne me répond pas ?

- Alors l'amour, c'est toujours l'autre histoire ?

- Mais non, trois ou quatre fois par vie, ça coïncide.

- C'est une statistique ?

- Non une règle de trois avec ce que j'ai vécu et mon espérance de vie.

Ils se sont vus au-delà des apparences. Et c'est peut-être ça la dernière chance. Cette phrase, cette phrase qui tourne dans sa tête, il l'écrit, elle est devant ses yeux et dans sa tête, et il est persuadé de son pouvoir magique. Elle va tout changer, cette phrase.

Alors il ne peut résister, l'appelle et laisse ces quelques mots sur son répondeur. Un jour il saura qu'elle les a écoutés en buvant un thé, distraitement, le trouvant vraiment sans intérêt.

Elle a l'impression de ne pas l'aimer assez. Alors elle va le repousser.

« Une femme de plus sur sa liste »... il a suffi de cette pensée pour que cette histoire bascule dans le passé...

Je suis une femme mariée, la trentaine, un enfant... Je sais que cent ans plus tôt, ma vie aurait été "jouée"... mais quand dans un roman ou une pièce de théâtre, je rencontre des répliques dignes de ma vie, j'aimerais parfois lui balancer... Je sais bien, ça ne servirait à rien, il est inutile de le blesser, mais c'est agréable de se sentir soutenue par les mots des autres, pouvoir sourire...

Si je pars aujourd'hui, pour la famille j'aurais fait une mauvaise action, je serais la femme coupable. Qu'est-ce que tu lui reproches ?... Mais si je reste, les jours deviendront de plus en plus pénibles.

Alors la lecture, oui. Je sais, les histoires d'amour se vivent après... après être sorti du couple où tant d'années plus tôt on a cru trouver le bonheur. Mais qui à vingt ans est capable de comprendre sa vie ? Et nous n'avons pas évolué dans la même direction.

Vous savez, je ne lui adresse pas un reproche, mais je ne peux plus vivre qu'avec quelqu'un ayant marché, marché, marché.... vers la même voie... Malgré les apparences, je suis seule...

Je sais bien, je ne pourrai pas leur dire tout cela, ils me jugeront...

Qui comprendrait ? Et ai-je la force d'être accusée sans pouvoir me défendre ? Je ne veux pas devenir madame Bovary ni Anna Karénine troisième millénaire mais vivre l'Amour... J'en demande trop ?...

Dix ans plus tard, même *la Dépêche du Midi*, il trouvera ça intellectuel, il aimera le foot ou le rugby, sa télé, la bière, son chien (s'il est chasseur... il sera chasseur s'il en a l'opportunité...), parfois sa femme (prononcer meuf) en rêvant d'une starlette.

Et pourtant, il écrit une lettre d'amour.

Qui n'a pas écrit au moins une lettre d'amour ?

Naïve, plate, rudimentaire, l'orthographe aléatoire... mais comme un témoignage : s'il voulait, il ne rejoindrait pas le troupeau des béotiens...

Autre lettre :
C'est ma manière à moi de vous dire, je t'aime. Comme un long poème...
(un dessin ? une photo ? un e-mail ? un livre ? deux roses ?)

Toujours un vieux couple, disposé à proclamer "on s'aime comme à 20 ans"... Je suis toujours le même !...
Comme ce serait triste si c'était vrai !
Que c'est triste quand c'est vrai.
Etre pareil à 20, 30, 40, 60 ans... c'est vraiment "la vie ne m'apprend rien", nier la réalité : la passion, le désir, le regard évoluent forcément...
Les images figées seront toujours préjudiciables... comme celle de la femme idéale...

> L'image d'une femme idéale
> A l'homme fait bien du mal
> Fait souvent passer à côté
> De dizaines d'années

« Quand j'ai le blues
Je fais le douze »
Ma place dans le trafic. Francis Cabrel chante parfois l'*amour*...

Un péché mortel mais pardonné en confesse (pas écouter l'astafortuné mais l'onanisme)

1760 : accusé d'affaiblir l'organisme et de l'exposer aux pires maladies par le docteur Tissot.

1828 : accusé de rendre sourd, stupide, paralysé et rapidement sénile par le docteur Rozier (dommage qu'il n'ait pas connu... la télévision).

Désormais les sexologues y voient le meilleur moyen de connaître son corps, ses fantasmes.

"Faire le douze" étant naturellement à rapprocher du "il est midi" Rimbaldien. A retenir aussi chez Cabrel d'Astaffort le "jet de Sarbacane".

Génère forcément un "état d'insatisfaction", la frustration... ? pas pire qu'une relation sexuelle non épanouie !...

Une véritable lutte contre la prostitution passe par la promotion de l'onanisme (imaginez un spot où Nicolas Sarkozy* s'exclame "je suis contre la prostitution, pourquoi ? je vais vous le dire. Il faut pénaliser la prostitution, la prostitution ce n'est pas sain. Faites comme moi, matin et soir, masturbation. Qu'est-ce qui fait bondir Sarko ?...")

* Alors pétillant ministre de l'Intérieur... dont un texte répressif envers la prostitution déclencha les manifestations des prostituées.

La chanson, le roman, le cinéma, la télévision, distillent une image "romantique" de l'amour où les princes charmants épousent les bergères, les coups de foudre tombent n'importe où et l'amour triomphe des méchants.

Et les héros meurent à la fin ou "ont beaucoup d'enfants" ; ce serait crime de lèse romantique d'oser présenter le quotidien et ses ennuis tranquilles...

Ainsi, nous croyons trouver dans le palimpseste de notre mémoire la nostalgie d'un amour idéal... la belle âme qui refuse la réalité... l'aspiration à la démesure...

La sensibilité romantique ? insatisfaction permanente, atermoiement du cœur, exagérations lyriques, grandiloquence, tendance à rêver, exaltation, angoisses de la mort, de la fuite du temps.

J'aimerais que quelqu'un m'aime d'amour comme le faisaient les jeunes gens il y a un siècle...

Cette aspiration de Nicole Warren dans *Tendre est la Nuit* de Francis Scott Fitzgerald (1896-1940) pourrait se tatouer sur toutes les lèvres noyées de romantisme lacrymogène..

"Le romantisme" est désormais le plus souvent un euphémisme de "à l'eau de rose". Comme dans la chanson. Quand le romantisme gnangnan se présente comme tel, pas de problème ! Soupe destinée à faire du fric où les textes sont secondaires. Mais quand il ose prétendre au titre de "chanson Française de qualité"...

On peut faire très mal à un public en le berçant de mièvreries. L'artiste se doit d'être responsable et de mesurer la portée de son audience.

La chanson se doit d'au moins essayer de faire réfléchir quand elle se dit "de qualité".

A quand l'obligation d'inscrire la mention "*Attention mièvreries. Croire en ces chansons peut provoquer des troubles émotionnels graves*" ?

Quelque part, quelqu'un m'attend.
Un jour nous nous rencontrerons...

Se bercer de chimères, attendre le grand soir ! Attendre, attendre.
Et une vie peut s'effilocher ainsi tranquillement, dans cette attente.

> Des crèmes et des bains qui font la peau douce
> Mais ça fait bien loin que personne ne la touche
> Des mois des années sans personne à aimer
> Et jour après jour l'oubli de l'amour ·

> Elle vit sa vie par procuration
> Devant son poste de télévision
> *La vie par procuration*, Jean-Jacques Goldman

Une vie passive est comme une mort anticipée...
Faute d'amour... y'a quand même mieux qu'un poste de télévision.

Le syndrome du rêve récurrent ne touche pas uniquement la personne seule.
Sa peau douce, un homme la touche... mais toute son énergie elle la dépense au bureau et certains soirs se laisse retourner comme flasque... elle attend... elle rêve d'amour... elle attend... Godot ?
Non : le courage de tourner la page, de quitter le costume sage, déchirer la belle image qu'on dit sans nuage, de tourner la page du naufrage.

> Faute d'amour On va boire un verre
> Faute d'amour On en boit une paire
> Faute d'amour Quelques émotions
> Faute d'amour Des p'tites illusions
> Faute d'amour Donne un psychotrope
> Faute d'amour Allez passe une clope
> Faute d'amour J'écris des chansons
> Faute d'amour J'regarde les poissons
> Faute d'amour On rêve de l'Afrique

Faute d'amour Y'a les rêves lubriques
Faute d'amour J'me f'rais bien bouddhiste
Faute d'amour Les joies du touriste
Faute d'amour On fait d'ces conneries
Faute d'amour On oublie la vie
Faute d'amour Ressers-moi un verre
Faute d'amour On ne sait plus plaire
Faute d'amour On préfère se taire

Adèle et Marie Borie, Cahors

Tricher parce qu'on a triché avec soi.
Frapper parce qu'on a été frappé.
Violer parce qu'on a été violé.
Si souvent l'être humain, faute de l'avoir assumé, reproduit son passé. Il se laisse vivre et...
Pour tout un tas de raisons (voir psychanalyse) nous marchons souvent longtemps dans de mauvaises directions, mal accompagné.
L'erreur ne vient pas des autres mais de soi.
Avoir côtoyé quelqu'un véritable perte de temps n'est nullement la faute de l'autre...
Alors, pour retrouver sa voie, il faut oser.
Peu importent les réactions des englués dans leurs préjugés...

Des erreurs ? L'approche Freudienne : dans le passé, pas de fautes mais des faits. Je ne suis pas ces erreurs (ce qui ne dédouane personne vis à vis de la société, la justice se doit de condamner l'être qui n'est plus totalement celui ayant commis un acte répréhensible...).
Savoir regarder le passé pour ce qu'il est : simple passé.

Passé pas simple, poids du passé ? Le passé ne justifie rien, le passé explique, permet de comprendre un comportement.
Une blessure subie durant l'enfance ne justifiera jamais une barbarie de l'adulte.
Comme une guerre passée ne peut justifier une dictature ou une autre guerre.
Les êtres humains, comme les pays, sont en conflits mais notre civilisation est en droit de les exiger pacifiques.

> *Tout c'que les échecs nous ont fait voir*
> *Je vais te dire, c'est tentant de croire*
> *C'était pas souffrance inutile*
> *C'est pour le bonheur d'une fille.*

Des échecs ? L'art apprend à relativiser l'échec.

Qu'est-ce qu'un échec ? Ne pas être chanté par x ou y ?

L'art apprend qu'au delà des récompenses et du mépris, importe la sérénité de l'œuvre réalisée.

Le passé : mauvais alibi. Tout se joue ici et maintenant. Pas amnésique mais debout, droit.

Les « avec tout ce que j'ai fait pour toi » qui retiennent comme les « comment oublier ça » qui rendent allergique.

Devenir insensible ? Trop s'attarder sur le passé, c'est passer à côté du présent. Il est toujours temps pour comprendre le passé, l'assumer, bâtir l'avenir, vivre le présent.

La culture, la soif de savoir. Par le savoir, s'approprier son destin. La connaissance donne confiance en soi, permet de réagir sereinement, relativiser, accepter les échecs, ne pas s'enthousiasmer des réussites.

Comment vivre l'amour quand on ne l'a pas connu durant l'enfance ? Déjà savoir que va à l'échec qui essaye de retrouver l'amour de l'enfance, être materné.

L'amour adulte et l'amour enfance sont deux approches distinctes où pas seulement la sexualité fait la différence.

Alors c'est un long chemin, fait de leurres, naïvetés, coups de poignards, incompréhensions, rejet des habitudes...

Savoir stopper les engrenages...

Stendhal. Tolstoï. Sigmund Freud. Benjamin Constant. Jacques Brel. Oscar Wilde. Serge Gainsbourg. L'abbé Prévost. Balzac. Sacha Guitry. Marguerite Duras. Michel Houellebecq. Ternoise...

Nous n'avons quand même pas tant écrit sur une illusion, une simple aspiration, l'inaccessible.

Soit, l'Amour n'existe pas, il n'est pas à trouver, nous devons à chaque fois l'inventer... que de jours perdus à chercher...
Chaque histoire fût et sera de l'inédit... le reste ? des historiettes, copier, vouloir revivre des émotions...

Un essai bilan, sur l'étendue du possible... et en sortir en état de se comprendre un peu mieux, se croire encore capable de réaliser ce miracle... que vivent les émotions, souvent brisées, bridées, par faiblesses, habitudes, préjugés, incohérence, souvenirs, craintes...

Par rapport à la quatrième de couverture, verso du livre, dans la liste, un nom d'auteur ajouté...
Aux Editions Gallimard, 1971 :
L'amour (un roman ? un récit ? un truc ?...)
Si cet essai ne vous a pas encore apporté grand chose - ça peut arriver - plongez donc dans Marguerite Duras, 1971, Editions Gallimard.
Heureusement c'est court, je l'ai terminé par conscience professionnelle, se dire, non, quand même, une page va sauver l'ensemble... (même impression avec *La vie sexuelle de Catherine M*)
Eclairer, s'éclairer : philosopher. Je philosophe donc avec l'amour... alors que philosopher c'est en appeler à la raison et l'amour penche plutôt du côté irraisonnable, irrationnel ?... la compréhension rationnelle est possible... pour mieux vivre l'irrationnel !
Préparer la sérénamour...

« j'aime les animaux... » ; suit souvent l'incompréhension des humains indifférents aux desiderata de « nos amis les bêtes » (toutou préfère le jambon au saumon ?)
Aimer les animaux et ainsi se décerner un certificat d'humain honorable... Hitler aussi prétendait aimer les chiens...

L'animal... c'est l'amour idéal... il donne la patte, se couche... (ou *Y'a bien qu'son poisson rouge qui lui cause pas de soucis - Encore que y'a des nuits quand elle l'entend qui bouge...* Banlieue rouge, Renaud) alors on aime bien se mettre aux ordres sur de petites choses puisqu'on le sait dépendant pour son essentiel, la nourriture.
L'Homme et son chien, le couple parfait... l'Homme a même la prétention d'affirmer avoir un chien exceptionnel, il lui parle... ce qui permet à l'Homme de ne plus parler qu'aux animaux... Ah ! croire comprendre qu'un regard signifie : « tu es tout pour moi... »
Mieux que les animaux : les robots animalisés, dont toutes les réactions sont programmées...

> Mais les chiens
> ça ne vous donne rien
> parce que ça ne sait pas
> faire semblant de donner
> Les chiens
> ça ne vous donne rien
> c'est peut-être pour ça
> qu'on croit les aimer
>   *Les filles et les chiens*, Jacques Brel

Aimer les animaux, l'humanité, est souvent une manière de supporter son incapacité à aimer quelqu'un. Plus facile d'aimer l'humanité que de sourire à son voisin.
L'humanitaire qui donne bonne conscience, donne un sens à la vie ; à rapprocher de la charité des grands bourgeois... Aujourd'hui organisée la charité frise souvent la caricature

outrancière comme Bernadette Chirac et ses pièces jaunes. Ou la charité Show-biz.

Drôle d'époque où des humains fouinent dans les ordures et des chiens mangent des petits plats. Vivre ainsi occasionne souvent l'envie de quelques gestes humanitaires, au moins signer un chèque (en plus obtenir une réduction d'impôts !)

Femme en bronze
réalisée en 1998
par Flavio de Faveri

La meilleure façon de recouvrer la liberté, c'est de rompre les chaînes qui blessent le cœur et de mettre un terme à son tourment.
Ovide, *remèdes à l'amour*

La liberté est d'abord une notion spirituelle.
Vouloir rouler à 250 kilomètres heure et ne pas payer d'impôts ne sont que des perversions du terme liberté par des individus n'en ayant aucune idée.
La liberté ne saurait être affaire extérieure.
Qui pense en moi ?
La liberté est conscience. Avant Freud et "*le moi n'est pas maître en sa demeure*", Spinoza avait remarqué "*les hommes se trompent en ce qu'ils pensent être libres, et cette opinion consiste en cela seul qu'ils sont conscients de leurs actions, et ignorants des causes par lesquelles ils sont déterminés*", ce qu'Einstein traduira "*je ne crois point, au sens philosophique du terme, à la liberté de l'homme. Chacun agit non seulement sous une contrainte extérieure, mais aussi d'après une nécessité intérieure*".
Alors que l'existentialisme de Jean-Paul Sartre dépassera les troubles, en voulant croire l'homme maître de la situation :
"*En fait, nous sommes une liberté qui choisit, mais nous ne choisissons pas d'être libres. Nous sommes condamnés à la liberté*".
Où en est-on ? Nous pouvons trouver la liberté... même à deux... mais quand le couple devient "harcèlement conjugal", plus de liberté imaginable, l'autre doit être asservi. C'est la guerre totale.
Liberté et Amour : opposition ?
Non, condition. La liberté comme préalable à l'Amour.

Ma liberté / Toi qui m'as fait aimer / Même la solitude... / Et je t'ai trahie pour / Une prison d'amour / Et sa belle geôlière

Ma Liberté, Georges Moustaki

Il n'existe pas pour l'homme aussitôt qu'il se sente libre de souci plus constant, plus cuisant, que de trouver quelqu'un à adorer.
Dostoïvski

Les plus beaux « je T'Aime »
Pour qui seront-ils déposés à la SACEM ?

Est-ce qu'ils savent quelque chose que j'ignore
Ceux qui aiment encore ?
Ou est-ce le contraire ?
Ou simplement AUTRE CHOSE...

Les branches sans fruit coupées, il reste la spiritualité, l'amour et
guider l'enfant...

On aime toujours qu'une image ?
Un être recréé par notre imagination ?
L'absolu, l'absolu, c'est donc ça, une question d'imagination.

- Tu veux écrire sur l'amour ou le vivre ?
- « *La vraie vie, la vie enfin découverte et éclaircie, la seule vie
par conséquent réellement vécue, c'est la littérature* » (Marcel
Proust)
 Faire le tour de la question... de manière littéraire... avant !
- T'es compliqué !
- Stendhal a revu *De l'amour* onze ans après la première édition.

A cause d'amourettes ou autres futilités
On passe facilement
A côté de l'Amour...

Ecrire... c'est si facile !
Ecrire sur l'amour, écrire à la personne aimée...
Alors que vivre l'amour...
Il faut déjà vouloir le vivre en même temps.

Une grande passion, ce sera une grande passion. Vanité du besoin
de "vivre fort", qui fera prendre l'amourette possible pour un
grand amour certain.

La vie est une expérience individuelle ou forcément un partage nommé Amour ?

Pour vivre l'Amour au-delà du passionnel, un certain stade de développement personnel est-il indispensable, autrement dit l'amour sans développement personnel avancé est-il condamné à la banalité ?
Pour avoir une chance d'aimer et d'être aimé sur une longue période, d'abord LA SERENITE ?
La sérénité lucide est la première étape d'un Amour parfait.
- C'est quoi un Amour parfait ?
 Réponse par une pirouette :
- L'Amour vécu par deux êtres ayant atteint la sérénité lucide.
Un concept se définit par l'autre, sans être figé ; pas d'échelle de Richter ni de pourcentage, un accord avec soi.
- Pourquoi ajouter lucide à sérénité ?
- La sérénité de la vache broutant son herbe (ou du vacher fumant son herbe, tout psychotrope ou refus de penser) est sans intérêt humain.
Aimer une fois
Comme nul n'a jamais aimé

Etre lucide. Souffrir de cette lucidité.
Et pourtant, y tenir à cette lucidité : retirer la lucidité, c'est retirer l'humain en soi.
Et un jour : être lucide, et pour la même cause ne plus souffrir !

Etre dans un nuage ou dans un roman plutôt que dans la réalité ?
Mais pourquoi la réalité serait forcément stress, monotonie... ?

- Tu en fais trop !
- Stendhal et Mozart ont-ils eux aussi subi cette réponse ? En faire trop... vu de l'extérieur.

Des amours inachevés
Des amours seulement imaginés

Attendre avant de mourir d'amour !
Aucun enthousiasme dans « la réussite »,

aucune tristesse dans « l'échec »,
seulement la satisfaction d'avoir fait de son mieux.
Mais l'Amour et la mort !
L'angoisse de mourir un jour.
L'angoisse de ne pas vraiment vivre l'Amour.

La femme aimée par Mozart lui préféra un crétin.
Que la pensée me protège moi qui ne connais même pas le solfège.

La vie étant inimaginable... je sais seulement ce qui dépend de moi... ce que j'accepterai et non... enfin ce qu'aujourd'hui j'accepterais !...
La vie apprend à porter une armure alors que l'amour ne peut s'envisager avec armure... comment rester soi-même ?

Offrir une rose. Ou un livre (ou des bonbons, car les fleurs...)

Les professionnels du sentiment passent toujours avant.

La sublimation plutôt que des amourettes, consacrer toute son énergie à quelque chose de grand... Ecrire par exemple !

Cet instant de paix intérieure, de sérénité, est-ce qu'il aurait pu être partagé ?
L'autre est souvent l'empêcheur de sérénité.
Ah ! partager la sérénité.
Passer à côté de sa vie :
- Rester trop longtemps unis sans le ciment de l'Amour.
Bien d'autres possibilités... mais déjà éviter cet écueil.

Les « paratonnerres » : le coup de foudre tombe toujours là...

La sincérité de l'instant. Ne pas tricher. En sachant qu'un ouragan dévaste même des arbres apparemment indéracinables.

Les fautes commises par Amour trouvent grâce aux yeux de qui croit en l'Amour.

Une année de création... Après, peut-être l'Amour... A moins qu'un autre livre ! Balzac, et cette hantise de l'amour frein à la création.

Comme la vie, savoir l'amour mortel, que tout peut s'arrêter demain. Donc le vivre comme on doit vivre quand l'on est lucide.
Le corbillard de la vie ou d'un Amour est peut-être au dernier virage.
On peut aussi vivre comme si l'on était immortel. Mais faute de savoir le temps compté, on le perd souvent en futilités.

Tant que la soif de connaissances durera, je durerai.
Qui pourrait écrire cela sans penser : et après ? (« la soif de connaissances » peut être remplacé par « le plaisir de boire, de regarder le foot » ?)
Quelle est la valeur d'une imagination face à un tel gouffre possible ?
Après ? Faire semblant (s'il n'y a plus cette soif, l'intégrité peut s'évaporer en même temps), la folie (« qu'elle seule nous sauve »)
Mais cette soif pourrait tout simplement s'éteindre avec... l'Amour...
Les jours *sans* Amour : croire l'Amour encore possible
Croire même la soif d'Art et l'Amour compatibles.

IV) Amour troisième millénaire

Aimer autrement ?

L'amour ne change pas... eh bien si !
L'amour est une notion culturelle, en interactivité avec l'ensemble des composantes de l'époque...

S'intéresser à l'amour est donc un acte politique, la politique comme vie de la cité.
Comprendre une époque par son rapport à l'amour.
L'amour totalement marchandisé ou l'amour respect, l'amour serein en aspirations similaires, la sérénamour ?

La sérénamour donc.

Concept doucement amené puis observé...

Car tout est encore possible. Mais gare aux "réactionnaires"...
Connaître le passé pour mieux bâtir l'avenir. Et non se gargariser d'un passé idéalisé, au nom duquel se faufileraient par la fenêtre des oppressions balayées par les grandes portes de la révolte...
Construire, gérer le troisième millénaire - le début, n'espérons pas trop ! - avec une approche amour ou monétaire...

(précision 2011 : http://www.serenamour.com fut rapidement créé après la sortie du livre papier)

Comment deux êtres dans un quotidien agressif, stressant, crétinisant, pourraient toucher l'harmonie quand ils se croisent ?
Ils déchargent sur l'autre leur mal de vivre... alors croient l'autre coupable.
De « l'enfer, c'est les autres », Jean-Paul Sartre, on passe naturellement à : l'enfer, c'est toi, quand on essaye d'être bien ensemble pour occulter des troubles, failles, existentiels.

D'où la nécessité de vivre autrement, loin des pressions, des agressions. Vivre autrement pour vivre la sérénamour.

> Car nous avons choisi
> de vivre autrement
> de vivre, de vivre selon les sentiments...

Tant que les humains vivront en loups stressés, ils s'entredévoreront, même en amour.

Névrose ? Alcool ? Drogue ? Stress ? Dépression ?
Agressivité ? Somnifères ? Egocentrisme ? Passé non assumé ?

Une seule réponse OUI rend l'Amour pour le moins hypothétique...

Autre amour impossible :
> - Quel bonheur nous aurions eu !
> - Oh ! Je le crois, avec un amour comme le vôtre !
> Madame Arnaux, qui a donc repoussé Frédéric, dans *L'éducation Sentimentale* de Flaubert.

L'amour non vécu.
A cause de convenances, *engagements*...
Tricher, souffrir, accepter que l'amour soit impossible. Comment ne pas être dégoûté d'une telle vie ?

Le bonheur : avoir conscience de la réalisation d'un désir.

Un désir : quelque chose n'est pas et je voudrais qu'il soit.

Et pourtant quand se réalise le désir, le bonheur durera peut-être moins longtemps que le temps d'attente.

Versatilité de l'être humain, oubliant que ce désir semblait vital ? Plutôt aveuglement, qualifiant de vital un simple désir...

Comprendre ses désirs pour s'orienter tranquillement vers la paix intérieure...

Comprendre ses désirs, se comprendre « connais-toi toi-même », précepte à l'entrée du temple d'Apollon à Delphes, attribué à Solon (638-559 avant JC)... Quelques années déjà !

Mais les monothéismes ont formaté nos pensées : l'homme ne doit pas viser au bonheur mais au salut de son âme (deuxième partie bien galvaudée !).

Et le bonheur fut accusé de résulter de désirs immoraux. Les dogmatismes, au nom d'un bonheur futur, toujours futur, ont proscrit le bonheur présent...

> Il est difficile de trouver le bonheur en nous et impossible de le trouver ailleurs.
> *Caractères et anecdotes*, Chamfort

> Le malheur est père du bonheur de demain.
> *Solal*, Albert Cohen

> Si tu veux comprendre le mot bonheur, il faut l'entendre comme récompense et non comme but.
> *Carnets*, Antoine de Saint-Exupéry

> Il n'y a que deux choses qui servent au bonheur : c'est de croire et d'aimer.

> *La fée aux miettes*, Charles Nodier
> Aimer, c'est avoir pour but le bonheur de l'autre.
> Taine

http://www.bcommebonheur.com

Un médicament pour guérir de l'amour.

Guérir de l'absence, du départ de l'amour.

Le prozac ? Un psychotrope de ce genre, vivre sous dépendance médicale plutôt qu'émotionnelle.

Alors qu'un *médicament* existe à l'état naturel : la vie, la lucidité.

Mais l'être humain, si prompt à clamer sa soif de liberté, n'attend qu'une occasion pour s'éviter la difficulté de vivre.

Les religions ont longtemps tenu ce rôle. C'était plus facile...

Laisser la liberté à l'être humain, c'est le récupérer rapidement en lambeaux... On en viendrait presque à glorifier un monde sans école du savoir, uniquement du conditionnement (la définition d'une mise devant la télé !?)

Alors un médicament. Et l'être humain ne souffrirait plus, ne se poserait plus de grandes questions, n'utiliserait son cerveau que pour des fonctions permises. Peut-être suffirait-il de nous modifier génétiquement ?

Michel Houellebecq, *les particules élémentaires* : Michel n'a d'autre but que d'inventer une espèce "supérieure" à l'être humain ; dans un monde où vivre devient insupportable, le scientifique peut se croire tenu de proposer cette réponse...

On commence par un médicament et la connaissance du génome humain permettra une solution en douceur... puisque décidément l'être humain est incapable de gérer sa liberté, plutôt le modifier que le laisser détruire la planète bleue...

Un médicament pour ne plus souffrir d'amour... ça tente encore quelqu'un ?

L'amour n'aura été qu'une parenthèse, d'êtres humains privilégiés souvent inconscients de leurs privilèges, avant que ces privilèges conduisent ces humains à se robotiser, oublier l'amour.

L'amour disparaîtra alors sans que la majorité s'en aperçoive (on ne s'aperçoit pas de la disparition de ce qui ne nous importe pas... comme des hirondelles...)

Et les cris des observateurs seront étouffés dans le brouhaha (comme ceux des intellectuels Allemands dès 1933, sur le rouleau compresseur Adolf Hitler)

Certes, le mot amour existera toujours, il sera sujet d'études, comme la civilisation Egyptienne... *en 2002 Stéphane Ternoise écrivait l'Amour*... et apparaîtra régulièrement dans les titres des émissions de télévision et à la une des magazines people...

Un monde sans amour ? Pouvoir penser à l'amour est un privilège, et comme tout privilège il est à défendre, privilège de celles et ceux qui peuvent penser à autre chose qu'à essayer de sauver leur peau, qu'à commenter des banalités ou se passionner pour un "opium du peuple". L'Amour passe par la Démocratie. Voter dictateur peut aussi avoir des conséquences sur la vie sentimentale...

Michel Houellebecq (né en 1958)
Nous le savons désormais né en 1956 mais il continue à se rajeunir.

Pornographe, obscène, ainsi l'invectivaient ses adversaires : Emile Zola.
Michel Houellebecq - Emile Zola. Une filiation. L'interrogation sur la nature humaine, en naturistes.
Et une société apprécie rarement d'être reflétée dans un miroir pointé sur ses abcès.
Alors, plutôt que de mesurer la portée sociologique de l'amour entre Michel et Valérie dans *Plateforme*, d'honorables critiques ont extrait les remarques sur l'islamisme du héros, après un attentat assassinant son amie, détruisant sa vie.

Après l'attentat de Bali, en 2002, bizarrement personne n'a évoqué ce roman... On ne touche pas à la vénérable industrie du tourisme...
Les citations reprises dans cet essai surprendront sûrement les victimes du dénigrement de l'auteur...

> Tu peux pas t'en rendre compte, mais tu es une exception. C'est vraiment rare, maintenant, les femmes qui éprouvent du plaisir, et qui ont envie d'en donner. Séduire une femme qu'on ne connaît pas, baiser avec elle, c'est surtout devenu une source de vexations fastidieuses qu'il faut subir pour amener une nana dans son lit, et que la fille s'avérera dans la plupart des cas une amante décevante, qui vous fera chier avec ses problèmes, vous parlera de ses anciens mecs...
> on conçoit que les hommes puissent préférer s'éviter beaucoup de soucis en payant une petite somme. Dès qu'ils ont un peu d'âge et d'expérience, ils préfèrent éviter l'amour ; ils trouvent plus simple d'aller voir les putes....
> Ce qui va probablement se passer, c'est que les femmes deviendront de plus en plus semblables aux hommes ; pour l'instant, elles restent très attachées à la

séduction ; alors que les hommes, au fond, s'en foutent de séduire, ils veulent surtout baiser...

A mesure que les femmes s'attacheront davantage à leur vie professionnelle, à leurs projets personnels, elles trouveront plus simple, elles aussi, de payer pour baiser ; et elles se tourneront vers le tourisme sexuel.

Quant à l'amour, il m'est difficile d'en parler. J'en suis maintenant convaincu : pour moi, Valérie n'aura été qu'une exception radieuse. Elle faisait partie de ces êtres qui sont capables de dédier leur vie au bonheur de quelqu'un, d'en faire très directement leur but. Ce phénomène est un mystère. En lui résident le bonheur, la simplicité, la joie ; mais je ne sais toujours pas comment, ni pourquoi, il peut se produire. Et si je n'ai pas compris l'amour, à quoi me sert d'avoir compris le reste ?

Plateforme, 2001

L'art du vol
(chez le pigeon)

Classification

- l'amour sécurité

Peur de la solitude, finir seul. Sécurité financière, sociale ou mentale (se retenir à, pour ne pas sombrer ; l'amour aquabonisme, ça ou autre chose...)

- l'amour conformisme

L'amour goût actualisé, pour faire comme tout le monde, être en couple. Parce que c'est de notre âge. Et en plus, économiquement, plus intéressant.

- l'amour vanité

Etre avec quelqu'un pour prendre un peu de lumière.
Est-ce qu'une star peut aimer ailleurs que dans son milieu ?

- l'amour ascenseur

L'ascenseur social (et obtenir une bonne pension alimentaire...).
L'ascenseur médiatique.

- l'amour passion

Le coup de foudre. Apparence physique...
Le coup de conscience. Aspirations similaires.

- l'amour par injonction existentielle

Aimer parce que la vie sans amour semble inutile, une mort anticipée.
Donner, se donner corps et âme.
Aimer pour avoir un enfant. Avoir un enfant comme sens à la vie.

Vivre comme je veux !... mais l'argent est souvent un frein... ah vivre d'art et d'amour !... pour un "pauvre" il est, à première vue, surprenant que les riches négligent l'art et l'amour.

Est-ce un rêve artistique ? Un rêve d'entre quinze et vingt ans, rapidement submergé par « la vie » ?

La plupart des oisifs, « chômeurs professionnels », ne visent pas spécialement cet objectif...

L'Art, plus approprié que l'Amour, pour vivre « le besoin de vivre » ?

Vivre l'Amour comme l'Art, indépendamment du quotidien « gagner sa vie ». Vivre autrement donc.

Possible en Art... vivre sous le "seuil de pauvreté" en France n'est pas être pauvre. On peut vivre de peu si l'on est indifférent aux incitations à la consommation, aux apparences.

Bien sûr la réalité n'est jamais loin, ainsi l'écrivain indépendant subit régulièrement l'arrogance de crétins dans leurs habits institutionnels, le cul dans leur fauteuil en cuir...

Mais l'art est tellement prenant, on y sacrifie même l'amour pour ses secondes d'extases...

Oui, Art et Amour... mais pas forcément en même temps ; souvent le créatif sait passer d'un domaine à l'autre en quelques secondes... (quand l'art est une vraie motivation et non le chemin le plus court à un statut médiatique ; on peut fréquenter un milieu artistique sans y rencontrer l'art...)

L'artiste se consacrera à l'Amour... seulement si cet Amour devient essentiel, ne souhaitant pas perdre son temps avec quelque chose de quelques jours.

Alors on dit il (elle) ne pense qu'à... la peinture, la littérature, la musique... On dit qu'avoir une passion empêche d'aimer.

Alors qu'une passion évite de tricher, de dire AMOUR sans le penser (sauf exceptions !)

En cherchant la gloire, j'ai toujours espéré qu'elle me ferait aimer
Germaine de Staël (1766-1817)

Tu savais ce que mon art était pour moi : la note fondamentale grâce à laquelle je m'étais révélé d'abord à moi-même, puis au monde, la grande passion de ma vie, l'amour auprès duquel tous les autres étaient ce qu'est l'eau du marécage comparée au vin rouge.
De Profondis, Oscar Wilde

Avant de pouvoir se donner à l'autre, d'abord se sentir exister, savoir que l'on n'y perdra pas son âme...

Aimer s'apprend, se réapprend, et alors structure vraiment...
Chercher à l'intérieur avant d'affronter l'extérieur.
Guérir de son enfance (durant cette phase de construction où l'amour des autres rend PLUS HUMAIN)

Peu importe le chemin : psychothérapie, psychanalyse, méditation, lecture, dialogue (trouver le bon guide)...

Faire le deuil d'une certaine idée de l'Amour... les préjugés, mélange de lectures, films, chansonnettes, réflexionnettes...

> *Aimer, ce n'est pas se regarder l'un l'autre, c'est regarder dans la même direction.*
> Antoine de Saint-Exupéry

Etre en état de regarder !, avec des valeurs, futures valeurs communes.

Ce qui dépend de nous et ce qui nous dépasse... notre présent est la conséquence de notre passé et en influant sur ce présent nous agissons sur le futur (sauf exceptions, rencontre de l'impondérable...)

Aimer la vie, sa vie, se fortifier. Pour être en état de surmonter les épreuves qui ne seront pas que sentimentales.
Découvrir ou mieux apprécier la pensée stoïcienne, épicurienne, bouddhiste...

Dieu est presque aux oubliettes.
La majorité des croyants refusent au pape le droit de régenter leur alcôve.

Les utopies sociales aussi.
Malgré la survivance de pulsions communistes et fascistes, ces dogmes en opposition avec l'essence de l'être humain, qui le veulent transformé selon des modèles (variables), soumis, interdisent toute pensée et durant la période de "transition", avant le "paradis terrestre", justifient la suppression des non-conformes.

Et comme l'être humain doit gérer cette absence d'entraves... il est souvent perdu... cherche vite une autre dépendance, une dépendance choisie : l'amour (ou alors l'anti quelque chose, surtout l'anti-mondialisation, recyclage d'une utopie, sans réflexion politique globale)

L'amour peut être une dépendance ou l'indépendance partagée.

L'amour, c'est vivre hors conditionnement (le plus possible !)
Entre adultes qui assument leurs actes, sans les expliquer par Dieu ou la société, le système.

L'Homme a remplacé la religion par l'amour. L'Homme est dans la religion de l'Amour. Ou dans la merde.

La technologie permet de se croire proche...
Le téléphone portable relie les humains...
Apparences naturellement, suite d'autres apparences : se croire proche en vivant sous le même toit, en partageant les mêmes « misères », le même écran télé...

Vivre sur des voies éloignées ne permet d'être ensemble qu'en apparence... quand au moins l'un des deux se renie (tricher... avec soi-même d'abord, laisser son altérité se fondre dans la vacuité)

Ainsi la voie de la sérénité trouvera difficilement affinité avec les voies bêtise, vulgarité, mensonges, orgueil.
Qui cherche la voie de la sérénité ne pourra cheminer qu'avec quelqu'un sur le même chemin...

Sens de la vie ?
Quand toutes les utopies s'effondrent, l'être humain ne voit souvent plus comme sens que la reproduction de l'espèce...

Vouloir aimer, vouloir donner, partager, faute d'autre chose ! Le seul moyen de sauver sa vie ?

Mais tout miser sur l'amour... dénote une absence de réflexion sur l'essence de la vie. Tout miser sur la nécessité de "trouver quelqu'un" est facteur de stress, mal-être, terreau de la déprime puis dépression.
Passer par la voie de la connaissance pour atteindre l'amour, un art d'aimer qui est un art de vivre : vivre lucidement l'intensité, le désir même de fusion... en sachant que ce n'est pas ça !

Trop de lucidité tue l'amour ?

Quelques mots et l'euphorie s'estompe, sous la vision de tout ce qui ne tardera pas à s'enrayer...

Entrevoir l'inéluctable fin d'une histoire dans tout contact... et en devenir morose à cet instant de "révélation".

Qu'en pense l'autre ? Croit rencontrer une personne naturellement morose ou se dit "je ne lui plais pas" ?

Trop lucide c'est donc souvent être seul.
Entre chaque histoire, des années parfois !
Tout dépend de la teneur de ces années, s'enfoncer ou s'élever...

Revaloriser la lucidité, dès l'enfance... est sûrement le meilleur moyen de combattre... la prolifération de drogues.
Qui tient à son intégrité refusera la souillure.

LA LUCIDITE.
Ecrivez au tableau noir : L U C I D I T E.
Sans lucidité, qu'est la liberté, l'amour, la parole, la fraternité, l'égalité...

"je suis seul(e) et pourtant je me sens imprégné(e) d'amour. Je ressens le besoin de partager..."

Aimer, seul ou même à deux.

Parfois : je crois être en état de le vivre, ce grand Amour désiré, mais ce n'est pas le cas, du passé non assumé m'embrigade dans des histoires insatisfaisantes, mon mode de vie rend difficile une rencontre essentielle, l'apparence est contre moi (nous sommes au siècle où elle devient capitale... mais où les citoyens privilégiés peuvent l'améliorer)

Aimer seul, c'est aussi aimer sans réciprocité...
En ayant toujours, si faible soit-il, un espoir...
Et cet espoir, qu'on est le seul à entrevoir, rend raisonnable cet amour irraisonnable.
Peu importent les barrières, celles des autres et les siennes...

Un sentiment qui s'arrête simplement parce que l'autre ne plonge pas au même moment... ce n'était donc pas de l'amour...

> Je lui ai donné quelques mois de ma vie
> Malgré qu'elle m'avait dit
> C'est sans espoir
> Je laisserai jamais mon cœur te voir
>
> Je lui ai donné quelques mois de ma vie
> Elle me trouvait gentil
> Un passe-ennui
> Placebo pas assez beau pour sa vie...

- L'amour qui donne

- L'amour qui prend

- Moi, je suis un peu des deux, je donne mais je veux qu'on me donne.
- Tu es sûr(e) de donner autre chose qu'un appât pour prendre ?

Il est trop tard pour interdire l'utilisation du mot Amour en certaines circonstances, ou inventer un autre mot.
Ainsi j'utilise régulièrement Amour et amour.

L'amour qui donne
est un amour partage
Quand la personne qui donne ne s'est pas fourvoyée...

Se fourvoyer. Nul n'y est à l'abri.
Qu'au moins ça ne dure pas une vie...

Le plus difficile : aborder quelqu'un.
Comment réduire la distance, ouvrir la barrière de protection installée presque par tout le monde...

Les Agences... sont payantes et très limitées... marcher alors ?

Après les engouements puérils, les levées de capitaux dilapidés en idées farfelues, internet s'assagit...
Et enfin, en même temps que le gratuit s'amenuise, l'argent n'est plus la clé d'accès !
Des sites peuvent sortir la tête de la toile sans capital risque...
Le réseau www.ternoise.net a deux ans, a trouvé sa place sur les thèmes chanson, édition, observatoire internet.
L'amour en chanson, vous en connaissez quelques extraits. Le deuxième album de Magali Fortin, sorti le 12 octobre 2002, contient *trois quatre whiskies*

> Ça rime à quoi l'Amour
> Si t'es pas prêt à souffrir pour
> Tu trimes pourquoi le jour
> Si après t'attends pas l'Amour

Deuxième texte *Amour* enregistré, après *Trouver quelqu'un* en 2001 :

> Trouver quelqu'un
> Quelqu'un de très très bien
> Au moins quelqu'un
> Pour être bien
> On veut tous trouver quelqu'un
> Tenir sa main
> Du soir au matin

L'Amour en livre... voilà... encore !

http://www.acommeamour.com s'inscrit donc dans une logique...
Présenter des livres, des chansons, être un espace de réflexions...

et de rencontres. Echanger des idées par mails... et un jour se rencontrer, passer du virtuel au réel.

Un espace de débuts organisés. Mais contrairement aux boîtes, dancings, salles de sport, autres sites rencontres, 100% GRATUIT... et pas forcément sur l'apparence...

Et comme dans le réel... on peut se tromper !

Le virtuel n'étant bien sûr qu'un moyen, le but reste bien LE REEL. Pas l'amour virtuel mais une manière de trier le réel.

Que le premier contact soit désiré (frustrant de savoir l'autre à 6000 kilomètres !). Et on se touche ?

L'amour via internet... n'est pas de l'amour ?

Mais alors, les premiers mots... où les échanger ?

Internet va bouleverser aussi l'amour, comme la chanson, la littérature, ouvrir le champ des possibles...

N'en déplaise aux pourfendeurs, internet est un véritable outil de communication, de rencontres.

Internet ne s'oppose pas aux autres contacts mais les suscite...

des mails...

et si affinités on s'emmêle !...

ou ensemble on fait une chanson.

La fin de l'amour arrangé n'a pas abrogé le « déterminisme social », le mariage entre classes.

L'amour des *vaisseaux du cœur* (Benoîte Groult) ne triomphe pas, reste ce qu'il était, un amour d'amants, entre l'intellectuelle et le marin... les plus belles heures de leur vie mais des instants, volés à leur milieu, leurs habitudes...

Les classes restent sociales (professions libérales chevronnées et ouvriers se mélangent rarement) mais avant tout culturelles (ou a-culturelles).

Rien n'est odieux aux gens médiocres comme la supériorité de l'esprit : c'est là, dans le monde de nos jours, la source de la haine ; et si nous ne devons pas à ce principe, des haines atroces, c'est uniquement que les gens qu'il sépare ne sont pas obligés de vivre ensemble.
De l'amour, Stendhal

On croit que c'est simple, il suffit de s'aimer...
Mais non... même les *Grands Amours*...
On s'aime, on se dit "plus que tout", on fait l'amour, on fait l'amour, on fait l'amour, et plus tard on le fait quand vraiment on n'a rien d'autre à faire !... Lassitude. On commence même à se mentir. Et... adieux !

Non, ce ne sera pas plus simple après. Le but n'était pas de simplifier mais d'éclairer la complexité.

« L'essence de la tyrannie est le refus de la complexité »
(Jacob Burckhardt, historien Suisse)

Accepter nos complexités, les vivre, et savoir tourner les pages, fermer un livre, en ouvrir un autre.
En Amour comme ailleurs, méfiance aux « phrases définitives », généralisations (mais alors, ces citations ? oui, accumuler les phrases définitives pour montrer l'étendue de l'approche...)

Je sème le doute ?

Je doute donc... je suis... je suis sur la voie de la sérénité...

Ça tient à si peu de choses, la vie, l'amour, l'art...
Un découragement à l'instant crucial.
La lecture d'un livre...

La référence aux différences est presque toujours celles de la peau (quelques gênes !) ou des origines (un hasard !).
Ces différences-là ne sont naturellement que des excuses pour rejeter l'autre ; la conscience d'un avenir de métissage et d'une communauté de destin planétaire tardent...

Les seules différences essentielles sont les différences de futur. Là où nous allons...
Regarder ce que l'autre deviendra et non ce qu'il est...

Les seules différences irréconciliables sont celles que nous nous créons.
Les années nous éloignent les uns des autres... sauf parfois exceptions... sauf l'exception...

> Du blanc du jaune du noir
> Quelques dermes intermédiaires
> Ni blancs ni jaunes ni noirs
> Un peu plus foncé un peu plus clair
>
> La couleur de ma peau
> La couleur de ta peau
> Avant que toutes les couleurs ne se mélangent
> Y'aura toujours des gens qu'elle dérange
>
> Pas de quoi en être fier
> Ce ne sont que quelques gênes
> Notre apparence sur terre
> Pas la peine d'en faire des gênes de haine

Idéaliser l'autre et rompre dès que la réalité rattrape cette idéalisation... impression d'éternel recommencement...
Est-ce qu'une forme d'amour-passion peut porter en elle le vaccin contre les effets du retour sur terre ? Ou un amour "non répertoriés", hors catégories ?
Idéaliser l'autre, et chaque jour la réalité rejoint l'idéalisation, est un rêve littéraire ? Sûrement... au départ... et la réflexion révèle l'existence d'un amour où des aspirations similaires... ne détruisent pas l'autres (ce n'est donc pas la même passion de la haine !...) et dépassent l'aspiration vivre comme des animaux.

Un amour avec accord des thématiques existentielles. Non le simple "qui se ressemble s'assemble" mais qui entreprend une véritable démarche consciente partagera, peut-être, l'amour.

Quand idéaliser est entrevoir le devenir de l'autre...
Ne regardez pas l'autre comme il est mais comme il sera. Regardez sa voie...
Et le flou, ce regard au futur révèle forcément une image floue, s'éclairera un peu chaque jour, donnant naissance à un autre flou, toujours plus loin.

La simple recherche de sécurité peut être cette aspiration commune ; des couples sont ainsi soudés et ni l'un ni l'autre ne pourrait vivre en dehors de cette sécurité.
Cet amour risque fort de durer une vie entière !... Mieux vaut donc une aspiration similaire du côté de la démarche spirituelle.

L'amour qui passe par le chemin intérieur. Pour se donner, d'abord être pleinement, structuré et serein. L'amour mature entre adultes épanouis. La sérénité et l'amour. D'où le néologisme : sérénamour.
Respect, estime, démarche au moins "socratique" (connais-toi toi-même)...

Trouver la sérénité, et l'Amour sera ou ne sera pas. Sera un plus.

La sérénamour : l'aspiration au bonheur partagé.

En conformité avec l'approche de Maurice Maeterlinck :
Il n'y a, en amour, de bonheur durable et complet que dans l'atmosphère translucide de la sincérité parfaite. Jusqu'à cette sincérité, l'amour n'est qu'une épreuve. On vit dans l'attente, les baisers et les paroles ne sont que provisoires, mais cette sincérité n'est praticable qu'entre consciences hautes et exercées.

Peu éloignée de celle de Paul Géraldy :
Il faut se ressembler un peu pour se comprendre, mais il faut être un peu différent pour s'aimer. Oui, semblables et dissemblables... Ah ! Qu'étranger pourrait donc être un joli mot !

La sérénamour - la sérénamour - la sérénamour - la sérénamour - la sérénamour - la sérénamour - la sérénamour - la sérénamour - la sérénamour - la sérénamour - la sérénamour - la sérénamour - la sérénamour - la sérénamour - la sérénamour - la sérénamour - la sérénamour...

Un amour absolu ? Vouloir "l'Amour absolu" c'est encore raisonner dans des dogmes.

Religions, idéologies, les "ismes" où tout est blanc ou noir...

L'Amour n'a pas à être ABSOLU, TOUT.

L'Amour est une partie de la vie. La vie étant aussi des instants de solitude, méditation, création, observation, contemplation, sociaux.

L'autre a d'autres "centres d'intérêts" et ils ne s'excluent pas.

Centres d'intérêts comme presque synonyme de passions... la passion sans le côté non raisonné, passion comme la passion de la littérature, de l'écriture, passion positive, qui ne met pas en danger (donc ni celle du jeu ou de l'alcool)

L'Amour, même serein en aspirations similaires, la sérénamour, restera de l'équilibrisme. Concilier sa vie et celle de quelqu'un n'étant pas "naturel".

Une nouvelle forme de renoncement (se sentir sage par dégoût des illusions) ? Un aquabonisme ?

Non, une suite logique de la rencontre de deux êtres en démarche spirituelle laïque... (qui n'exclut pas une croyance... si cette croyance est "pacifique")

Un truc d'intellectuels ?

Intellectuels... quel beau mot... devrait être synonyme d'êtres humains.

Intellectuel : qui a un goût prononcé pour les choses de l'intelligence, de l'esprit.

L'école n'a-t-elle pas mission de former des citoyens, des êtres de pensées, éclairés ?

Idéal élitiste ?

L'harmonie est affaire d'élévation spirituelle (sauf naturellement à louer l'harmonie de la non-pensée... mais l'homme sans la pensée... on a un autre nom, animal)

C'est à la base que la société doit donner à chacun les mêmes chances... en donnant à chacun, toute sa vie, l'opportunité d'en saisir d'autres... mais quand l'être humain croit sa période de formation achevée, se laisse dériver... à part lui mettre un coup de pied au cul... ça lui semblera scandaleux "laissez-moi vivre comme je veux !....")

Que faire quand l'être humain se croit tranquille avec le côté fastidieux d'apprendre ? Quelques années pour se former puis des années de travail et le reste à se reposer ou voyager. Pour justifier cette absence de formation continue, presque un tabou social !, on proclame encore que vers 25 ans le cerveau commence à éprouver des difficultés à assimiler... c'est d'ailleurs constaté... mais le cerveau n'est pas en cause, voyez plutôt du côté des conditions de vie... stressez un enfant et il apprendra difficilement... stressez-le pendant dix ans...

Ainsi un jour les mots ne signifient plus les mêmes choses, quand chacun s'est forgé une thématique existentielle incompatible... un grand canyon sépare les citoyens... alors qu'espérer d'un contact ? A quinze ans on croit pouvoir aimer sans référence au milieu, mais à trente...

Pourtant ! Peu importe l'âge, presque tout le monde a la capacité de viser plus haut. L'époque est au nivellement par le bas, la réduction à la compréhension par le plus petit téléspectateur commun.

Cette conception nous laisse au stade crétinerie, au mur. Mais celui qui ose l'affirmer est vilipendé par l'insulte suprême d'élitiste (donc censuré avant que son propos ait atteint le plus grand nombre).

Le savoir peut sauver tout le monde... mais tant que les victimes ne l'auront pas compris, elles s'excluront de la sérénamour.

Amour extraterrestre ? La rencontre, l'émerveillement, la naïveté, la cristallisation, la passion, apparaissent aussi dans la sérénamour ! L'être spirituel reste à l'écoute de son corps, il sait l'influence du cerveau sur les réactions physiques.

La passion dans le sens : état affectif et intellectuel assez puissant pour dominer la vie de l'esprit, par l'intensité de leurs effets ou pas la permanence de leur action.

Statistiquement, quelques jours mois ou années, l'être humain croit aimer, voudrait aimer.

Mais on apprend à lire, écrire, mémoriser, compter, parfois à réfléchir. Sans apprendre à respirer ni aimer.

Quand l'être humain est malade physiquement, il découvre parfois « la respiration consciente ».

Apprendre à aimer, mentalement et physiquement... quand même plus précieux que la chimie ou l'anglais !

La vie, l'amour devraient d'abord s'apprendre dans les livres, les écoles.

Et après confronter ce savoir à la réalité.

Forcément, cela nécessite des livres, des professeurs, des guides à la hauteur...

Cette démarche générerait moins de dégâts psychiques qu'une confrontation à la réalité avec pour tout bagage des préjugés, des images stéréotypées.

Des mouvements exigent l'étude des langues régionales au sein de l'éducation nationale (alors que le programme est déjà rarement assimilé...) mais nul ne semble réclamer un meilleur éveil des citoyens autrement que par le retour à une morale coercitive !

Apprendre à aimer devrait au moins être proposé dans les plannings familiaux...

L'amour sert aussi à rendre la vie vivable. Si rien qu'un instant deux personnes ont l'impression de vivre plus, mieux, en appelant cela amour... l'amour a déjà sa justification !

> L'amour - l'amour
> Les seuls sillons du labour de la vie
> Qui soient assez profonds pour qu'alentours
> Tout soit comme pucerons dans un galaxie
> L'amour - l'amour
> L'amour - l'amour

Tout sentiment permettànt à l'être humain d'aller mieux, tout en ne portant pas préjudice aux autres, est positif.
Nous vivons toujours au moins une partie de notre vie éloigné de nos aspirations profondes...

> *Tous les hommes sont menteurs, inconstants, faux, bavards, hypocrites, orgueilleux ou lâches, méprisables et sensuels ; toutes les femmes sont perfides, artificieuses, vaniteuses, curieuses et dépravées, (...) mais il y a au monde une chose sainte et sublime, c'est l'union de deux de ces êtres si imparfaits et si affreux.*
> Alfred de Musset (1810-1857)

De toute manière, avant de s'interroger sur l'amour, il faudra sûrement encore longtemps avoir déjà "souffert d'amour".
De la même manière qu'on tarde toujours trop à entreprendre une démarche spirituelle.

Ce que l'on écrit arrive
Oscar Wilde

Laisser une page blanche ?
Mais dans la vie aussi la page blanche peut arriver !...

Ce que l'on écrit arrive... inventer des personnages... et se retrouver dans la réalité en redoutant d'être tombé dans le même piège... ou vivre avec l'impression du déjà vécu...

Rassurant : l'imagination de la vie est sans limite...

Ecrire entre les lignes ?

A l'aphorisme sentence du genre "l'amour vient sans le chercher" mieux vaut considérer l'approche de Pasteur :

Le hasard ne favorise que les esprits préparés

Ce qui est écrit arrivera ?

Agréable, d'imaginer ce livre envoyé comme "mot d'amour".

Et sur les pages blanches,
J'écris,
Ton prénom...

Si la situation actuelle, entre pornographie et marchandisation sexuelle en guise d'amour, nous catapulte dans le mur des troubles existentiels, la sortie digne ne se situe pas du côté réactionnaire, en prônant le retour à l'avant 1968 ou même 1789.

Les "valeurs traditionnelles" ne font pas bon ménage avec la tradition, et toute tradition se doit de se laisser observer à l'aune des valeurs Républicaines.

Le long et coupable laxisme (dont ont su profiter les fanatiques pour s'organiser) ne demande pas de retour à un ordre d'avant 1968 mais une réponse cohérente.

Il ne s'agit pas de reculer mais d'avancer autrement. Il ne s'agit pas de refuser le progrès mais de le contrôler. En amour comme ailleurs.

Pas restaurer mais instaurer.

Et répéter : aucune époque ne fut idéale... la nostalgie est une illusion d'optique (ne voir qu'une partie, comme voir les hommes libres sans se soucier des esclaves), presque un obscurantisme plus ou moins honnête quand il émane de leaders médiatiques (mais de nombreux leaders préfèrent la patine à la culture, donc ne sont même pas conscients de leur stupidité)

Ternoise nouveau progressiste ?
De beaux jours en perspective pour la sérénamour ?

L'espérance de vie n'a jamais été aussi importante...
Alors ?... on en fait quoi de ces jours, de notre vie ?

> Si ces jours
> sont sérénamour
> Ce serait bien
> que ce soit ta main
> Ce serait une vie
> comme on en a envie

Le roman

Stéphane Ternoise

LA FAUTE A SOUCHON ?

Roman philosophicomusical

A Romane
(Avec les clés du droit moral)

J'ai découvert que tout le malheur des hommes vient d'une seule chose, qui est de ne savoir pas demeurer au repos dans une chambre
Blaise Pascal (1623-1662)

Comme je n'ai pas réussi à rendre les hommes plus raisonnables, j'ai préféré être heureux loin d'eux
Voltaire (1694-1778)

On peut vivre sans philosophie, mais tellement moins bien
Vladimir Jankélévitch (1903-1985)

*Tu n'pourras jamais tout quitter, t'en aller
Tais-toi et rame*
Alain Souchon (né en 1944)

PREMIERE PARTIE

Vraie Rencontre

Limogne Dolmen du Lac d'Aurie

- Quand Stendhal raconte la vie d'un certain Henry Brulard, quand Stendhal, né Henri Beyle, livre ainsi son autobiographie, il est catégorique : « *l'amour a toujours été pour moi la plus grande des affaires, ou plutôt la seule* ».
Pourtant, l'œuvre, cette sensation d'effleurer l'art majeur, cette certitude d'enfin transcender une misérable existence ; l'œuvre relativise nos sentences. En marge de *la Chartreuse de Parme*, il notera : « *aimes-tu mieux avoir eu trois femmes ou avoir fait ce roman ?* ».

La troisième exaspération devrait être fatale (la première passant sans la moindre secousse interne, immédiatement absorbée par l'étrange alchimie neuronale observable lors de la découverte d'autrui et la suivante consommant le droit à l'erreur, joker qu'il vaut mieux accorder à toute personne prenant dans notre vie un minimum d'importance). Il faudrait savoir fuir. Ainsi quand Gwenaëlle échoue lamentablement à l'examen de première année Deug Lettres Modernes, un mal-être apparaissant alors disproportionné m'assombrit pour des semaines ; ce sera la même sensation cette nuit-là, quand David hausse les épaules, joue du sarcasme devant mes rapprochements stendhaliens, mon lyrisme d'éméché littéraire ; comme un tremblement de terre, un éboulement de terrain, un fossé irrémédiable s'est creusé à cet instant précis.
- J'comprends pas comment tu peux t'intéresser à des histoires pareilles. C'est même pas marrant, t'es lourd parfois. Tout le monde s'en fout d'un type clamsé y'a des centaines d'années…

J'aurais pu faire demi-tour et… et la pensée « c'aurait été mieux pour tout le monde » me dérange, pour s'être imposée à mes réflexions, « *comme marque d'un individu façonné par une époque où le poids de la culpabilité se doit encore d'écraser toute velléité à vivre le présent indépendamment du passé* » (théorie de Marjorie).
Aux premières heures de ce 1er janvier 2000, de retour de Cahors,

j'ai vraiment commencé à focaliser sur l'idée d'un grand canyon quasi infranchissable, grand canyon qui sépare ordinairement les êtres humains... et comme la direction du travail exigeait « du concret », je croyais enfin tenir la piste à creuser, le sujet... j'écris, persuadé d'ainsi débuter un essai socialement révolutionnaire, psychologiquement novateur, médiatiquement porteur, financièrement rentable...

La bouteille de Cointreau vidée, catégorique, j'assénais, en forçant monsieur Séchan (le seul matou du quartier ayant survécu à la demi-saison de chasse) à ouvrir un œil pour mieux entendre : ALAIN SOUCHON EST COUPABLE.

Le jour se levait... David ronflait... Son père offrait aux journalistes lotois « *un fait divers symbolique et cruel* », et j'essayais de croire en la transmission de pensées, qu'à cette seconde même Marjorie se réveillait, agitée par mon désir.

Lire et écrire. Supprimer toutes distractions pour vraiment lire et écrire. Ce fut ma bonne résolution juste avant que sonne le téléphone.

Vingt. Quelqu'un naturellement se croit fabuleusement drôle, en imitant la diction d'un présentateur télé : « *le compte est bon* ». Les vingt « stagiaires » arrivés, c'est l'ovation quasi générale quand Bernard proclame : ce soir *Voix du Sud* offre l'apéritif et un repas froid… la cession débutant officiellement vendredi : cadeau… et demain midi Francis, oui Francis Cabrel, mange dans cette même pièce, oui, à la même table. Enfin, à l'une des deux tables. Mais pas de précipitation, il sera présent chaque jour… Ce sera LA rencontre ; des yeux brillent, joie, excitation, impatience, anxiété aussi…

- Va falloir être à la hauteur…
- Tu crois qu'il va se laisser photographier ?
- J'espère qu'il nous donnera de bons conseils.
- C'est vrai qu'il va produire le meilleur ?
- J'espère qu'on va passer à la télé.
- J'ai une Fender Télécaster Us.
- Paraît qu'il est super cool.
- Les sixièmes rencontres, ou les septièmes, je me perds tout le temps dans les chiffres, et puis on s'en fout des chiffres, en tout cas c'était hyper mieux, c'était à Nantes, alors Francis forcément rentrait pas le soir chez lui, c'était hyper plus intime quoi, plus sympa, ma copine Nadine y était, une meuf hyper sympa, elle doit venir samedi prochain, elle doit bientôt signer chez Sony, moi aussi sûrement… Pour signer chez Sony on est à la bonne adresse…
- Tout le monde dit que c'est magique.
- Paraît qu'on va avoir un thème imposé.
- Un ancien m'a dit que la sacem maintenant donne une bourse si on a trois textes chantés le samedi.
- Pour moi, depuis un an, c'est extra. D'abord Goldman m'a envoyé un mot super gentil, un super encouragement…
- Quoi !, t'es pas à la sacem, et t'as été sélectionné, c'est bizarre, je croyais que c'était réservé aux sociétaires.
- Je suis sûre qu'ici, on est plusieurs, on va vraiment mettre le feu.

- J'avais envoyé une démo à Franck Jones et il m'a répondu, il m'a conseillé de postuler.
- Tu te rends compte, Jean-Jacques Goldman, Alain Souchon, Charlélie Couture, Jean-Pierre Mader sont déjà venus...
- Qu'un artiste de ce niveau s'engage vraiment dans un tel projet, c'est fabuleux, et en plus être sélectionné, c'est une formidable reconnaissance.

Elle ne participe pas non plus aux commentaires... elle a quelque chose ! un p'tit quelque chose de brouillé dans le regard, un désespoir enchanté sous un sourire inatteignable, j'ai dû lire ça quelque part, ça doit être réminiscence ou l'attraction rend lyrique !, une force et une faiblesse...
Je n'ai retenu aucun prénom, même pas le sien ! Indifférente, ailleurs... Elle fait quoi ici ?
Je fais quoi ici ?
Est-ce qu'une fille comme ça pourrait s'enticher d'un crétin ? Avoir besoin de se sentir protégée par une brute ? S'aliéner un dévoué pour percer ? Avec ce physique... mais pas avec ce regard !...

Astaffort, Lot-et-Garonne, dix kilomètres d'Agen, six cents de Paris...
Deux « ils font quoi là ?» devraient finir par se rapprocher ?... Malgré l'énorme différence ? Comment un mec pourrait ne pas espérer quelques instants d'intimité ?... et pas un quart de seconde d'attendrissement vers moi... La belle et le banal... Une chance sur mille qu'une fille comme ça vive seule...
Approcher. Lui parler. Lui parler de quoi ? Comment aborder une fille comme ça ? Je faisais comment avant ? A force de vivre loin des humains, même ça, aborder quelqu'un, devient un vrai casse-tête !
Demander : tu es auteur, compositrice ou interprète ? La question sûrement la plus posée. Les auteurs, les compositeurs ont besoin de voix... les interprètes sont rois... et je n'ai qu'un stylo bic ! Enfin, si on peut se prétendre auteur avec cinq textes ! Elle est donc chanteuse ?! ou « magnétisme naturel »...

140

Manger près d'elle en me faufilant ?... Fallait pas rêver... ils ne l'ont pas lâchée, les connards. Et je me sens à la plus mauvais place : même rangée mais séparé par quatre sièges. Même pas possible de la regarder. Et impossible de l'entendre dans ce brouhaha...

J'essaye, malgré tout, de ne pas paraître trop sauvage, m'intéresse, un peu, à ces gens à première vue enthousiastes d'être là, ces « inconnus peut-être plus pour longtemps » avec qui je vais devoir vivre neuf jours.

Je me revois en short, à douze ans, le foot comme école de vie, me révélait l'essentiel : la vie en groupe est insupportable, tellement elle privilégie la médiocrité. Oui, depuis je n'ai finalement fait que ça : fuir la masse. Je dois pourtant rester : j'ai payé pour être là ! Et même 2500 francs ! Et pour brouter de la merde le premier soir, même servie par le frère d'une vedette de la télé...

Si Cabrel mange avec nous demain, au moins ce sera meilleur... il n'ingurgite quand même pas ça !... Un repas froid !... Charcuterie de supermarché, salami, saucisson, cornichons mous... Comme il faut bien parfois parler... mon commentaire culinaire suscite moues, haussements d'épaules et visages détournés. Quoi !... On a beau être pauvre, on a ses exigences ! Tandis qu'au-dessus du brouhaha survole un : *je serais venue à pied pour voir Francis*. Ah !, normal que je l'entende : la speakerine de presque en face. *La speakerine*, quand on ignore un prénom, après quelques verres, son air de parisienne prétentieuse aurait pu provoquer un repère encore moins littéraire...

Elle est sortie, je m'éternise ; paralysé par la crainte des remarques... cette même crainte les a retenus ? Ou pour eux le plus important se joue dans cette pièce : il faut gagner le premier round, briller, séduire les représentants rue du Plaplier du divin créateur... non elle n'est pas partie aux toilettes, elle serait déjà rentrée... Si je l'avais suivie qu'aurais-je dit ? Je me sens minable, incapable, incapable de trouver les mots justes...

Mon désarroi transparaît ? Mes voisins sont donc des « civilisés », savent discourir, faire rire… m'ignorent… 2500 francs, « l'argent de complément » d'au moins six mois… J'en fais une fixation… J'en veux déjà à Cabrel. Je bois, du mauvais vin, du Donzac, qu'en pensées, naturellement uniquement en pensées, je qualifie déjà d'Appellation Golfech Certifiée, en référence à la centrale nucléaire voisine. Je bois, submergé d'un profond dégoût à mon égard. Pourtant, un sourire, quand Chateaubriand me traverse l'esprit « *J'aurais vendu l'éternité pour une de ses caresses* ». Je bois, en pensant « par ironie ». Il nous reste toujours « l'option poivrot », bousiller les idées jusqu'à transformer la réalité. J'en veux à Cabrel. Sauveur de la chanson ! Tu parles ! Arnaque !… j'écoute et s'impose ce leitmotiv, « arnaque, arnaque, je suis tombé dans une arnaque, je me suis fait couillonner… »

A l'autre table, appliquant sûrement le principe « quand un chanteur rencontre un autre chanteur, ils chantent autant qu'ils picolent », les guitares sont gratouillées et le répertoire local est entrecoupé de textes aussi insipides, créations, fiertés de ces « inconnus ».

« *Les rencontres coûtent plus de 350 000 francs, le budget n'est pas encore bouclé, il manque encore une subvention.* »
Sauveur de la chanson avec des subventions ! et je l'avais cru mécène !… tout le monde en dehors du milieu doit l'imaginer bienfaiteur d'Astaffort… Achetez du Cabrel, monsieur C., l'homme différent, la star providentielle se consacre aux débutants…
Quelques mots de notre Gallois préféré qui montre le chemin (à qui le tour ?) en démontrant qu'un artiste de renom peut s'intéresser à de jeunes auteurs…
L'éditorial du *Journ'halle*, la note d'information *Voix du Sud*, me revient… ma première réaction avait été : c'est le fils d'immigrés italiens pas gallois, bon ils veulent sûrement dire gaulois en référence à sa moustache… mais j'avais gobé, j'aurais pu réciter cette accroche comme un vulgaire béni-oui-oui, colporter la réussite du coup d'état marketing… « *Trois cent soixante-dix mensonges font une vérité* » a écrit Aldous Huxley dans *le*

meilleur des mondes ; ils nous prennent vraiment pour des pions… ; là pour renvoyer l'image d'un Cabrel généreux, humain… tout en évitant de critiquer Didier Barbelivien, son frère étant un fidèle des *rencontres*, et garde du corps du Cabrelissime en tournée – qui a dit ça ? qui l'a répété, je ne sais déjà plus…
Les visages se brouillent, je préfère me taire. Ils doivent me croire bizarre, renfermé, boudeur, perturbé, sans intérêt… peu importe finalement… Me taire, écouter… tout peut servir… je suis dans un endroit « secret », je vais vivre ce qu'auront vécu un nombre restreint de crétins, un nombre infinitésimal de types bien dans ce siècle, donc observer est une qualité rarement vue ici !…
Mes colocataires m'appellent ! Je finis un dernier verre (en pensant : demain les bouteilles seront sûrement comptées… des bouteilles à dix balles… j'arriverai jamais à en vider 250…). Chambre numéro cinq, deux sur-un-nuage… *ça va être les plus beaux jours de notre vie*… (mon cerveau traduit : qui leur a proclamé, ça va être…)
Sur-un-nuage : Christophe est *super super content… tout se passe super super bien*. Je lui balbutie : *tu as des cheveux comme les avait Cabrel à ses débuts*. Cette remarque n'a naturellement aucun rapport avec ses précédents propos. On lui a déjà signalé, et *c'est bon signe, tu trouves pas*… J'enchaîne :

> J'ai les cheveux longs comme les avait Cabrel
> Au temps où i chantait Chandelle
>
>
> J'ai le même pantalon
> Comme vous l'voyez beaucoup trop long
>
> I tombe sur mes galoches
> Ça fait nouveau Gavroche
>
> J'ai fait du baloche
> On disait il est pas moche

- Tu devrais dormir…

J'insiste :
> Je le jure sur mes premières fan'connasses

Vous me verrez jamais cravate grand-père
Jamais je ne couperai ma tignasse
Jamais je ne serai adjoint au maire
Près d'une centrale nucléaire

- T'aurais pas dû forcer sur le pinard. Et pour tes informations, Francis Cabrel il est pas adjoint, il est maire d'Astaffort.

Oui, dormir, demain les choses sérieuses commencent... Pas d'illusion, trop canon, trop diva, trop rêveuse, sûrement trop exigeante, trop bien pour toi qui n'es même pas chanteur... au moins rêver une nuit que si rien n'est certain tout reste possible... le rêve est finalement aussi réel que le souvenir, alors pourquoi s'en priver...

Mais comment dormir ? De plus en ignorant son prénom ! Même pas un prénom à répéter en...
« Quand j'ai le blues je fais le douze » : t'as vraiment rien compris Cabreléon... Le blues ne conduit qu'à la frustration, c'est en cas d'espoir, d'excitation, qu'il est positif de vibrer ainsi...
Cabrel. Penser à Cabrel pour éviter une nuit blanche ? Cabréleporifique...
Gwenaëlle m'avait traîné au concert de son idole. C'était en 1992, à Liévin, je n'avais pas pu m'empêcher de conclure : il bouge autant que Tino Rossi mais avec sa voix, il serait mieux en animateur de supérettes (parfois je me lâchais, le fond devait donc être impertinent même si la cravate nouait aussi les idées)...
Je ne l'avais pas encore vu « en vrai » et déjà je lui en voulais... j'essayais d'en découvrir la véritable cause – quitte à ne pas dormir !
J'avais « longtemps », quelques mois, fredonné une de ses bluettes :
J'ai besoin de toi pour vivre, c'est une question d'équilibre...
Gwenaëlle était alors ravie. A la même époque des milliers de couples devaient jouer cette scène... Conditionnement...
Je lui en veux simplement parce qu'il est « lié » à Gwenaëlle ?
J'avais son visage, pas Gwenaëlle, mais Elle, je ne pouvais la nommer autrement qu'Elle, je ne la nommais d'ailleurs pas, la

144

voyais ; j'avais ses traits dans le cerveau et comprenais toute l'absurdité de cette ritournelle : quand l'autre est « une question d'équilibre » il est une prison ; un tel couple est voué à la séparation quand s'évapore le nuage de l'illusion d'équilibre... ou à l'écrasement du trop piégé. Les Cabrel subissent quelle option ? La question me semblait la seule réellement intéressante à lui poser... puisque vendredi est un grand jour ! De 14 à 17 heures le maître sera à votre disposition... *bande de petits veinards*...

J'ignorais alors croiser Mariette le « samedi du spectacle de clôture », je l'imaginais dans les années 70, muse inspirant « question d'équilibre » après « je l'aime à mourir », et revoyais son glorieux mari déclarant à la télévision une flamme éternelle... comme tout ça sonne faux... un couple cimenté par quoi ? la réussite sociale ? les enfants ? une rupture serait catastrophique pour l'auréole romantique du gnangnanteux... elle doit le tenir ainsi !...
Je m'en fous de leur vie après tout ! et Cabrel n'est pas le seul à baver de la variété avariée...
Je souriais, mes hémisphères avinés fredonnaient :

La vie ne m'apprend rien... Ça ne change pas un homme... Qu'on me donne l'envie...   La vie commence à 60 ans...
Au royaume des médiocres, je serai peut-être le borgne !... et Tu seras mon égérie !
Ton visage, ton regard, ton corps ! il n'y a que cela d'important ! Oh Lorelei !
Même Jean-Paul Sartre a compris les limites de l'existentialisme : « La patrie, l'honneur, la liberté, il n'y a rien : l'univers tourne autour d'une paire de fesses, c'est tout... »
Comme il est reposant de pouvoir utiliser des citations ! D'avoir ainsi ses pensées légitimées !... Tout se brouillait de plus en plus...
Je suis perturbé mais je me sens bien !... impossible de dormir mais je me sens bien !

Quelqu'un venait de m'émouvoir ! Trente-sept mois avaient donc suffi pour que la vie redevienne « une histoire de rencontres ».

« changer le monde,
changer les choses avec des bouquets de roses… »

Gwenaëlle l'a-t-elle su ? « *Le pouvoir des fleurs* », de Laurent Voulzy, est un texte d'Alain Souchon.
Ça n'avait naturellement aucune importance. Tout le monde s'en fout du nom de l'auteur, du *parolier…*
On s'était simplement promis de ne pas rater la prochaine tournée du p'tit chanteur couleur grenadine, en hommage à « l'hymne de notre première nuit d'amour » (la chanson diffusée à la radio quand sur le parking devant chez « *la si belle Gwenaëlle* », chez ses parents, un samedi vers quatre heures du matin, quelque chose d'imprévu mais sûrement indispensable s'était produit… le temps d'un tube).
Et voilà qu'aujourd'hui je fabrique des rimes plus ou moins futiles. Comme c'est facile ! je n'aurais jamais cru ! et j'ai tutoyé son idole !

Je lui offrais des roses. On ne savait pas comment ni pourquoi mais on voulait « changer le monde ». On changeait le nôtre, bien partis pour une promotion sociale digne d'éloges, emblèmes de l'ascenseur social toujours possible « si tu te bouges le cul »…
Ou si la chance… ?
Finalement, son échec en deug Lettres Modernes avait été une véritable aubaine, la détournant d'une anachronique « vocation d'institutrice », la projetant dans la vie active où d'insoupçonnées qualités de graphiste lui assuraient déjà une notoriété régionale, des primes pour objectifs atteints jamais vues à l'agence.
Changer le monde par la publicité !
- On ne change plus le monde avec des guerres mais avec des campagnes publicitaires.

Elle avait lu ça quelque part, le répétait souvent. La théorie de Carl Faberski ou celle de Natacha Char ?

Ecrire une chanson n'étant guère plus compliqué qu'un slogan publicitaire, Gwenaëlle aurait pu devenir une formidable A.C.I., Auteur Compositeur Interprète dans notre jargon sacem, sa mère l'ayant fixée des samedis et des soirs devant un piano et elle se laissait souvent aller à imiter, outre le romantique du sud-ouest, Claude François, et – quelle horreur quand j'y repense ! – Gold.

Ça tient à si peu de choses : elle aurait pu souffler le créneau de Carla Bruni...

« Notre jargon »... bizarre de se projeter ainsi en arrière sans dénicher la moindre trace, aucune étincelle d'une vocation d'écrivaillon de la chanson.

Oui, nos vies tiennent vraiment à presque rien. Rien qu'un simple coup de dés ? La part du hasard est affolante ? Rien ne prédestinait « un gars du nord classique », supporter du RC Lens, toujours hésitant entre la bière et les filles, jurant les deux complémentaires. Comme Gwenaëlle aimait les fringues, la mer et rêvait d'Espagne. Nous aurions pu être des paumés, des paumés classiques, simples stéréotypes, elle en échec scolaire moi avec un diplôme sans intérêt... mais alors qu'en troisième, l'année précédente le professeur principal m'aurait, fataliste, conseillé comptabilité, il m'orientait, enthousiaste, en informatique. Je ne voyais pas la différence ! Pourquoi pas donc !... Puisque je n'étais pas « un littéraire »...

Informatique : pas une question de lucidité, juste de quotas, places disponibles, décision ministérielle... la France doit former des informaticiens avait proclamé x, les y l'avaient répété, les z appliquaient et les « pas mauvais en math » se retrouveraient en « bac H » (comme Informatique quoi !).

« *Changer le monde avec des roses* » : ne pas subir toute une vie, brouillard, verglas, cheminées d'usines et ciel gris, prendre une retraite dans le sud. A quoi d'autre peuvent rêver les gens du nord ? Les gens du nord classiques encore. Stéréotypes toujours. Mais la sensation de n'être qu'un stéréotype est si fréquente !... (et quand on s'élève un peu, en espérant côtoyer un peu plus de profondeur, on se sent vraiment marginal !...)

Donc on se donnait « à fond » pour un jour avoir les moyens d'une retraite au soleil « bien méritée » (entre casinos, crottes de clebs, portes blindées et doubles vitrages, ajoute « légèrement » cynique, ce matin, le chroniqueur de ce passé observé comme une histoire survenue dans « une autre vie »).

4 : s'asseoir par terre

« *Tu verras bien qu'un beau matin fatigué*
J'irai m'asseoir sur le trottoir d'à côté... »

M'asseoir par terre. Rien qu'une coïncidence. Et ce ne fut même pas sur un trottoir mais dans une chambre, en référence plus consistante à Blaise Pascal, pourrais-je prétendre : *j'ai découvert que tout le malheur des hommes vient d'une seule chose, qui est de ne pas savoir demeurer au repos dans une chambre.*
Mais je n'avais bien sûr pas lu Blaise Pascal (j'étais informaticien dans cette vie-là !), juste ouvert un dictionnaire de citations à la bonne page... ça tient vraiment à peu de choses !...
Je quittais le Nord, vers le Lot, imprégné de cette sagesse alors simple maxime, convaincu d'y vivre paisiblement dans quelques mètres carrés, avec le moins possible de contacts humains...
Avant les explications de Marjorie sur la portée sociologique du phénomène Souchon puis les « jours Duglaner » (du nom de famille de David et Claude, son père) et leur béate adoration, Alain Souchon n'était entré dans ma vie que par l'*enregistrement public 1983*, cadeau de Gwenaëlle (sûrement parce qu'il trônait en tête de gondole), et je fredonnais parfois « *rame* » - *tu pourras jamais tout quitter, t'en aller, tais-toi et rame* – tandis qu'elle préférait *j'appelle*.
Un cadre quoi, déjà formaté, parfois encore rêveur, aux réguliers sursauts de juvéniles bizarreries, comme ce tube « assassiné » (une voix du nord... « classique ») quand les lignes de cobol s'obstinaient en SYNTAX ERROR mais tellement bien dans le petit confort naissant, soirées au restaurant, week-ends à Berck (en rêvant du Touquet bientôt accessible). Puis il y eut l'accident. L'accident fatal de Gwenaëlle. Rien qu'un rendez-vous urgent, « un gros client » à chiper au concurrent, rien qu'un stop grillé route de Cambrai, mais face à un camion.
L'assurance décès soldait le prêt du jeune couple... La « maison du bonheur en quartier résidentiel », dont nous devions verser la dernière traite en 2027, m'appartenait. Pourquoi l'avoir vendue,

149

être parti dans le sud-ouest avec l'intention d'en dénicher une moitié prix et vivre des aides sociales agrémentées du restant de cette cagnotte imméritée ? Le sud parce qu'avec Gwenaëlle c'était un rêve « pour la retraite » ? Mais ce sud-là était Nice, Menton, Cannes... et je crois bien ne pas avoir alors une seule fois prononcé « sud ».

Je ne pouvais plus croire en tout ce qui me motivait la veille, certes. Certes. Mais ça reste classique, « après un tel coup »... et rarement un tel bouleversement suit... surtout à cet âge, le goût de la vie reprend le dessus... avec le temps...

Pourquoi pas ? Simplement, pourquoi pas ! C'est ce que se bafouille un type en retrouvant son chemin après la fermeture du dernier bistrot : pourquoi pas ?

« *D'vant l'miroir d'une salle de bains* », la tête dégoûte les yeux qui la scrutent : je dérive, je dérive... partir, partir et ne plus côtoyer ces gens puisque pas un n'a la bonne réponse...

J'ouvre alors le dictionnaire de rimes de Gwenaëlle (l'outil de travail pour les slogans publicitaires) puis celui des citations, et tombe sur celle de Pascal...

Quelques heures plus tard, devant le même miroir, le mal réveillé baragouine : est-ce possible de vivre dans une chambre ? sans whisky ? Au moins elle se tairait, la sonnerie de ce putain de réveil...

Et parce qu'environ seize heures plus tard, juste avant la fermeture du dernier rendez-vous des trop naufragés pour passer la soirée seuls devant une télé, un pote lui répond « t'es pas cap' », il s'obstine : « tu verras »... Les « tu verras, tu verras » surfent encore dans la tête quand enfin la clé se décide à tourner dans le bon sens, qu'enfin la porte s'ouvre... Renaud est là, clope au bec... verso de la pochette noire...

Le 33 tours est posé face « fleurs ». J'aurais sûrement dû le faire plus tôt : « putain de camion » explose contre le mur ; j'ajoute « putain », quand je prends conscience qu'à dix centimètres près il voltigeait dans la fenêtre. Et j'éclate d'un rire que je préfère qualifier *humour du désespoir,* en imaginant ce vinyle traverser le quartier, tandis que s'élèvent les cris « une soucoupe volante »...

Et tout ça trotte dans la tête. Ou plutôt s'englue et régulièrement ressurgit.

L'aphorisme s'incruste. Je m'y accroche comme à une bouée de sauvetage. La pensée des autres est une bouée de sauvetage...

Face à face décisif dans la salle de bains : *la solitude... la solitude est la seule issue... il me faudra des années pour m'en remettre, une bonne décennie... la vie même... alors pourquoi continuer cette vie de mort vivant calfeutré huit heures par jour dans un bureau ? Ailleurs, ça ne peut pas être pire. Et puis ailleurs, le cimetière sera loin, et puis ailleurs, ta mère, ton père, ta sœur, seront loin.*

Ils se montrèrent « compréhensifs», m'encourageant à un nouveau départ...

Ils me fournirent un « accord transactionnel sur mesure », donnant droit aux Assedics, me laissant « le temps de me retourner »... je les ai remerciés... et je suis sorti comme un autre jour... en l'écrivant naturellement la réalité s'éclaire plus crûment : je leur ai retiré une sacrée épine du service. Comment « gérer » un ex-espoir dont nul ne peut condamner qu'il préfère, le soir, picoler plutôt que de rentrer, un démotivé non remotivable, une charge inconsolable, un dont personne n'oserait sanctionner les excès de whisky au traditionnel pot du vendredi midi, un dont les doigts tremblent, qui ne se rase plus, le plus souvent les cheveux gras, un qu'il vaut mieux laisser sans travail l'après-midi, dont il faut vérifier chaque programme, un que personne n'ose réveiller quand il s'assoupit à peine arrivé, un qui déjeune à la Jenlain pour se sentir capable d'atteindre l'apéritif, un qui balance régulièrement la tête en se projetant aux *Granges,* « endroit mal famé » de Flines-lez-Raches où il retourne les samedis soirs, s'imprégner des riffs sauvages de Led Zeppelin, Patti Smith, Deep Purple, Pat Benatar, AC DC, Kiss, des envoûtantes élucubrations d'un certain Thiéfaine, du Jacques Higelin le plus lunaire, un qu'on observe de moins en moins discrètement s'éloigner à 18 heures, vers sa première escale, le Café de la Poste, un agonisant impossible à revitaliser ni à virer (on a beau être cadre on a été humain), un type qui vient de perdre sa femme enceinte de sept mois.

Moins de trois ans après la disparition de ses parents, « victimes de l'amiante », comme on le chuchotait encore simplement entre pions ou proches de pions de cette « spécialité française » qui méritait bien, au nom de la balance commerciale et de l'emploi, quelques sacrifiés...

Paris

Soit je touche le fond soit je touche ailleurs…
L'inconscient nous cache ces choses… et pourtant, j'en suis persuadé : ce fut ça le ressort…
L'instinct de survie. Le faut-il ? Il le faut.

Qui saisit vraiment, à l'instant, le cheminement intérieur de ses décisions fondamentales ?
D'une émotion à l'action, la logique, puisqu'il y a logique, le cerveau ignorant le hasard, la logique est accessible uniquement au prix d'une méditation majeure.

Toucher le fond, s'y engloutir. Ou ailleurs…
Ailleurs peut-être la vie sera autre chose. Même pas plus belle mais déjà autre chose. Est-ce qu'en chacun subsistent de vieux rêves idéalistes, vieilles utopies dont le pouvoir est paralysé par les perturbations, l'éducation et le conditionnement quotidien ?
Avons-nous toujours besoin de déclics pour agir, qu'un séisme désactive les blocages érigés dans nos têtes ?

Trente ans plus tôt, je serais sûrement parti sac au dos, en Asie…
Mon « choix » du Lot est significatif : le département pensé le plus épargné de la folie citadine, le plus propice à l'isolement (idée-reçue sûrement due à la télévision, sinon pourquoi pas l'Ardèche ?).

Trente ans plus tôt, les voyageurs fuyaient sûrement la même chose, « la vie sociale occidentale » : le tourisme ayant tué le voyage, dénicher des « réserves non référencées » frise désormais l'exploit (surtout éviter les « guides spécialisés »… tout chemin balisé étant contaminé par le snobisme des faux fuyards, ces congés payés en quête d'exotisme, de « rêves »).

Voulant dépenser le moins possible, c'est un notaire de Cahors qui m'indiquait « un coin perdu »… cinq ans plus tard il deviendrait aussi inabordable, la riche clientèle anglaise, néerlandaise et américaine se repliant sur le Quercy après avoir « pillé » la Dordogne…

J'avais mon « havre de paix » pour presque rien, moins du tiers de « notre maison en quartier résidentiel »… Les quelques mètres carrés souhaités seraient finalement une centaine, avec même, des dépendances (certes en quasi ruine), un terrain attenant et presque trois hectares de friches ou bois dans des zones accessibles uniquement à pied.

Deux visages

Les gendarmes passent doucement, des gens bien intentionnés ayant dû signaler un déguenillé à surveiller, « sûrement un relais de trafiquants » … comme le laissent supposer quelques phrases pas loin d'une fenêtre ouverte :
« On dit qu'il y en a de plus en plus qui s'installent dans les campagnes, pour visiter les résidences secondaires, repérer, profiter des maisons isolées… Moi j'ai un fusil chargé dans chaque pièce… Je n'aime pas ces gens-là… De quoi ça vit ? A part de rapine ?»
Après deux-trois mois, la tournée au ralenti des gendarmes délaisse ma « surveillance »… ont-ils obtenu des « renseignements fiables » ? Le notaire ? A qui, finalement, j'avais confié l'héritage et le deuil… face à sa méfiance… « vous avez de l'argent ? »… Eh oui, à 25 ans, sans emploi, se payer une maison est suspect !…

Aucune mauvaise conscience à vivre sans projet ni motivation de « réinsertion », en assisté, parasite, bénéficiaire des aides sociales. Sobre en plus !
Des poules. Des canards. Des lapins décimés par la myxomatose. Des pigeons dévorés par une fouine. Une oie. Deux dindes, un dindon. Achetés au « marché fermier » de Caussade. Des pierres et du calcaire en guise de terre, où poussent quand même les tomates.

Le « Quercy Blanc ».
La vie du mieux qu'elle peut être. Après. Après ça.
Des mois où toute relation humaine se limite aux quelques mots de politesse avec une caissière, une boulangère, une marchande de fruits.
La vie du mieux qu'elle peut être, tout simplement ? Parfois « tout simplement » supplante « après ça ».
Surtout quand les figues font découvrir une saveur au-dessus de toute imagination.

Que faut-il vraiment pour vivre ? J'achetais des cassettes, j'écoute la radio. J'achetais des plats préparés, j'allais au restaurant, je cuisine (et en plus c'est meilleur !)

Que faut-il vraiment pour vivre ? Je me posais pour la première fois la question !

Le marché de Montcuq, le dimanche matin. Pourquoi me refuserais-je de vrais fruits... sensation de manger pour la première fois des fruits. Je comprendrai plus tard la raison : des fruits cueillis à maturité, et non des trucs colorés passés en chambres froides et balancés aux « portefeuilles sur pâtes»... « *de toute manière incapables de faire la différence entre un poulet et un poulet industriel* » (réflexion saisie au marché).

Pas de télévision : le notaire ayant placé en tête de liste des inconvénients la nécessité d'une parabole pour capter correctement la bonne parole audiovisuelle, le divin écran est resté dans un carton (de toute manière, dans le cadre de la réduction des frais, ne plus payer leur redevance était programmé).

Et des livres. Entré à la bibliothèque de Fumel simplement pour lire la presse, une affiche indiquait : inscription gratuite, emprunt gratuit.

L'idée de lire ne m'avait jamais effleuré ! J'écoutais France-Inter. Simplement. Et aucun des écrivains ne m'avait donné l'envie de vraiment le découvrir.

J'ai oublié le premier livre ! Mais pas le « vrai premier » : tout vient de Maupassant ! *Une vie.* Trois fois sans pouvoir vraiment le refermer.

Lire ainsi quatre fois de suite m'est depuis fréquent mais je n'avais alors jamais entendu personne raconter pareille bizarrerie, pareil exploit.

Subjugué, j'en tremblais, recopiant des dizaines de passages. Comme si le secret de l'existence venait de m'être révélé. Heureusement la bibliothèque possédait aussi *Bel-Ami.* Et des nouvelles. Les nouvelles me déçurent.

Maupassant m'entraînait. J'ai depuis lu quelques livres en les pensant « meilleurs »... mais aucun ne me restituerait la saveur de cette première frénésie. Une de ces expériences qu'on ne peut vivre qu'une fois ? (c'est ainsi qu'on se fabrique de la nostalgie !...)

A cause d'une remarque dans une biographie, j'abordais Balzac. Les biographies furent mes guides de lectures. Mais une crainte des philosophes subsistait. Crainte des philosophes facilement explicable après un cursus scolaire classique ! Il fallut le fréquent retour du nom de Socrate pour me lancer. Qu'avait-il pu dire, pour qu'une époque jugée aussi «civilisée» que la nôtre puisse le condamner à mort simplement pour des conseils ? Ainsi ce Socrate n'avait rien écrit mais son disciple... Ce fut *le banquet*, de Platon donc...

Schopenhauer. Le nom me plaisait ! je touchais plusieurs fois *Le monde comme volonté et comme représentation* avant d'oser l'emprunter. Comme si quelque chose d'irrationnel me signifiait : tu n'es pas prêt.

Ce cheminement doit être fréquent chez tout nouveau lecteur de cet âge : l'impression d'être resté si longtemps loin de l'essentiel. Et une colère contre ces professeurs incapables de montrer le livre sous son véritable jour, ces professeurs qui, par leur absence d'enthousiasme, leur routine, leur voix monotone, l'assimilent à une contrainte.

Lire, lire, lire, relire, relire, relire...

Lire, lire, lire, relire, relire, relire, écrire.

L'envie d'écrire. D'être de ce monde-là. De ces gens qui font réfléchir, aiguillonnent vers plus d'intelligence...

La sensation : c'est mon destin.

La tentation de réécrire le passé : une logique est derrière tout ça ; la faiblesse de croire en sa bonne étoile.

Mais la force, quand même, de décider d'être écrivain. En toute lucidité sur le niveau de l'instant, sur la volonté, le sérieux nécessaires. C'est impossible donc il le faut ! On entre en écrivainerie comme en religion : en y engageant tout son être, toute sa vie.

Sept semaines après ce jour sacré de la décision, j'osais enfin dépasser deux mots aussitôt rayés sur une feuille aussitôt chiffonnée. Et la lucidité de ne pas encadrer les premières phrases. *Grain de poussière se croit plus grand que la terre. Il est en colère quand passent les fonctionnaires.*

Peut mieux faire !

L'écriture… une manière d'être repris par l'action !
Ecrire étant l'une des rares possibilités pour un solitaire, les mains en chocolat restreignant le jardinage.
Ce fut le début : peu importe l'âge, l'envie avait germé.
L'envie de faire. Et après ? après : espérer que la vie sera longue, et savoir s'y consacrer.
Savoir se fixer un objectif, et s'y tenir. Indépendamment du reste. Indépendamment des observations, des considérations d'ordre échec ou réussite. Espérer que l'époque permette de vivre ainsi… l'image de ce que doit être un écrivain se façonnait tout doucement en moi, aussi en opposition aux pantins glorifiés sur le papier glacé des *Nouvel Observateur*, *Express* et autres *Lire*. Je trouvais même un article dit littéraire dans *La dépêche du midi* !
L'image de ce que doit être un écrivain : un type asocial, solitaire et misanthrope. Sûrement avais-je besoin, pour supporter la solitude, de la mythifier en un combat contre une société a-culturelle.

Mais comment expliquer ça à un agent de l'ANPE ? Surtout ne rien dire ! Lui faire comprendre ? L'inciter à passer rapidement au dossier suivant, sans le supplier d'un « laissez-moi tranquille ! »...

Elle ne comprend pas, avec une telle expérience... oui, je suis tombé en ASS, Allocation de Solidarité Spécifique... non, je ne travaille pas au noir, je vis de peu, je vis surtout des « achats remboursés », elle ne connaît pas, j'explique : vous achetez le produit et vous écrivez pour en obtenir le remboursement... je me crois sauvé, réussis à broder sur le sujet...

- Et vous êtes vraiment remboursé ?
- Mais bien sûr, même les frais d'envoi.
- Mais ça prend du temps, moi je pourrais jamais, je ne trouverais jamais le temps... bref, revenons à votre parcours professionnel...

J'ai naturellement des lettres de candidatures spontanées refusées à présenter... mais oui, c'est vrai, je n'ai jamais sollicité l'ANPE... la réponse classique la laisse perplexe, forcément !, « à chaque fois que je passe vous n'avez rien »...

Demander une formation ? Elle pourrait être accordée !...

Sauvé par Jean-Louis Foulquier !...

France-Inter, pollen, un vendredi soir... avec Francis Cabrel auréolé « sauveur de la chanson Française » ou un truc aussi ronflant, grâce à « Voix du Sud », séminaire, stage, *rencontres* dans la bouche du formateur, destinées aux auteurs isolés, à les mettre en contact avec leurs futurs partenaires professionnels...

- J'ai envoyé un dossier à la formation professionnelle de Francis Cabrel.
- Cabrel... le chanteur ?
- Comme vous le savez je suis auteur de chansons.
- Ce n'est pas noté à votre dossier.
- Pourtant je l'avais signalé...

-   Mon collègue à dû trouver que ce n'est pas très sérieux, surtout avec vos diplômes.
-   C'est un point de vue assez subjectif, une idée-reçue... vous savez, le poids économique de l'industrie musicale est en croissance régulière au point de dépasser celui... [j'allais dire de la prostitution, ayant lu une étude relativisant le chiffre d'affaire de l'édition, simplement équivalent à celui de la prostitution...] celui de la production céréalière.
-   Vous en êtes certain ?
-   Vous n'avez jamais lu les comptes-rendus de la sacem ?
-   Vous êtes membre de la sacem ?
-   Si je suis retenu par Francis Cabrel, je le serai...
-   Et vous le saurez quand ?
-   J'attends...

Six mois de répit... mais il me faudrait assumer ce *délire*... Engrenage...

De Profondis, la lettre à Lord Alfred Douglas, par Oscar Wilde *retenu* dans la geôle de Reading… Phrases recopiées. Et comme les feuilles s'obstinent à s'égarer, feuilles scotchées sur la porte de la chambre.

Un artiste… exige, pour le développement de son art, une communauté d'idée, une atmosphère intellectuelle, le calme, la paix et la solitude…

Nul, grand ou petit, ne peut se perdre que par sa propre faute…

Rien ne me semble avoir la moindre valeur, sauf ce que l'on obtient de soi…

Mais si je vois qu'il n'y a rien de mal dans ce que l'on fait, je vois qu'il y a quelque chose de mal dans ce que l'on devient…

Le vice suprême est la superficialité. Tout ce dont on prend conscience est bien…

Regretter ses épreuves est arrêter son évolution. Renier ses épreuves est mettre un mensonge sur les lèvres de sa vie…

Celui qui est en état de rébellion ne peut être touché par la grâce…

A chaque instant de notre vie, nous sommes ce que nous allons être non moins que ce que nous avons été…

La vie artistique est simplement le développement de notre personnalité…

Il est tragique que si peu de gens « possèdent leur âme » avant de mourir…

La plupart des gens ne sont pas eux-mêmes. Leurs pensées sont les opinions des autres, leur vie une imitation, leurs passions une citation…

Ceux dont l'unique désir est de se réaliser ne savent jamais où ils vont…

Il voyait que les hommes ne doivent pas prendre trop au sérieux les intérêts matériels et quotidiens, que n'avoir pas l'esprit pratique serait une grande chose, et qu'il ne fallait pas trop se préoccuper des choses de ce monde...

Ceux qui veulent un masque doivent le porter...

Je puis être parfaitement heureux tout seul. Avec la liberté, des fleurs, des livres et la lune, qui ne serait pas parfaitement heureux ?...

On disait de moi que j'étais individualiste. Je dois maintenant l'être plus que jamais. Il me faut tirer de moi-même beaucoup plus que jamais et demander au monde moins que jamais.

Quand il me fallut réagir pour ne pas sombrer dans l'océan des « dossiers suivis avec attention par l'ANPE », Francis Cabrel fut la perche la plus proche de la littérature !

Ambiance décontractée, du show-biz à visage humain.

Jean-Louis Foulquier : *le jour où comme tout le monde il ira faire un tour vers l'au-delà, Astaffort – Lourdes même combat. T'es la Bernadette d'Astaffort.*
Le maire du village (Hubert Delpech) : *ou alors d'ici là peut-être y aura-t-il une apparition...*

Francis Cabrel : *Y'a un double intérêt à ce stage. C'est de les confronter à des gens, j'dis pas inaccessibles mais difficiles d'accès.*

Et la réaction : « lamentable » : quand chante un stagiaire (plus tard son nom me reviendrait, quand Astaffort le présenterait comme « un ancien » de référence, ayant « réussi » : Vincent Baguian).
Si ce type a été sélectionné, je pourrais l'être aussi !... mais la réflexion n'était pas allée plus loin... sûrement l'inconscient s'en était emparée... pour la réactiver au moment propice.
Vincent Baguian n'aura donc pas été complètement inutile dans la chanson !

Minitel :
Francis Cabrel – Astaffort – 47
Il n'y a pas de réponse avec le nom complet
Rechercher sur une partie du nom : SUITE
SUITE
Il n'y a pas de réponse

Voix du scud – Astaffort.
Il n'y a pas de réponse avec le nom complet
Je m'aperçois avoir tapé S C U D.
Voix du sud – Astaffort.
Une réponse : *1 rue du Plaplier.* Téléphone, fax. Sauvé !

Téléphoner... et si je tombe sur Cabrel ? une voix féminine... agréable...
- ...il n'y a personne cette semaine... ils sont à Gourdon, dans le Lot.
- Je suis justement du Lot, c'est loin de Cahors ?
- Je ne sais pas, mais je vous conseille d'y aller, et en plus vous verrez trois anciens des *rencontres*, dont Thibaud Couturier, vous connaissez sûrement...

Gourdon, nord du Lot (cinquante kilomètres de Montcuq).
Installation d'une scène.

- J'écris des textes de chansons, et on m'a dit que c'est chez vous
le meilleur moyen de rencontrer des interprètes.
- Tu en as écrit beaucoup ?
- Une trentaine.
- Ah, c'est déjà bien, il te suffit d'en choisir deux, ça c'est
toujours difficile, demande à ta copine, avec une lettre de
motivation, tiens v'la les documents, et ça a lieu deux fois par ans.
- La prochaine fois, c'est quand ?
- En février ou mars, la date n'est pas encore arrêtée, ça dépendra
du grand chef.
- Et c'est difficile d'être sélectionné ?
- On a des centaines de demandes, même parfois des
professionnels, certains je leur téléphone pour leur dire, écoute, tu
es déjà trop connu, ça s'adresse aux débutants. Si on voulait on
pourrait faire une rencontre par mois mais Francis veut que ça
garde un bon niveau... Tiens v'la aussi le journal, comme ça tu
sauras tout c'qui faut savoir... Bon je continue d'installer le
matos parce que ce soir y'a les stars, tiens, là-bas c'est Claude
Turner, le grand black, va donc le voir, il écrit ses textes mais on
sait jamais...

Pensées : pourquoi avoir répondu « trente textes » ? comment me
débrouiller pour en envoyer deux !... Putain, je suis dans la
merde...

Envie d'écrire. Mais pas des chansons ! Je n'y connais rien à la musique…
Je leur dirai ne pas avoir reçu de réponse (à l'ANPE)… et alors… je suis dans la merde…

Mais comment écrire une chanson sans connaître le solfège ? A la bibliothèque, un bouquin peut-être…

Bibliothèque de Fumel : j'emporte la « collection SEGHERS », versant chanson :
Julos Beaucarne, Béranger, Julien Clerc, Lény Escudéro, Francis Cabrel, Alain Souchon, Jacques Higelin, Léo Ferré, Maxime Leforestier, Boby Lapointe ; une rapide présentation et des textes.

Quatre jours de lecture continue. Bizarrement… maintenant je pense « bizarrement », un seul extrait recopié :
Je ne chanterai pas à cinquante ans. Parce que c'est triste. Il faut une sacrée trempe ! tout le monde ne peut prétendre être un Ferré ou un Brassens. Moi je ne me vois pas arriver sur scène dans vingt ans, un peu plus voûté, un peu plus tremblant, avec mes chansons souchonnantes…
Alain Souchon.

Des banalités. Quelles banalités ! Comment peut-on écrire quand on n'a rien à dire ! La chanson ce n'est quand même pas ça !… c'est ainsi que je me suis mis à vraiment écouter les textes !…

Quinze jours d'essais : rien ; je suis dans la merde !…
Ayant réussi, malgré « la dégressivité » régulière des Assedics, à mettre presque deux briques de côté depuis mon installation dans le Lot, l'achat de quelques livres me semblait… possible !
Ce sera :
- Georges Brassens, *Les chansons d'abord, Toutes ses chansons* en livre de poche.

- Jacques Brel, œuvre intégrale, chez Robert Laffont.
- Charles Aznavour, textes.
- Léo Ferré, textes.

Je commençais par Georges Brassens. Et recopiais simplement un hymne à ma solitude:
Les hommes sont faits, nous dit-on
Pour vivre en bande comme les moutons
Moi, j'vis seul, et c'est pas demain
Que je suivrai leur droit chemin
Je notais en dessous : Montcuq est cité dans *La ballade des gens qui sont nés quelque part.*

Scepticisme, résumé par : comment a-t-il pu percer, devenir même une référence chez les « bien-pensants » avec des textes homophobes ? comme *le gorille…*

Ferré, Aznavour : rien à signaler. Rien. Et Jacques Brel. Jacques Brel qui rachète tout le reste ! Oui, la chanson peut servir à quelque chose. A chaque ligne cette voix raisonnait en moi, cette voix pourtant si peu entendue…

Ecrasé par Jacques Brel, le souffle, la force, la précision, l'intensité, l'énergie, l'exubérance, la puissance. Que peut-on ajouter ? Qu'ai-je à dire ?
Brel inaccessible et Cabrel inutile.

Trois semaines de ratures… ; et enfin quelques rimes… ; mise au propre (immédiatement : brûler ces brouillons, que personne jamais ne sache la sueur, le labeur) ; impression d'ASSEDIC BLUES et PAS BELLE en deux exemplaires, plus une photo collée sur la fiche de candidature (profession ? j'hésite : informaticien ou sans emploi ? j'opte pour la seconde activité), plus les « frais de dossier », un chèque de 150 francs, et il reste à rédiger « une lettre de motivation »…

Quand sur *France-Inter,* j'avais appris la création de vos rencontres, je les avais considérées idéales pour mon cas, mais j'ai préféré patienter, ne pas brûler les étapes.

Aujourd'hui, j'ai une trentaine de textes... et je n'ai pas la voix pour les défendre (de plus monter sur scène ne correspond sûrement pas à ma nature), je ne connais pas suffisamment la musique pour la composer.

Ces rencontres me permettront, sûrement !, de croiser celui ou celle qui voudra les compléter de notes ou se les approprier ; d'autre part vous connaissez nettement mieux que moi le milieu des interprètes, peut-être à la lecture de ces textes pourrez-vous me conseiller quelques contacts.

Raison complémentaire : des lacunes à combler (surtout le rapport à la musique)

A Gourdon, le 24 juillet, le jour des spectacles « jeunes talents », le premier contact avec d'anciens stagiaires d'Astaffort fut très positif. Encourageant...

J'ai arrêté l'informatique pour me consacrer à l'écriture. Pour lire et écrire. Des romans (le premier est en phase de correction) et des chansons (en voici deux tirées au hasard parmi trente écrites).

J'attends des rencontres d'Astaffort la possibilité de croiser des compositeurs et des interprètes aussi motivés que moi... et en recherche d'un auteur imprégné des plus grands textes littéraires, imprégné de musique.

[Ça fait court !

Ajouter un truc sur Cabrel ? Flatter son ego]

Mes références littéraires : Marcel Proust [je le barre : ça m'étonnerait que Cabrel l'ait lu, et il a une réputation trop difficile pour un chanteur] Balzac [ça fait référence, Cabrel ne doit pas l'avoir lu non plus mais ça me donnera un petit air « culture générale »... bon je ne vais quand même pas écrire

Tintin pour avoir une chance d'une lecture commune...], Emile Zola [oui, comme Balzac], Victor Hugo [oui, Victor Hugo est incontournable], Philippe Djian [ça c'est un nom qui devrait leur plaire... pourtant *37°2 le matin*, comme c'est lamentable], Yves Simon [*la dérive des sentiments*, ça doit être facile d'écrire un roman avec cette structure, oui, c'est ce qu'il faudrait faire, parler de la chanson, d'Astaffort, Francis Cabrel, dans ce style... bon alors, il faut être retenu !...]

Mes références musicales [non, ne pas commencer par Cabrel] : Brel, Brassens, Ferré [non, mettre les trois fait trop classique, il faut en barrer un : Ferré, forcément], Maxime Leforestier [oui ; considéré comme un auteur textuel...], Serge Gainsbourg, Jean-Jacques Goldman et je le note en dernier pour ne pas le citer en premier [je suis content de cette phrase] Francis Cabrel.

Et si quelqu'un me piquait mes textes ! Quinze jours après l'envoi du dossier cette réflexion me percute, un jeudi matin, sachet *Intermarché* à la main, en guise de poubelle, juste au cœur de la vallée, sur le pont.

Comment protéger des textes ?

Téléphoner à Astaffort, serait leur avouer : mes textes ne sont pas protégés.

Minitel : sacem – Paris

Je vous envoie la documentation "ADHERER A LA SACEM - POURQUOI ET COMMENT ?" qui répond à la question

Comment protéger vos créations avant votre adhésion à la sacem ?

Pour protéger vos créations avant votre adhésion à la sacem, vous pouvez :

- vous adresser vos œuvres (textes et/ou partitions) à vous même, par pli recommandé et scellé par le feuillet A.R. (et non sous enveloppe), l'oblitération apposée par la poste pouvant constituer un commencement de preuve d'antériorité de l'œuvre, en prenant soin, toutefois, de ne pas ouvrir ce pli lors de sa réception.

- Ou bien déposer vos œuvres auprès :

du SNAC (Syndicat National des Auteurs et Compositeurs) - Syndicat de défense et conseil aux auteurs et compositeurs, dépôt d'œuvres (théâtre, musique, variétés, cinéma, radio, tv, danse, lettres, doublage)
80 rue Taitbout - 75009 Paris
Tél. 01 48 74 96 30
Fax. 01 42 81 40 21

de la SCAM (Société Civile des Auteurs Multimedia)
5 avenue Vélasquez - 75008 Paris
Tél. 01 56 69 58 58
- d'un officier ministériel (huissier, notaire)

Pourquoi engraisser une société ou un syndicat ? Le recommandé donc. Mais le fichier cabrel.doc contient ma lettre de motivation. J'ouvre l'ensemble des autres fichiers. Aucune trace de *Pas belle*, aucune trace d'*Assedic Blues*.

J'ai écrasé cabrel.doc, le fichier des textes, par cabrel.doc, le fichier lettre de motivation ! Et j'ai un BTS informatique ! Une erreur de débutant. Je me sens médiocre. Et pourtant j'en ris !
La raison : qui pourrait trouver ces textes dignes d'être volés !
[le nom Richard Seff m'était alors totalement inconnu]

- Jean-François est membre du jury de la truffe cette année. Le président ce sera Francis Lalanne. L'année dernière tu sais que c'était Cabrel. En plus cette année, durant la semaine qui précède y'a Albaret qui descend de Paris, Albaret, tu connais pas ?, c'est un ancien de la sacem qui s'est mis dans la formation, et qui obtient des tonnes de subventions de la sacem. Il se fait des couilles en or à rien foutre. Enfin bref, il va organiser des rencontres pour les gens du coin. On sait jamais, tu trouveras peut-être l'interprète que t'as pas trouvé à *Voix du Sud*.
- Tu sais comment on participe à ces rencontres ?
- C'est *Radio France Périgord* qui organise. T'as qu'à téléphoner, tu demandes Jean Bonnefon, c'est le patron, et en plus c'est un pote à Cabrel. Tu lui dis que c'est Cabrel qui t'a parlé de ces rencontres. On sait jamais, ils t'inviteront peut-être aux frais de la princesse !

Je n'ai rien loupé de cette conversation.
Périgueux, c'est où ? Mes notions géographiques du sud-ouest restent vagues...
Mais le 5 septembre je suis à Périgueux, passant par l'office de tourisme pour obtenir un plan, me garer devant *Radio France Périgord*, 23 rue Ernest Guillier.
Respirer un grand coup et se lancer !

- Bonjour, à Gourdon, aux Tréteaux de la Chanson on m'a dit que vous organisiez des rencontres pour les auteurs compositeurs et interprètes.
- Il faut voir Maryse. Attendez, elle va descendre d'ici peu je l'ai vue monter y'a pas dix minutes…

Une semaine… à dormir dans la voiture.

- Ce soir c'est table ronde sous le chapiteau. Tu peux venir. L'après-midi c'est pour les interprètes, je suis désolé, il fallait être inscrit…

Attendre… que fait-on d'autre… attendre… qu'un auteur meurt, libère une chaise, et se précipiter…

Table ronde… Philippe Albaret présente les invités, et lance « le débat »…

Il répète dix fois son nom, pense ainsi l'incruster dans les mémoires ?, il est là comme représentant de l'ADAMI… explique le fonctionnement de l'ADAMI, le gestionnaire des droits pour les interprètes… oui, Gilbert Laffaille, ça me dit quelque chose… mais impossible de le fredonner !… mais si ! *ICI* !

Il doit vivre à la campagne aussi… Je l'observe… il est chanteur ?… plutôt style représentant d'avant la grande distribution… il a l'air sympa…

Mais qui est ce Pascal Obispo dont les trois fofolles veulent des informations… le directeur Polygram sud-ouest dévoile… le lancement du produit Obispo, le coût marketing, le soutien aux concerts… la grande différence avec les années 70, avant on produisait une trentaine de premiers albums chaque année en espérant que dans le tas quelques-uns perceraient… aujourd'hui, il ne faut pas se tromper, il faut mettre le paquet sur les deux ou trois nouveaux chaque année…

Brice Homs… auteur, pas l'air sympa, ce type !… Ah ! Il écrit pour Michel Fugain. Le nom retient l'attention.

Repas froid. Le directeur Polygram, Brice Homs, Philippe Albaret sont pris d'assaut. Il m'est facile de manger avec Gilbert Laffaille. Jean-Jacques Ratier, l'adjoint chargé de la culture à Périgueux vient nous rejoindre. Il se dit fan. De Gilbert, naturellement. Qui en profite pour régulièrement placer « je n'ai jamais chanté à Périgueux ». J'écoute. Je n'ai rien à dire !

Oui, un mec bien, ce Gilbert, il me pose quelques questions. Mais non, je ne l'accompagnerai pas dans sa tournée des bistrots. Peut-être qu'une grande complicité y serait née !

Le vendredi matin, une invitation est remise aux auteurs : je pourrai assister aux « victoires Radio-France », apercevoir Jean-Louis Foulquier, grand majordome de la soirée…
Miossec lance quelques vacheries aux bureaucrates sortis de leur petit bocal parce qu'ils ont obtenu une place gratuite pour l'événement de l'année…

Invitation pour « le spectacle » mais en fin de concerts les notables ont un autre ticket, donnant accès au chapiteau, buffet, champagne et sandwichs visibles…

« Je ne peux rien faire, ce n'est pas moi qui s'occupe des invitations… c'est plein… si on vous laisse entrer il n'y en aura pas pour tout le monde… »
Une dizaine d'auteurs choqués. J'observe les gloutons s'empiffrer, en remarquant qu'ils n'ont rien à voir avec l'art. Petit extra électoraliste sur le budget de la culture pour remercier d'avoir tant soutenu Xavier Darcos, monsieur le maire ?

- Bernard, *Voix du Sud*, on s'est vu à Gourdon, j'ai une bonne nouvelle pour toi, tu devines ?
Je serai le « régional de l'étape ». 2500 francs à payer.

« Toutes les informations » suivent... la liste des stagiaires : Toulouse, Paris, Bordeaux, Nancy, Lyon, Beauvais, Reims...

Ce « stage peut être pris en charge»... mais pour le directeur de l'ANPE Cahors, le budget « éléments spéciaux » est trop restreint, impensable d'en consacrer une partie à une telle demande...
J'ai ma part de responsabilité dans ce non financement, leur ayant photocopié le «journ'hall N°1», cette note d'information *Voix du Sud*.
Comment peut-on dépenser du fric pour imprimer pareilles inepties et en même temps faire payer notre présence ?

Les dessins furent sûrement assassins : un beatnik, sûrement inspiré par Thibaud Couturier, le joint au bec (justifier du sérieux de la démarche en présentant un fumeur de pétards !...)
Avec une bulle :
Hé ! Brother de Voix du Sud, comment qu'on fait pour avoir du succès ?

A la page précédente, un grand mage à moustache (Cabrel ?) agite sa baguette dans un bocal pour faire de bonnes rencontres...

Montcuq – Montaigu-de-Quercy – D656 – Saint-Amans-du-Pech
– Les Tricheries – Pont-du-Casse - Agen

Arriver le premier pour ne pas devoir passer d'une main à serrer à
une autre… tout en se sentant scruté, détaillé de la tête aux
pieds… comme un stagiaire du lycée Guy Mollet qui entre dans
un bureau Groupama !…

Passage par la Bibliothèque d'Agen.
Une idole des jeunes dans le *Nouvel Observateur* :
J'ai rêvé d'aimer les plus belles filles du monde, de prendre le
plus d'argent possible, je n'ai jamais rêvé de faire de la
musique…
Tonton David.

Passage par l'hypermarché *Continent Agen* (quitte à bouger,
autant en profiter pour chercher des achats remboursés) puis
Géant Boé.

Layrac – Astaffort

> *Bienvenue à Astaffort*
> *35 commerçants*
> *tous services*
> *parkings*

Premier choc : Astaffort la laide. Où se situe la « rue du
Plapier » ? Je quitte la départementale, prends le centre, ne vois
aucun plan.
Une femme, la cinquantaine, banale, je demande, elle répond, je
remercie le renseignement donné froidement. De l'autre côté de la
départementale. Je passe devant la « Music'hall ». Il faudra donc
traverser pour rejoindre la salle de concerts ; est-ce qu'une voiture
a déjà bousillé « un stagiaire », ivre ou non ?
« Stagiaire », le mot me dérange, un « rencontreux » ? Bof. Je gare

ma déjà vieille 205 color line noire poussières devant l'office de tourisme. Mets l'anti-vol.

Astaffort la campagne ? Vue de Paris ! ça pue. Pouah ! Ils se sentiront à la campagne, les parisiens, nantais, lyonnais et niçois ? ça pue moins que chez eux ? Des voitures : elles ne changent rien à l'odeur.

Si je leur dis : chez moi, quand passe rien qu'une mobylette, durant au moins cinq minutes, ça pue… ils vont crier au martien ? Cabrel à la campagne, tu parles ! quelle faute de goût. En plus « en banlieue » d'une centrale nucléaire ! Il vit dans un hameau ? En bourgeois d'Astaffort. Fortuné. En Astaffortuné. Le mot me plaît. Je sors le bloc notes spécialement acheté pour cette aventure, griffonne ce néologisme avec un vulgaire bic, arrache la feuille et cache ce terme au fond de mon portefeuil. Surtout ne pas le répéter ! Le déposer avant ! J'hésite à avancer. Je sens les perturbations proches. Vibrations négatives.

Le bâtiment :
« *Voix du Sud* » – « *Astaffort Arts Martiaux Judo – Ju – Jitsu – Taïso* » - « *Musique et culture – Ecole de musique et de danse* »

De la mauvaise pierre, rejointée à la va-vite. Bon, le cadre des fenêtres, le linteau surtout, quand même…
Un muret d'environ un mètre cinquante entoure le bâtiment.
Une ancienne plaque : *Faubourg Corné.*

Jean-François m'accueille, grand sourire.
Grand sourire mauvais commercial.
Un québécois est là, depuis la veille, agité, disjoncté (naturellement ?). Autoproclamé futur boute-en-train.
Il passe, m'ignore royalement, va prendre un coca dans le frigo.
Je pense : l'humanité se divise en buveurs et non buveurs de Coca. Et, je suis dans la marginalité. Vulgarité aussi dans la démarche.
Je les imagine tous ainsi. Mais partir… mon statut me l'interdit !…

17 heures, un bus dépose la première fournée : cinq, dont quatre mecs.

« Quand la SNCF a arrêté de desservir Astaffort, elle s'est engagée à maintenir une navette en bus, comme ça on peut prendre un ticket Paris – Astaffort, c'est chouette… »

Deux heures plus tard : vingt.

Elle a ouvert « la trousse » toujours à l'intérieur de son sac souvent en bandoulière, est entrée dans l'espace douche, a refermé… s'est installée sous le robinet afin d'apercevoir le jet comme sous une cascade, a écarté les jambes pour éviter tout risque de brûlure par éclaboussure, de la main gauche a tourné le robinet au maximum… l'eau chaude a giclé… illusion du sauna…

Elle se demande si tout cela a encore un sens… s'il ne vaudrait pas mieux arrêter tout de suite, hésite à sortir, tentée de se jeter sous un drap… sans motivation se contracte le vagin, la « technique secrète », qui lubrifie à la seconde, s'introduit le vibromasseur, rapidement vitesse maxi…
- Ça fait de mal à personne et ça me fait tellement de bien…
Comment régulièrement elle répète cette « clef de passe » de Sarah, son initiatrice, elle répète comme si souvent, de manière mécanique, puisqu'elle est partie intégrante du rite, expliquant, resituant ce plaisir dans la perspective d'une vie solitaire. Le visage de « Srah » lui apparaît. Elle pense : « je te l'ai déjà dit, ta remarque manque de lyrisme, de finesse, un macho pourrait tomber aussi bas… », elle sourit…
Une mouche n'aurait pu entendre :
- Ne pas oublier : nous avons aussi un corps. Mais les commentaires sont inutiles ! Le silence.

Mécaniquement elle a tout rangé, sans prendre de douche, s'est allongée nue sur le lit du haut, se concentrant sur son « soutra » :
Marjorie, 27 ans, poétesse, compositrice, chanteuse, Marjorie, 27 ans, poétesse, compositrice, chanteuse…
Soutra régulièrement bousculé par d'insaisissables pensées : Marjorie, tu vas en faire quoi de ta vie ; tu es ici par vanité ; il faut fuir la médiocrité ; le danger est toujours présent…

Quand la porte s'ouvre, qu'entrent ses collègues de chambrée, elle doit se contraindre pour garder les yeux fermés. Mais la mécanique est brisée, elles papotent, papotent, ricanent, détaillent

« les mecs », brodent sur leur « carrière », leurs ambitions, leurs attentes, insouciantes du malstrom interne à quelques centimètres…

Sa décision est prise : « demain matin je pars… je pars, je suis encore trop loin, ils réussissent à me perturber… je ne trouverai la paix que dans le silence… ».
Jusqu'au sommeil, comme un soutra : le silence, le silence, le silence… Parfois un visage s'interpose.

Vendredi 27 février. Ah ! si une place pouvait être libre à ta droite, ou même à ta gauche. Pas en face, en face je n'oserais jamais parler, parler vraiment, mais à côté…

Nain de jardin, puisqu'il faut l'appeler ainsi, écrire NDJ, qu'ainsi le maître l'a surnommé, Bernard donc, a tambouriné aux portes… Douche… douche qui ne peut effacer le manque de sommeil…

Attendre. Attendre installé à la fenêtre comme un stagiaire en quête d'inspiration puisqu'Astaffort inspire, attendre puisqu'il faut traverser la cour pour rentrer dans la salle des repas, attendre jusqu'aux réflexions « et s'il y avait un autre passage », « et si elle était descendue durant ma douche ».

Ce sera un petit-déjeuner d'attente et une visite des locaux par dix-neuf sélectionnés. Pourquoi n'est-elle pas des nôtres ?

Nul ne pose la question. Et *notre guide* n'apporte aucune réponse, ni remarque.

Il sait donc pourquoi ? Où est-elle ? Que fait-elle ?

Visite et commentaires, sur la cour, qui fut la cour d'école du maître, sur les platanes, le platane coupé, sur les « histoires » des précédentes rencontres…

Mise en évidence du NOTES Janvier 1995. NOTES, « le journal de la sacem », un article dithyrambique signé P.A (Pierre Achard sûrement, l'auteur de l'éditorial), se concluant par un grotesque : *si l'homme de Sète aperçoit celui d'Astaffort du haut de son petit nuage, là-haut sur le rebord du monde, il doit se sentir comme chez lui sur les rives du Gers.*

Les héritiers de Georges Brassens devraient parfois intenter un procès au nom du droit moral !

Tout le monde il est beau, tout le monde il est gentil : huit pages genre publi-reportage.

Stagiaires, vous êtes dans la cour des grands ! Délectez-vous de ce reportage…

Photo : *Trois hommes à Astaffort : Jean-François Laffitte (« Voix du Sud »), Richard Seff, Francis Cabrel, « un pour tous »…*

Photo devant le bistrot AU BON ACCUEIL, trois pingouins assis sur un muret. Je pense pingouins. Et naturellement, continue les trois petits points par « tous pourris »... Je regarde plus précisément la tronche du type au milieu, puisqu'il sera là...
- Y'en a pas pour tout le monde...
J'en prends quand même un exemplaire. Peut-être y apprendrais-je quelque chose d'utile... de quoi gagner six mois d'ANPE...

Elle est installée face au sieur coordinateur. Ne m'y attendant pas, j'arrive parmi les derniers... naturellement leur voisinage est déjà accaparé... je les hais ! Même pas une place d'où son regard serait accessible...

Le maître arrive, serre chaque main droite. Petit air coincé qui pourrait presque le rendre sympa... ils vont me croire as de la manœuvre... en bout de table avec une chaise vide en face où il vient s'asseoir... je n'ai pas de conversation... notre seul point commun ?... Ah non, ses pruniers aussi ont gelé l'année dernière... Bon, et je sais, pour Golfech... il n'a rien fait contre !...

Avant « les choses sérieuses » :
- Les mecs sont priés de me suivre sur le banc, j'ai dit les mecs, les filles peuvent suivre Francis... Comme elles ont de la chance...
- Je voulais dire à certains, peut-être même à tous, de se calmer. Sinon vous ne l'aurez même pas sur la photo de groupe. Y'a des filles qu'il faut pas brusquer. Une en particulier, je cite pas de nom... Mais ce matin, à sept heures, parce qu'on se lève tôt quand on doit veiller sur vous, donc ce matin on l'a croisée avec tout son barda ; elle allait appeler un taxi ; marre d'être considérée comme une meuf à baiser, qu'elle a dit. On l'a calmée, on a promis de tout arranger. Visiblement elle a un problème avec les mecs, bon, on est d'abord ici pour faire de la musique, alors les gars je compte sur votre... votre retenue quoi...
Comme une réponse fuse un « putain, une lesbienne, la garce ».

Faute d'être à côté, au moins presque en face. Gloire aux tables en V. J'avais bien raison : elle n'est pas une fille pour chanteurs !
Cabrel proclame les magnétos non autorisés.
Richard Seff, *officiellement déclaré RIRI par le maître et Terminator pour les Astagiaires*, est arrivé entre temps, il se présente...
Richard Seff, l'auteur du pitoyable « c'est ma prière » et autres balivernes encore pires que Barbeliviennes, *Terminable,* déshonneur de la chanson française avec ses Gold, Mader, Gérard Lenorman, il énumère, il a même pas honte...
Richard Seff attendu comme le messie ! Homme à séduire, aussi producteur...

Cabrel / Seff, au fond ils doivent se mépriser. Et Cabrel de se délecter : jamais il n'aura la joie de m'entendre chanter une de ses chansons à la con.
Et Seff : il a du succès mais il est incapable d'écrire pour les autres ; ses chansons n'ont pas du succès pour elles-mêmes mais c'est son personnage, il me doit tout, sans moi il vendrait encore des chaussures...

Et chacun se croit supérieur, plus riche. Qui a le plus amassé ? Qui a vendu le plus ?
En nombre de ventes, Seff, ses poulains, ses pouliches, ses ânes ses ânesses plutôt, doit cartonner mais en oseille... et jamais il n'aura sa tronche à la une... sauf s'il devient président de la sacem ! il ne doit rêver qu'à ça !

Ils doivent se mépriser mais continuent ensemble – Cabrel, durant mes réflexions, se raconte, la joue humilité -, savent qu'ils ont plus à perdre d'une mésalliance, peuvent se retrouver sur des projets, comme Isabelle Boulay... pour des raisons assez différentes... si l'autre agité a raison !...
Qui le vit le plus mal ?
Cette question m'interpelle naturellement, et non « qui est le plus heureux ?»... C'est Isabelle Boulay la plus à plaindre ! Etre

obligée d'en passer par là pour percer ; après avoir repris Jacques Brel, débiter des merdes !...

Ces deux guignols puent la frustration. Une petite voix doit refuser de les laisser en paix : leur réussite est une des hontes de l'époque. Quand des chercheurs et des écrivains quémandent...

Je n'ai rien mais je vais bien... je m'entends penser : « je n'ai rien mais je vais bien ». Je souris, non ce n'est pas à la tentative de se rendre intéressante de Karine... elle rêve souvent du sud, pressentait qu'un jour elle y viendrait, que sa vie en serait métamorphosée... elle a autoproduit un CD, avec son frère, maintenant veut passer au stade supérieur, faire des grandes salles, être invitée à la télévision...

Ni l'un ni l'autre n'arrive à la cheville de Jacques Brel, Oscar Wilde, Honoré de Balzac... et j'ai encore mes chances !...
Nous ne naviguons pas dans les mêmes eaux... Si je leur balançais ça ! Est-ce qu'Elle me regarderait ensuite ?
Si vous voulez savoir pourquoi un mec frise l'excentricité, prêtez attention à la fille en face !
Peur qu'elle suppose « il prend des notes », je me retiens d'écrire cette phrase, me contente de mettre une croix, qui signifie barrer, à côté des noms après leur présentation, plus que trois et TOI... par élimination, Stéphanie, Nathalie, Marjorie ou Céline...

- Marjorie Van Maere. Parfois il faut confronter ses intuitions à la réalité, vérifier ses pressentiments... Je voulais savoir si ici c'est mieux ou comme ailleurs... Je suis là simplement pour voir, en voyage...
Le dernier voyage, la dernière tentative, dernier plongeon dans le show-biz... après je pourrai me reposer avec la satisfaction du devoir accompli... vous m'avez classée comme interprète, votre choix m'a surprise. Si je fais encore quelque chose dans la chanson ce sera comme compositrice...
- Mais tu avais envoyé une cassette aussi si je me souviens bien...
- Oui, une cassette d'avant...
- On a dû trouver que tu devrais continuer... peut-être qu'ici on va te redonner l'envie, les gens repartent souvent gonflés à bloc d'Astaffort, on a vu des formidables transformations.
- Je ne crois pas aux métamorphoses. Les choses sont et notre vie doit servir à les comprendre... Ainsi on grandit un peu... On élargit sa voie... En plus je n'ai même plus de nom de scène !...
- Pourquoi ?
- A cause des vedettes de votre région ! Avant j'étais Zelda et depuis que Zebda triomphe...
- On te demande de tomber la chemise... oh regardez-moi pas comme ça, c'est marrant non ?... mais quelle idée de s'appeler Zelda quand on est une... une fille... j'ai le droit de poser des questions ?
(un de ceux qui se croient régulièrement « *marrants* »... en plus à ma gauche... connard !)
- Il était une fois Zelda Fitzgerald, femme de FSF, Francis Scott Fitzgerald...
- A cause d'une amerloque quoi ! la meuf d'un bouffon de président amerloque... enfin, je dis bouffon, si tous pouvaient finir comme lui...
- Je crois avoir terminé ma présentation.
- Tu es quand même heureuse d'être là ?

- Il est difficile de trouver le bonheur en nous et impossible de le trouver ailleurs.

- C'est de toi ?

- Chamfort, *Caractères et anecdotes.*

- Ça fait un bail qu'on n'en entend plus parler de Chamfort. Tu as des nouvelles ?

- Oui… quelques informations… arrêté durant la Terreur, il a tenté de se suicider et il est mort de ses blessures six mois plus tard.

- Qu'est-ce qu'elle raconte ? (un qui parle à son voisin mais suffisamment fort pour être entendu de tous), si Chamfort s'était suicidé y'aurait des best-off.

- Nicolas-Sébastien Roch, dit Chamfort, décédé en 1798, et si vous voulez tout savoir, je suis née le jour de sa mort, quelques années plus tard. Il croyait l'homme irrémédiablement perverti par la société, sur la voie de la décadence.

Forcément l'un des crétins pensa se rendre intéressant avec un « mais l'homme est perverti pour le plaisir des femmes».

Mon tour ! ça va être mon tour...

J'en prends conscience quand le crétin à ma gauche commente ses années Trust, sa découverte de Téléphone, son statut de vedette régionale, soutenu par des « gens importants »...

J'en suis encore à chercher ce que je vais bien pouvoir dire.

Parler de littérature, elle est littéraire, oui parler littérature. Je me vois déjà bafouiller. Non, je ne peux plus la regarder. Rien que d'imaginer qu'elle puisse poser ses yeux sur moi... ils vont me croire intimidé par Cabrel ! Je me lance :

- Je me suis longtemps demandé si Balzac, Stendhal, Zola, Racine, La Fontaine écriraient aujourd'hui des chansons. Maintenant j'en suis persuadé. Et Mozart serait compositeur de variété. Tout créateur est influencé par le genre dominant de son époque. Donc sûrement qu'au 17eme je serais allé chez le roi avec une pièce de théâtre (aux sourires, je réalise : ils m'imaginent élever l'idole du gnangnan sur un trône, tenter de fayoter quoi). Non, je ne veux pas dire qu'il y aura bientôt de la guillotine dans l'air (je souris en pensant au rapprochement avec la Terreur). Donc voilà, j'oscille entre romans et chansons, je sais que les romanciers sont suspectés par les paroliers de ne pas savoir écrire de chansons !

- On a longtemps hésité, pour toi comme pour Valérie, à vous sélectionner, effectivement, parce que ce sont deux genres très différents.

- Qu'a su parfaitement marier Boris Vian ! (je me sens satisfait de lui avoir cloué le bec : Marjorie a dû apprécier...) mais comme je ne chante pas, j'avais donc le choix entre tout laisser dans un tiroir ou envoyer un dossier. En espérant rencontrer une voix, une vraie voix...

Je souris... en regardant ostensiblement... le plafond... et je ne peux m'en empêcher... rien qu'un dixième de seconde... nos regards se croisent... je rougis... Christophe a bien interprété mon silence, oui, rien à ajouter, il commence sa frime...

Prendre des notes. Ne pas oublier de prendre des notes.
Et un jour publier « carnet d'Astaffort ».
Ou un roman au cœur de ces rencontres.

Participer à un stage « auteur de chansons » me semblait encore
aussi incongru que l'aurait été une formation de cosmonaute. En
une heure j'écris uniquement :
Qu'est-ce qu'il ne faut pas inventer comme projet pour que des
bureaucrates vous laissent tranquille !

Avoir lu des centaines de textes, considérés signés par « les plus
grands » m'avait découragé : je n'ai rien à faire dans ce milieu. La
chanson est un travail de musiciens, les auteurs ajoutent
simplement des sonorités vocales ; intellectuellement, la chanson
est inutile.

Bien sûr : Jacques Brel mais personne durant sa présentation ne
l'a mentionné ! Et quel chanteur aurait voulu du texte « *Ne me
quitte pas* », s'il n'avait pu en montrer toute l'essence ?…

Bien sûr : Renaud… il n'a pas écrit que des stupidités genre
j'aime l'odeur des pots d'échappement…

Vendredi soir, la tentation d'écrire MARJORIE sur chaque
feuille…

Afin qu'ils ne puissent jamais me dénigrer d'un « il a écrit ça pour se venger d'un milieu qui lui a fermé ses portes », un succès serait préférable !... le texte insipide, ce petit jeu sur les rimes « bulles » est assez dans l'ère du kitch pour plaire ?

J'ai peur des bulles, des bulldozers et des pitbulls...

Si Tu étais partie, la force de rester m'aurait manqué. Ou alors j'aurais été « une âme en peine ». Je t'aurais écrit. Je t'aurais écrit « tu es partie avant que j'ose te parler... ».

Ils ne savent plus à quel saint se vouer. Ils ont tout essayé, envoyé des centaines de lettres, maquettes, sollicité des centaines d'intermédiaires.
Ils ne savent plus à quel saint se vouer.
Et marcassin Cabrel sort du bois !
- Approchez, les enfants...
Ils croient. Ils croient forcément en lui. Lui va regarder ce que je fais. Lui va m'aider, me pistonner...
Cabrel n'a rien à dire, alors il se tait, et ce silence leur en impose, leur apparaît messianique, silence non de sagesse mais d'ignorance. Cabrel du messie, tu parles !
Les médias ont besoin de stars, il est aussi pratique qu'un mort, ce pitre ; le silence en devient assourdissant, le messie d'Astaffort n'a rien dit et tout le monde colporte la bonne parole... Il a souri !... Cabrel a souri, je vous jure...
L'avantage d'être en tête de gondole... mais aurait-il été starifié s'il avait eu quelques idées ?
Les médias, les majors ont besoin de coquilles vides...

Ils donneront tout ce qu'on leur demandera, dès qu'un intermédiaire se réclamera du Dieu vivant. Leur sourire, leur temps, leur joint, leurs économies, leur cul, leur bouche, leur vocation.
Les êtres humains ont besoin d'espérance. Demain les jours

meilleurs. Le paradis terrestre. Sectes, communisme, fascisme et cabrélisme.

Oui, la journée fut un enfer : écrire alors que tu étais accaparée par des connards.

Marjorie, j'écris ton nom... Toute l'inutilité de l'écrit. Demain, si je n'arrive pas à t'aborder, je rends l'écrit utile : je t'écris.

Demain, je t'écris, Marjorie.

- Tu fais quoi ?

Fabrice a posé la question.

- Non, je ne cherche pas des rimes faciles... Le début d'une nouvelle. C'est l'histoire de trois mecs dans une chambre d'Astaffort : ils se demandent à quoi ça sert d'être là puisque de toute manière les stagiaires sont sélectionnés uniquement pour servir le plan marketing de Cabrel.

- Pourquoi t'essayes pas plutôt d'écrire une bonne chanson ?

- Bonne chanson... c'est c'qu'on appelle un oxymore... Alors, finalement, les trois mecs dans leur chambre, tu penses qu'ils vont finir par écrire une chanson ?

Christophe intervient :

- En tout cas pas ce soir pour moi, je suis crevé, j'ai super bien bossé aujourd'hui, je crois qu'on tient un vrai tube avec Nathalie et Franck...

Quelques « aveux » intéressants quand même dans cet article (quand il est lu par un *mauvais esprit* !) :

Francis Cabrel :

- Si l'on m'avait posé à 20 ans la question qu'on a posé cette fois-ci à nos stagiaires : « dans quelle catégorie voulez-vous vous inscrire, auteur, compositeur ou interprète ? », j'aurais sans hésiter répondu, en ce qui me concerne : « auteur », car je ne me prends pas pour un grand mélodiste, et je demande souvent de l'aide du côté de la composition à d'autres comme Georges Augier de Moussac, Jean-Pierre Buccolo ou Roger Secco...

Ce Cabrel dont le succès m'était apparu, sans conteste possible !, lié à des mélodies bien ficelées (qui permettent de masquer des textes le plus souvent lamentables) : un simple pantin bien entouré !

Francis Cabrel :

- Mais dans les situations difficiles j'ai quand même mes « recettes d'écriture ».

Mais oui, pour ces gens-là, les recettes, techniques, dictionnaires de rimes...

Richard Seff :

- C'est toute la différence entre un parolier et un auteur : le talent du premier, c'est de faire parler les autres assez bien, en restant sincère et proche de lui-même, comme un dialoguiste, alors que certains « se font parler très bien eux-mêmes » et ce sont les auteurs, comme Francis Cabrel.

Non ! Le parolier est au service de l'industrie, vise à coller à la musique, à séduire, l'auteur crée, expose un véritable univers, apporte sa pierre à la réflexion.

Si peu d'auteurs dans un pitoyable univers de paroliers.

Juste un regard. Verre en main. Du floc. Mais pas la force de défoncer les barrages ; comment aborde-t-on une femme comme ça ?...

J'ai, déjà, la réputation du mec aux manières culinaires...
- J'ai fait de mon mieux, j'y ai mis tout mon talent...
Philippe Bonaldi fait son show, me présente chaque plat.
Tout ça à cause d'un « bof » ; quand il fallait glorifier la cuisine. Je n'avais alors d'autres choix que de « m'expliquer », ne pouvant laisser sous-entendre que le frère d'un mythe de *Canal Plus* pouvait être indigne des cuisines d'Astaffort. Ma formule se voulait « diplomatique » : viande de supermarché.

Pour la première fois, une place « pas mauvaise »... pour un spectateur !
Deux chaises me séparent du mec en face. Soit d'abord *nain de jardin* puis à ma gauche Laurent. Je n'entends pas tout mais c'est déjà émerveillement...

Quelques groupes sont retournés « au travail »... le crétin en chef, Pierre, je le sais maintenant, vient auprès de son « adjoint », Franck, en bout de table...
Franck à côté de Christophe ; Christophe, en face de Marjorie (à sa droite Sylvie, auteur dictionnaire de rimes, elle aussi en bout de table donc).
Franck : - Pourquoi *nain de jardin ?*
Il répond ne pas savoir, c'est un surnom de Francis, alors comme *le maître* a dit...
- Il te verrait bien la nuit dans son jardin !
- C'est peut-être l'anagramme qui donne la solution (alors quelques-uns posent les douze lettres et cherchent... Sylvie propose *radin de janina*)...

Personne n'ose balancer « à cause de ta gueule »...

- Et toi Marjo, tu souris et tu dis rien.
- Oui, je pourrais vous dire pourquoi !…
- Marjo va nous dire pourquoi Francis a surnommé Bernard *nain de jardin*…

Pierrot la frime ameute la salle… Marjorie sourit… A-t-elle remarqué mon regard. Se sait-elle ainsi dévorée ?

- Dans son utilisation la plus habituelle, des parents à l'enfant, le surnom est affectif.
- Tu vas pas dire qu'Bernard est le fils caché d'Francis !
- Entre adultes, le surnom met l'autre à distance. Assimiler quelqu'un à un nom d'animal ou d'objet, c'est le chosifier, bien marquer sa supériorité. Dans d'autres contextes, chez une personne immature, surnommer est une manière de masquer ses affects.
Un froid. Je pense : j'ai toujours cru trouver l'intelligence dans la beauté, et c'est enfin arrivé.
- Tu pourrais dire ça en français ?
Crétin veut reprendre la main…
- Et la chanson, pourquoi ils veulent pas produire mon premier album alors qu'il est génial, t'as une explication moins tordue ?
- Mais bien sûr !… Tu veux vraiment entendre ?
- Je peux tout entendre… et tout faire…
- La génération des Cabrel, Souchon, Goldman, a été imposée comme LA chanson française. Et les majors ont assez de figures de proue, ils laissent le système dériver tranquillement puisqu'il leur rapporte un fric sans commune mesure avec la valeur artistique.
Seul le rap a pu exister, parce que c'était un autre monde, et surtout le show-biz n'y a pas cru, sinon ils auraient fabriqué leurs rappeurs. D'ailleurs ça viendra. Quand un marché, un créneau s'ouvre, ils lancent leurs pantins, boys bands, amuseurs pour maternelles…
Cabrel, Souchon, Goldman existent uniquement parce que le show-biz les a fabriqués, le show-biz les a fabriqués car ils répondaient à ses critères : faire du fric et ne pas s'embêter avec le

sens. Etre consensuel. Il s'agit de fabriquer du vide pour être un bon produit, un produit tête de gondole.

Souchon est le seul qui semble avoir eu la tentation de penser mais c'est du passé depuis longtemps, il est bien dans le mou-moule !

- Je vois pas le rapport avec moi. Moi c'est complètement original, festif, drôle.

- Alors pourquoi ils ne te produisent pas ? Parce que le show-biz préfère continuer sur sa lancée ; après Louis Chédid tu as son fils, après Souchon, Voulzy, Higelin, tu as un fils aussi. Véronique Sanson aussi. Avec les fils, c'est la certitude d'avoir des gens dont les médias seront friands et surtout qui connaissent et suivent sans état d'âme les lois du milieu.

- Y'a pas que les fils de, qui réussissent quand même !

- Le piston donc, le premier cercle des enfants et les suivants, jusqu'au copinage, et la chance. Tu peux essayer le copinage, mais faut donner des gages... Tu peux essayer d'avoir de la chance. Donc de séduire d'autres intermédiaires.

- T'es vraiment bizarre comme nana, on dirait que tu cherches à te griller.

- Parfois vaut mieux être mal vu qu'en vue...

- Tu s'rais pas une intellectuelle ?

- Et pour toi c'est presque une insulte !

- Finalement c'est mieux quand elle cause pas Marjorie, vous trouvez pas !

Elle m'a regardé ! Rien qu'un dixième de seconde. J'en suis certain ! Tu as voulu voir si moi aussi je condamnais ces propos avec des oreilles-au-maître juste à côté ?...

- Oui, se taire, tu as raison... mais pas à cause du « soit belle et tais-toi », se taire parce que le silence grandit. Même après un peu trop de vin.

Elle s'est levée, est sortie. Et une nouvelle fois je suis resté scotché.

Je m'en veux. Encore !

Est-ce sa manière de mettre une barrière entre elle et les autres, se protéger ?

Comment te dire : tu n'as rien à craindre de moi !

Je m'en veux. Je n'écoute plus, crois ne plus écouter, et pourtant entends :

- Demain soir, je te parie ce que tu veux, mais c'te meuf je la fous dans mon pieu, et si tu veux, je te la donne gratos après.

- T'es sérieux ? Comment tu vas faire, elle a l'air coriace.

- Tu vois, ça. Avec ça, elle va écarter comme une poupée.

- C'est de l'ecstasy ?

- Mieux que ça mon pote, t'as jamais entendu parler de la pilule des violeurs ?

- Si mais… on en trouve pas facilement… et faut faire gaffe…

- Tu parles, tu mets un p'tit cachet dans son verre et après la gonzesse est comme sur un nuage, elle se souviendra même pas qu'on l'aura baisée.

- T'as déjà essayé, t'es sûr qu'y a aucun risque ?

- Y'a des risques pour la bleusaille mais pas pour un chanteur, tu crois qu'un flic va croire une gonzesse qui dit qu'elle a été violée par un chanteur, tout le monde sait que les femelles sont dingues des chanteurs. Alors quand y'en a une qui résiste…

- C'est justement celle qu'on veut !

- T'as tout compris mon pote. Et celle-là, on va bien s'amuser, puisqu'elle joue les saintes-nitouches. J'ai un instantané on prendra même des photos et on balancera ça samedi, pour voir sa gueule à la p'tite intellectuelle de mes deux…

- On va bien s'marrer…

- Qui tu crois qu'on peut mettre dans le bon plan ?, j'ai pas confiance en tout l'monde ici…

Marjorie. Marjorie… je me retiens. Fais celui qui n'a rien entendu…

Sept heures : le premier debout. Attendre. Et tout t'expliquer...

Un cappuccino vidé en silence. Pierre et Franck toujours pas là non plus. Je me mets à redouter le pire. Qu'Elle soit redescendue prendre un verre, soit tombée sur eux et...

Enfin !... Marjorie tout en jeans traverse la cour, ouvre la porte, avance trois pas en direction de la cafetière, bifurque vers la gauche... s'assied... à ma droite !
- Bonjour.
- Bonjour Marjorie.
Je me sens incapable de parler. Je cherche une phrase. Trente-sept débuts confus se bousculent dans ma tête. Et si elle se levait, allait prendre une tasse et s'asseyait ailleurs ?
Ces premiers mots peuvent tout changer. Une semaine sur quelques syllabes. Inspiration. Inspiration... Impossible de murmurer comme ça : *je t'aime à mourir !*... à plonger dans le Gers avec bouée !...
Impossible, là, comme ça, d'avertir : *fais gaffe, garde toujours une main sur ton verre.*
- J'aimerais bien faire une chanson avec toi.
- Comme ça, dès le matin !
Je me sens ridicule. Vingt-huit ans et incapable d'aborder vraiment une femme !
- Ecrire une chanson avec toi, que puis-je rêver de mieux en débutant une journée ?
Je me sens ridicule. Tant le double sens peut l'effaroucher...
- Une chanson sur quoi ?
- Je dois trouver le thème avant ton accord ?
- Puisque tu veux écrire une chanson, tu dois avoir une petite idée...
Ridicule. Elle se paye ma tête, elle a raison...
- Sur... l'au-delà des apparences...
- Vaste... je ne suis peut-être qu'apparences...
- J'ai toujours cru trouver l'intelligence dans la beauté.

- C'est de ?
- Avec l'âge on en arrive à se citer, tentatives d'introspection qui finissent en aphorismes… Mon côté Chamfort !…
- Et tu crois qu'on peut en faire une chanson.
- On n'a plus le choix, maintenant il faut essayer !
- C'est vague l'au-delà des apparences…
- Et sans être sinistre… qu'ils ont dit !
- Ça reste vague.
- Alors, quel sujet t'intéresse le plus ?
- Le sujet qui m'intéresse le plus… c'est impossible d'en faire une chanson.
- Ça tombe bien, j'ai pas envie qu'on fasse une chanson banale…
- Alors elle ne sera pas chantée samedi !
Je baisse la voix :
- Tu crois vraiment qu'il faut du sous gnangnan pour plaire au vénérable jury !
L'intimité est née, elle aussi chuchote :
- Je l'ai fait hier.
- Donc nous avons au moins un point commun !
Je suis bien. J'enchaîne :
- Alors ce sujet qui va nous faire déborder du cadre imposé ?
- La résilience… tu as le droit de ne pas connaître ce terme !
- Je suis sauvé par ma lecture de *Psychologie !*
- Il doit y avoir plus d'abonnés à France-Football !
- Une nécessité intérieure contraint les résilients à la création, à l'action. Ils doivent donner un sens à leur vie… alors que les autres se satisfont d'être téléspectateurs moyens… ça te va comme définition ?
- Ça me va ! Mais si tu réussis à en faire une chanson…
Je me penche, susurre :
- Tu… m'épouses ?
Je n'ai pas pu résister !
Mais je sens mes joues hors contrôle. Je ne peux voiler leurs tressaillements. Suis-je allé trop loin ? Elle aussi détourne les yeux. Silence. Ai-je tout gâché ? Comment sauver la situation. Je me lève.

- Je t'apporte un café… avant…

- Deux sucres… si tu n'as pas peur que les commentaires fusent à voix plus haute !…

- Pardonne-leur, ils ne savent pas ce qu'ils font. Paraît qu'un type a répondu un truc de ce genre dans une situation encore plus critique.

- Et tu penses être sa réincarnation ?

- C'est ma première fin de millénaire. Mais il faut toujours se servir de l'expérience des anciens. Ça nous évite parfois des conneries.

- Judas, Ponce Pilate, et avant que le joint n'ait tourné trois fois, qui aura trahi ?

- Et après tout ça, la résilience reste possible ?

Mais qui sont ces martiens !, semblent proférer des regards.

Marjorie s'installe au piano.

Je suis emporté.

D'abord il faut que je te dise. Je n'ose pas. J'ai le temps, finalement...

J'aurais aimé apprendre le piano.

Mais non. *Le piano c'est pour les riches et en plus pour les filles. On t'a acheté un ballon pour Noël...*

J'avais dix ans, j'ai donc joué au football...

Je suis emporté, les pensées débordent, je me sens trop sensible, envie de pleurer. Mais je serais incapable d'expliquer pourquoi. Je me sens bien, simplement. Une vie comme ça. Avec Marjorie. Ça doit être ça, le bonheur...

Trouver le bonheur en soi, et un peu plus avec Toi...

Amour. Une chanson au sous-entendu évident : « je t'aime ». Je souris. Je ne serai pas hors sujet : la résilience, c'est aussi de pouvoir vivre vraiment. Malgré tout, pouvoir aimer...

Tu sais, je t'aime.

Oui, elle doit savoir. Elle joue. Ça fait quoi, à une fille comme ça, de se savoir observée, désirée, aimée ?

Croit-elle encore en l'Amour ?

> On parle de l'Amour
> Qui ne serait plus
> Qu'une vulgaire chasse à courre
> Un jeu pratiqué nu

Il faut que j'écrive ça. Marjorie joue. Je la fixe. J'écris « en aveugle »...

> On parle de l'Amour
> Qui ne serait plus
> Qu'une vulgaire chasse à courre
> Un jeu pratiqué nu
> On joue à l'amour

Elle sourit. S'arrête.

- Ça t'inspire ?
- Tu veux bien continuer, Marjorie…

> Mais les rues sont pleines
> De gens qui comme moi
> N'ont dit qu'une fois
> "Tu sais, je t'aime"

Je pose le papier par terre, heureux d'avoir écrit ça.
- Tu me lis ce que tu as écrit.
- Je ne sais pas si je vais oser !
- C'est donc hors sujet ! …
- La résilience, ça peut être aussi *A la fin on doit commencer à aimer pour ne pas tomber malade.*
- Je ne pensais pas rencontrer un lecteur de Freud ici !
Je regrette déjà cette phrase : je ne peux pas avouer, là, comme ça, n'avoir lu, de Freud, que quelques citations.
Lire pour éviter Sigmund…

> On parle de l'Amour
> Qui ne serait plus
> Qu'une vulgaire chasse à courre
> Un jeu pratiqué nu
> On joue à l'amour

> Mais les rues sont pleines
> De gens qui comme moi

Ma voix s'enraye.

> N'ont dit qu'une fois
> "Tu sais, je t'aime"

- C'est cette musique qui t'a inspiré ça ?
Lire fut trop difficile. Je me sens vidé, ne peux même pas répondre « pas que la musique »… Je la regarde, souris, lui tends le papier. Marjorie joue et chante…

- Tu en penses quoi ?
- On a bien mérité une pause.

- Tu préfères pas essayer de terminer le texte ?...
- Tu veux d'autres couplets. Trois couplets un refrain, puisqu'il paraît qu'une chanson ça s'écrit comme ça !... je te l'avoue, je n'y connais pas grand-chose à la chanson ! je préfère les écrivains. Mais se limiter à trois couplets et un refrain bien réguliers, c'est Gilbert Laffaille, je sais pas si tu connais, qui m'a écrit ça...
- Tu as été pistonné par Laffaille ?
- Il vit à Montauban depuis peu. Mais il n'a pas l'air d'être un proche de Cabrel. Je l'ai croisé en septembre à Périgueux. Je lui ai montré trois textes, comme j'aurais sûrement fait avec n'importe quel autre chanteur ! Mais je suis bien tombé. Un jour j'ai reçu une longue lettre. Où il me recadrait. Un peu. De manière très pédagogique, il m'expliquait que mes textes n'étaient pas vraiment de la chanson mais que si je voulais en écrire, j'y arriverai... Et j'ai été sélectionné avec des textes encore pires que cela !
- Tu connaissais quelqu'un ici avant ?
- J'ai essayé de fayoter, quand je suis allé les voir à Gourdon, c'est dans le Lot, pas loin de chez moi, ils m'avaient alors donné un dossier. Je leur avais payé une bière le soir... et j'étais allé à Périgueux parce que j'avais su que Jean-François était dans le jury de la Truffe.
- C'est quoi ça ?
- Un concours de chansons... où on connaît le nom du vainqueur avant... Puisqu'une spectatrice l'avait annoncé... elle vient à chaque fois aux rencontres, on devrait donc la voir samedi. Je l'avais croisée aussi à Gourdon. Elle suit l'équipe comme elle dit... Mais comme j'ai l'habitude d'oublier les prénoms je ne sais plus le sien...
- Moi c'est Marjorie...
- Et tu as été pistonnée ?...
- Comme d'habitude !... je me demande toujours, quand je suis retenue quelque part, si c'est pour mon physique ou ma musique...
- C'est pour ça, que le mot « Amour », te fait... peur ?...
- C'est pas qu'il me fasse peur... c'est un mot intéressant pour les

romans, les chansons, le théâtre… mais dans la vie… ce serait plus clair si plutôt que de baratiner « je t'aime » les mecs osaient « j'ai envie de te baiser »… ça te surprend que je puisse aussi parler crûment…

- J'ai longtemps cru, moi aussi, qu'il n'y aurait plus d'amour dans ma vie…

- Et tu as changé d'avis !

Que répondre ! J'étais incapable de répondre. Je souris.

- Et je suis venu à Astaffort… et j'aimerais bien faire un album avec toi !

- Tu as écrit un couplet un peu court, un refrain, et tu penses déjà à un album ! tu as entendu, les chansons, mercredi c'est fini ! c'est la sélection et ensuite, préparation du spectacle !…

- Et mercredi soir les auteurs ne servent plus à rien… et cinq cents kilomètres nous sépareront rapidement… mais je vis seul dans une grande maison et je t'y accueille volontiers ! (je pense : comment ai-je osé dire ça ?)

- Tu as proposé la même chose à Nathalie ?

- Tu poses donc parfois des questions dont tu connais la réponse.

- Les mecs te disent toujours qu'il n'y a que toi qui comptes.

- Et tu crois pas, qu'une fois de temps en temps, ça arrive… je vivais dans le Nord, près d'Arras. J'étais cadre. Je vivais en couple, marié même. Puis elle a eu un accident de voiture. Une page s'est tournée, que je croyais définitive. Au début, c'était sûrement logique, que je les prenne pour des sales types, ceux qui me conseillaient un peu de distraction. Puis j'ai pris ma retraite dans le sud. Pas très loin d'ici, à la campagne. Et ne voir personne me va. J'ai découvert la littérature. Je me croyais devenu sentimentalement insensible. Je sortais quand même un peu. Les caissières parfois sont mignonnes, les bibliothécaires aussi… mais personne qui fasse le poids par rapport à une page de Balzac, je me sentais tellement loin, comme si la littérature m'entraînait chaque jour un peu plus loin des humains… Toi au départ, je t'ai immédiatement trouvée attirante, là je crois ne pas être le seul. Mais c'est ton regard. Ton regard dit d'autres choses…

- Il dit ?
- Que tu es devenue misanthrope à force de côtoyer des crétins !
- Quand deux résilients misanthropes se rencontrent à Astaffort...
Toc. Toc. Toc.
- On vous dérange pas...
- Il nous manque deux couplets pour avoir une chanson.
- On peut entendre...
La tournée Cabrel-Seff.
Ont-ils écouté avant de frapper ? Marjorie chante et cette question me tambourine entre les oreilles.
Un quart d'heure. L'envie de les virer. Au bon prétexte qu'avant d'oser distiller des conseils, il convient d'avoir écrit des choses décentes.
Marjorie résumerait ma pensée par la citation d'une interview de William Faulkner : *le bon artiste, c'est celui qui croit que personne n'est assez bon pour pouvoir lui donner un conseil.*

- Tu crois qu'ils ont écouté avant ?
- Franchement... je m'en fous. Et de tous les producteurs de la terre aussi ! Je crois ne pas être faite pour la chanson... Je suis désolée, ce n'est pas avec moi que tu feras un album...
- Qu'est-ce qui se passe ?
- Je suis désolée, je suis comme ça.
- Marjorie ?
- Oui.
- Je peux te poser une question ?
- Mais je ne suis pas obligée de répondre.
- Pourquoi tu ne crois pas en la résilience pour toi ?
- C'est ce qui te semble le plus important ?
- Oui, car c'est ce qui t'empêche de croire en l'avenir.
- C'est quoi, l'avenir ?
- Du présent, plus du présent, plus du présent. Et même du présent intéressant !
- J'avais huit ans quand ma sœur est morte. La mort subite du nourrisson. Après, tu ne vois plus les choses de la même manière.
J'étais assis par terre. Ma tête s'est basculée en arrière. Contre le mur. Des larmes se sont tellement agglutinées sur le bord des

paupières, qu'elles ont coulé. Je croyais pourtant avoir « évacué »
le passé...

- Ça ne change rien d'essayer de te mettre à ma place.

- Gwenaëlle était enceinte de sept mois quand elle a eu cet
accident.

- Et tu peux encore croire en la vie ?

- Et même en l'amour... Tu n'es pas une fille superbe que j'ai
envie de... je te sens différente. Comme une affinité spirituelle...
peut-être qu'il faut du passé similaire pour avoir une chance...

- Affinité spirituelle... on m'a déjà dit ça aussi...

- Et tu crois que ton présent ne peut être que la répétition de ton
passé, que si je te dis des mots que tu as déjà entendus, c'est avec
des idées aussi pourries que ceux qui les ont prononcés pour te
piéger...

- Ça pourrait te jouer des tours, de te confier comme ça... J'en
sais beaucoup sur toi, mine de rien... et certaines personnes
n'hésiteraient pas à utiliser certaines faiblesses que tu montres
ainsi...

- La solitude ne me fait pas peur. Je peux vivre seul. Mais au-
dessus de la solitude, je croyais qu'il ne pouvait rien y avoir...
et... et il y a toi.

- Ça on ne me l'avait jamais dit... excuse-moi, je suis parfois
cynique. Mais c'est pour me protéger. Il me faudra sûrement du
temps pour...

Trois mètres nous séparaient. Je n'osais pas me lever. Je pensais :
là, si nous étions côté à côté, peut-être ... mais si ce n'est pas
maintenant, ça risque d'être jamais...

- Je crois qu'on ne terminera pas cette chanson ce matin. Tu
m'excuses, je vais aller marcher un peu...

- Et si je te propose de t'accompagner ?

- Je crois que tu comprends, j'ai besoin d'être seule.

Marjorie sort. Je reste figé. L'impression « qu'un temps fou »
s'écoule. Je cours.

- Marjorie !

Non, seulement quelques secondes... Marjorie quittait juste le
couloir. Elle rouvre la porte, sourit. Je m'approche.

- Faut que j'te dise. Garde toujours une main sur ton verre, ou un œil dessus.
- Qu'est-ce que tu dis ?
Je lui raconte.
- J'ai ce réflexe depuis longtemps. Je sais qu'il faut être méfiante… Je ne dis pas cela pour toi… Je pense que je ne me serais pas faite avoir… mais… merci.

Pourquoi, encore, quelques larmes… Trop sensible ? L'idée qu'il pourrait ne rien se passer entre nous, l'idée qu'il peut TOUT arriver ? Sûrement deux causes pour une conséquence.

Nous étions à table quand Marjorie est rentrée. Et la place que j'avais cru pouvoir laisser libre à ma gauche, en attendant le dernier moment pour m'asseoir, était occupée par *Nain de Jardin*. Elle m'a souri. Tout n'est donc pas perdu ! Mais il me faut me retourner pour la voir. Je pense à l'amorce d'une calvitie... que cet emplacement va lui jeter aux yeux. Je ne peux plus me faire la moindre illusion : dans quelques années j'aurai cette tare... dans quelques années je vais basculer de l'autre côté, celui des vieux... ou alors pour « les apparences » je sacrifierai quelques économies ?... merveilleuse époque ! la science offrant en corollaire de ce triomphe des apparences la possibilité de rectifier les dégradations du temps... serai-je retenu par la crainte du bistouri, la radinerie ou le refus de jouer ce jeu ?
Le dessert est à peine terminé... NDJ distribue des tee-shirts... Cabrel les dédicace à la demande... une main sur mon épaule.
- On va la terminer, cette chanson...

Marjorie s'installe au piano. Ne joue pas. Je m'assieds sur une chaise.
- La semaine dernière, je l'ai vécue dans un monastère. J'y ai connu une impression d'immense paix, de douceur, d'accord à la vie. J'ai senti la sérénité possible. Que c'est la vie avec les autres, la vie en société, qui est néfaste. Et dans quelques semaines, j'y retourne pour une retraite.
Le silence. Je suis effondré. Marjorie ajoute :
- Une vraie retraite, trois ans, trois mois et trois jours, en monastère.
Le coup est foudroyant. Je me sens KO.
- Et après ?
- Comment ?
- Et avant ? Et après ?
- Et pendant ? Je ne me vois pas imposer à quelqu'un une telle séparation.
- Et... et tu crois vraiment indispensable cette « retraite » ?
- Tu voudrais m'en dissuader ?

- Marjorie… Je sais que prendre la décision de se retirer ainsi du monde est… est un acte majeur… Je sais ta décision… même si j'en ignore toutes les raisons… Il doit être plus facile de t'attendre trois ans, qu'un jour vivre avec quelqu'un qui me reprocherait de l'avoir dissuadée… si tu te demandais si je pouvais t'attendre…
- Non… oui…
Elle s'est levée. Qui a parcouru la plus grande distance ?… Instants hors du temps. Oh Marjorie ! La saveur de ta langue. Et cette sensation qui se diffuse en moi, mon corps tressaille quand la main gauche effleure ton ventre, la droite ton dos… tressaillements surmultipliés quand tes mains…

La porte s'est ouverte…
- On cherche une salle avec piano… vous avez plus besoin du piano ?
- On faisait une pause…
- Et je retourne au piano dans trente secondes… je crois qu'au deuxième il n'y a personne… et le piano est nettement meilleur que celui-ci…
- Bon… bonne après-midi.
- A vous aussi… Voilà, le bruit va courir… je n'étais pas une forteresse imprenable ! et des mecs vont considérer qu'il est de leur devoir d'essayer de prendre ta place ! Attends-toi aux remarques les plus stupides, cinglantes.
- A cause de l'ANPE, je suis obligé de rester… sinon je t'aurais proposé de partir !
- Et… j'aurais accepté.
- Les chansons sont présentées mercredi, je crois que c'est le temps qu'il va nous falloir pour terminer deux couplets !
- Tu mesures bien… trois ans, trois mois et trois jours ?
- Et toi ?
- Moi… je sais pourquoi j'y vais. Mais toi ?… Je sais que tu peux vivre seul… mais ce n'est pas une solitude ordinaire…
- Il nous reste combien… de jours ?
- Je ne sais pas… mais je le sais, c'est nécessaire. Je veux m'imprégner des textes bouddhistes… m'imprégner dans le silence, dans la certitude de ne pas être dérangée par une lettre, un

appel, le bruit, un voisin, une agression… tu te sens de quelle religion ?

- De… des pensées de Pascal… enfin pas de toutes, juste celles où il sort la tête de son emprise religieuse.

- J'avais donc raison de te trouver différent le premier jour !

- J'ai bien entendu ?

- Pour qu'il y ait une véritable attirance, il faut, je crois, qu'elle soit réciproque… « *il ne faut pas juger en aimant, mais aimer après avoir jugé* ». Les préceptes de Théophraste ne sont plus guère suivis. Je suis donc une fille qui s'exprime souvent par citations. Ça énerve souvent….

Nous étions bien des misanthropes : avec un insatiable besoin de se raconter, se confier, quand la confiance existe… Tout ce que nous n'avions jamais pu dire sortait. Ou presque…

Pas une note avant l'heure du repas !

Notre arrivée serait la sensation. Nous ne pouvions en douter.
La question devant être : comment vont-ils se comporter ?

- Je le sens : tu me tiens la main pas pour la lâcher en bas ! Je le
sens : nous allons entrer dans une arène. Cabrel va pouvoir
chanter sa corrida. Mon attitude du premier jour va être
considérée comme des manières... Je t'inviterais bien à manger
au resto ce soir... mais ils considéreraient ça comme une
provocation...
- Je t'inviterais bien... chez moi ce soir... mais soixante-dix
kilomètres... ça va faire juste pour être ici demain à huit
heures !...
- Ça te choque si je t'invite à l'hôtel ?
- Ça te choque si j'accepte... et en profite pour t'inviter demain
soir ?
- Tu n'attends pas la première nuit ?
- Et tu attends la première nuit pour accepter !
- Stéphane... je ne dormirai plus chambre numéro trois.

Quelques heures après s'être vraiment parlé pour la première fois,
deux êtres peuvent avoir la sensation de pouvoir tout se dire,
peuvent côtoyer des crétins sans vraiment s'en soucier, en sachant
qu'il suffit de terminer le repas pour, tout naturellement, aller
faire l'amour.

Les filles sont parfois étranges, c'est celles qu'on croit qu'elles veulent pas, qui demandent que ça...

La fille la plus chaude qu'on ait eue, on l'a retrouvée sous un duvet, en bas, sur la pelouse, le dimanche matin, avec trois gars...

A chaque rencontre il se forme quelques couples. Mais c'est rare que ça dure, ici tout est beau tout est joli mais après faut revenir à la réalité. Y'a des kilomètres qui séparent les tourtereaux...

C'est pas toujours les mêmes au début qu'à la fin. Une fille ça peut changer, ça peut trouver mieux ailleurs...

- Les mecs qui sont pas partageurs moi j'leur cass'rais bien ma guitare sur la gueule.
- Surtout si leur gonzesse est plus que baisable.

Propos d'apéro. D'avant dîner débat.
Il suffit d'un rien et la véritable personnalité d'un crétin ressort. Alcool à volonté et une image de bonheur inatteignable ! Et elle s'exprime dans toute sa médiocrité…
Dimanche soir, soir des invités.
Philippe Albaret, directeur d'un truc de formation, déjà vu à Périgueux donc, déjà côtoyé par Marjorie aussi (« *lui, s'il approche, tu t'arranges pour avoir quelque chose d'essentiel à me communiquer, pour m'éloigner… On peut parler de tout, mais pas avec n'importe qui !* »), une représentante de chez Sony, la commerciale blonde caricature, un dignitaire sacem locale (Agen) et un de Paris.
- Tiens, Marjorie, je ne pensais pas te voir ici. Ça fait un bail que tu n'es pas venue au Chantier.
- On ne peut pas tout avoir dans la vie.
Marjorie se tourne vers moi, je dois intervenir ! :
- *La motivation est la causalité vue de l'intérieur…* J'ai retrouvé la citation de Schopenhauer.

- Je vais la noter tout de suite, tu m'excuses Philippe mais c'est essentiel, fondamental, c'est pour ma thèse à la Sorbonne.
- Tu es à la Sorbonne maintenant ? Je croyais que tu vivais à Lyon.
- La fille de François Mitterrand m'a obtenu une dérogation... mais je t'ai rien dit...
Marjorie notait donc « ça m'étonnerait qu'il ait compris, je crois qu'il va revenir à la charge ».
Mais l'apéritif était terminé : à table !

Des banalités. Des banalités. Réponses classiques aux questions classiques. Tous frais payés. Des pantins payés à débiter des banalités en tous frais payés.
S'éclipser discrètement était impossible... mais rester plus longtemps...
- Ce genre de baratin, je l'ai déjà entendu quinze fois. Ils ne pourraient pas simplement dire la vérité ?
Le repas s'achevait enfin... les notables étaient à notre disposition... les questions pouvaient durer tant que le souhaiteraient les apprentis...

- Au *Formule 1* d'Agen (puisque j'ai une voiture !) ou « chez Cabrel » ?

- Ça doit être hors de prix. Mais je t'invite dans le grand luxe pour notre première nuit... On essayera quand même de trouver moins cher ensuite !...

- Ça va peut-être te surprendre d'un mec qui vient aux rencontres d'Astaffort mais... je n'ai pas de préservatifs... tu crois qu'il y a un distributeur automatique dans Cabrel-city ?

- Et tu n'aurais pas fait un test VIH ?

- C'était y'a bien longtemps... et il est toujours valable... et toi ?

- C'était y'a pas très très longtemps... et il est toujours valable.

- Alors ?

- Alors, c'est une question de confiance !...

- En plus, vu mon état, vue ma dérive stendhalienne, des préservatifs, ça risque de nous entraîner dans un tel fiasco !

- Je suis sûrement la seule personne à Astaffort qui puisse comprendre cette remarque.

- J'ai l'impression que tout ce que j'ai lu... tu le connais par cœur... tu ne serais pas une bibliothèque vivante ?

Corps aimantés. Totale confiance.

[Est-ce folie, insouciance, inconscience, une totale confiance dans une époque de profond mépris de la parole donnée, de ses engagements ?...

Une époque même fondamentalement injuste envers ceux qui la résument le mieux... ainsi Charles Pasqua sombre dans l'oubli plutôt qu'être considéré comme le philosophe de référence grâce à son « *les promesses n'engagent que ceux qui les écoutent* ».

En amour aussi les promesses ?...]

« Ça va faire une nuit avec peu de sommeil », Philippe Cabrel, le *frère de* donc, en leur remettant les clés, comment aurait-il pu penser quelque chose de fondamentalement différent ?

S'est-il empressé de téléphoner « en face » : deux zigotos découchent... ?

S'il était de bonne humeur et pas fâché avec le frangin, il a vraisemblablement fredonné : *on est tout simplement un dimanche soir sur nos terres.*

Quelque chose en plus qu'une simple nuit de sexe ? Si vous souhaitez qu'on vous reconnaisse ce quelque chose en plus, il vous faut le reconnaître… à toutes les premières fois autres que « simple baise ».

- Non !… nous vivons un vrai début !

Le cynique répliquerait :

- Dans ce cas-là on le croit souvent.

- Peut-être… mais ce sera le cas !

- Ça arrive, parfois… mais le plus souvent, quand les lumières se rallument la magie s'est évaporée… enfin bon, une exception, ce ne serait pas la première fois, même dans cette chambre, enfin, ça je n'en suis pas certain, mais votre histoire manque de romantisme, de rebondissements… et tu crois vraiment qu'elle va durer au-delà des quelques mois traditionnels, les quelques-mois-hors-du-temps de l'Amour, ce qu'on appelle « la passion » ?

L'ombre du doute plonge régulièrement sur « les gens de pensées ». Trop lucides, peut-être. Savoir que souvent ça se plante, qu'il vaudrait mieux ne pas sortir de cette chambre, que dehors surviendront les agressions. L'ombre du doute a plongé, chaque regard l'a dit à l'autre… mais l'envie de dévorer des surfaces privilégiées était alors si forte…

- J'ai oublié !... On a parlé risque sida. Mais j'avais oublié !...
Non, je n'ai pas eu une transfusion la semaine dernière !... J'ai
oublié et on a pris un risque... le risque d'avoir un enfant ! J'avais
oublié : je ne prends pas la pilule... je ne peux pas croire qu'elle
soit sans effets secondaires pour la femme... la multiplication des
cancers des femmes de 40 – 50 ans ne doit pas être qu'une
conséquence du stress et des pollutions.
- Et la méthode Ogino, ça donne quoi ?
- Si j'étais enceinte tu penserais quoi ?
- J'y verrais un signe du destin ! comme tu sais...
- Excuse-moi... ce n'est pas que j'avais oublié mais je n'y pensais
plus... Tout à l'heure j'irai à la pharmacie... une pilule du
lendemain ça ne peut pas être pire que de traverser Lyon sans
masque à gaz ... et si malgré tout, oui, ce sera un signe du destin.
Pour moi aussi !
- Durant des millénaires les êtres humains ont fait l'amour en
sachant que ça pouvait arriver...
- J'aimerais bien quand même décider du jour... enfin, je ne dis
plus rien... trop d'idées se bousculent... mais au cas où, ni
Francis, ni Mariette !...

Refaire l'Amour en sachant que peut-être... Refaire l'Amour en
essayant d'appliquer le tantra (après des mois d'entraînement !),
que la jouissance se diffuse dans tout le corps (oh merci
lectures)... mais encore une fois, l'émotion serait trop forte pour
maîtriser longuement les muscles pubococcygiens.

Le bruit d'une chasse d'eau. Quelques secondes indispensables pour réaliser, se souvenir de tout.

Marjorie aussi ouvrait un œil. Ce ne fut pas un rêve !

Et c'aurait pu durer la journée ainsi. Mais nous étions « chez Cabrel ». Et il était lundi.

- Je vois dans ton regard que la bande de crétins vient de te revenir à l'esprit.

- Dès qu'on est plus de quatre on est une bande de cons…

- Et arrive Brice Homs… tu le connais ?

- Vu à Périgueux, il était là au nom de l'Adami ou de la sacem… je n'ai rien retenu de son baratin…

- Je l'ai croisé quelquefois… le genre de type à l'aise avec l'organisation actuelle de la chanson… tu sais qu'il va être neuf heures dans moins d'un quart d'heure ?

- Aussi lamentable que Seff ce Brice ?

- Plus jeune. Et déjà dans les structures représentatives. Monsieur fait son chemin !… trace son sillon, entre dans la carrière… ses textes puent le dictionnaire de rimes mais rapportent. Un peu moins mauvais que le Seff… mais bon, même Barbelivien pourrait y prétendre. Lui aussi doit rêver de finir président de la sacem.

Etre président de la sacem avant de crever. En croyant ainsi imprimer son nom dans le monde de la musique. Qui se souvient d'un président de la sacem ? qui se souvient d'un prix Goncourt ?

Qui se souviendra de Jacques Demarny ?

Jacques Brel, oui. Balzac, oui. Marcel Proust, oui.

On peut être récompensé et passer à la postérité, la récompense n'est alors qu'une péripétie. Le plus souvent un malentendu…

Regards de désapprobation à notre arrivée…

Brice HOMS se présente. Auteur fier de ses « réussites »… monsieur a des potes en Angleterre… rimes aabb ou abab…

- Il se fout de notre gueule ?
- Mais il ne le fait pas exprès ! ça va être comme ça toute la journée. Et en plus il est payé pour ça !

Alors, on note ?
ANADIPLOSE : reprendre en début de phrase le dernier mot de la précédente phrase.
ANTONOMASE : nom propre pour un nom commun et nom commun pour un nom propre.
PARECHEME : coller deux syllabes identiques, comme dans CACAHUETES.

Certains notent !…
- Je vais te chercher quelque chose.
Non, quand même, les stagiaires peuvent sortir sans lever un doigt !
Marjorie reviendra vingt minutes plus tard avec NOTES titré *LES JOUEURS DE MOTS*… elle ouvre page 33, *Exercice autour d'un style, Serge Gainsbourg, par Brice Homs.*

Maintenant le citron, technique développée par Gainsbourg, permettant d'écrire une chanson sur n'importe quel sujet… bien utile quand tu as l'interprète qui veut son texte pour le soir… ça arrive souvent…

Et l'inspiration, l'insaisissable, mec ? Non ça ne doit pas être le sujet ! Et ce type touche des droits d'auteur !

Tu attends quoi, Jean-Marie Messier, pour délocaliser cette sous-création ? Cette « compétence » doit bien exister quelque part à quelques francs par jour… Tu manques d'imagination J2M ! Une kyrielle de nègres te suffirait pour devenir l'auteur compositeur le mieux payé de France ! Et tu entrerais sous les ovations au Conseil d'Administration de la sacem…

La sélection des titres pour le spectacle du samedi, initialement programmée le soir, est avancée en fin d'après-midi, Francis ne pouvant rater un événement… le match de foot à la télé… c'est sacré la coupe d'Europe…
[*Je suis quelqu'un de l'intérieur*… il fallait comprendre : j'aime regarder les footballeurs]

Des « anciens » font la bise à NDJ, entre frime et timidité… viennent voir (enfin : se montrer).
Nathalie interprète « les bulles », Marjorie, le titre de sa première journée puis « qu'une fois ». L'émotion traverse la salle… je me sens auteur !…

A l'apéritif, les Astagiaires… tandis que se joue votre destin…

- Comme tu t'en doutes, j'aimerais chanter notre hymne à l'amour sur scène. Mais j'ai croisé leurs regards. Leur animosité est palpable. Je commence à bien connaître le show-biz, tu sais. Et au lieu de faire autre chose, ce qui aurait été intéressant, ce qui aurait mérité les subventions… ils sont un simple reflet de la médiocrité de ce milieu.
- Tu les crois pourris à ce point ?
- Une déconvenue peut stopper net toute créativité… c'est la loi de la jungle, Gide était réputé pour encenser les « modestes écrivaillons » tout en écartant Proust, c'est un peu le même principe, en glorifiant quelques rimailleurs ils pensent pouvoir prospérer en paix. Leur véritable ambition est de décourager toute velléité d'art majeur…

Maître Cabrel s'éclipse. Se justifiant : dans ces cas-là, il préfère partir. Il sait qu'il y aura des déçus. Le choix a été difficile… mais dès ce soir, il faudra penser uniquement aux titres retenus…
Jean-François, marqueur bleu, note au tableau blanc les seize titres.

Nain de jardin est sûrement le moins professionnel ! Il nous observe de face… il espère lire sur notre visage « sa revanche » ?

- Ne sois pas triste, c'est logique. Nous ne sommes jamais allés fumer des joints dans la salle aux Chorus. Nous n'avons pas joué le jeu de la vie de groupe. Nous n'avons jamais caché notre mépris des tubes à la Seff. Et tout le monde le sait : nous vivons à l'hôtel. Si j'étais Maurice Pialat, je me lèverais et balancerais « vous ne nous aimez pas, mais nous ne vous aimons pas non plus »… mais je les soupçonne d'être encore plus misérables. Demain, à huit heures, l'un de nous ira à la poste, s'envoyer un recommandé… *Qu'une fois* est finalement seulement une bonne chanson de variété, et comme elle ne sera pas chantée, elle ne sera pas sur les formulaires sacem…

- Tu les crois encore plus ripoux que pourris ?

- Fondamentalement, que quelqu'un nous la pique, ce ne serait pas dramatique, maintenant nous savons qu'en écoutant nos émotions nous pouvons faire… mais notre indépendance passe peut-être par un procès !

Comme une nuit d'Amour relativise la médiocrité d'Astaffort !

Sylvie-dictionnaire-de-rimes-trois-textes-retenus (sur six prétendument écrits « *dans ce lieu magique* ») ne se tient plus.
Intervention arrangeur : Gérard Bikialo.
Intervention voix : Christian Alazard.
Répétition du spectacle de clôture : l'auteur peut dévorer des yeux Marjorie quand elle doit le quitter pour exercices.
Le couple s'éloigne de plus en plus.
- C'est jamais bon de se mettre à l'écart.
- Est-ce ainsi que les femmes vivent ?

Répondre à côté. Jean de la Fontaine utilisait ce principe pour éviter d'entrer dans les jeux de son époque. Une manière de se protéger.
Les réflexions de Marjorie laissent présager des « expériences douloureuses »…
Parfois la tentation de dire :
- Un jour tu me raconteras pourquoi et comment tu en es arrivée à regarder ainsi la vie, les autres ?
Mais je me rends compte avoir aussi « des zones d'ombres ». Bien au-delà des confidences déjà échangées.

Football. Tout le monde au stade d'Astaffort, et nous allons jouer au football, même *Nain de jardin*, c'est exceptionnel, c'est exceptionnel paraît-il, *NDJ* sur un terrain… les rouges contre les jaunes.
Oui, jusqu'à 19 ans, j'ai joué. Même dans un état physique déplorable, ma technique les mystifie ! Un p'tit plaisir !

- T'es une hippie ?
- Si tu suis la définition du Robert, personne qui refuse les valeurs sociales et culturelles de la société de consommation, les conventions vestimentaires et le mode de vie, la recherche du prestige social et de l'argent, le développement industriel, alors oui, le terme hippie me convient.
- T'apprends les définitions du dictionnaire par cœur ?
- C'est un bon exercice, tu trouves pas? Vaut mieux avoir un dictionnaire dans sa tête que dans son sac.
- T'es sérieuse ? Tu te drogues à quoi ?
- Je me pique à l'encre. L'encre littéraire.
- Alors, tu en penses quoi de Cabrel ?
- Auparavant, quand j'avais entendu parler un homme, je croyais que sa conduite répondait à sa parole. A présent, quand j'ai entendu parler un homme, j'observe ensuite si ses actions correspondent à ses paroles.
- Tu pourrais pas parler comme tout le monde !
- Naturellement, Confucius ne parlait pas comme tout le monde.
- Quoi !, c'est même pas de toi c'que tu viens d'dire.
- Confucius s'est exprimé d'une manière tellement appropriée, qu'il me faudrait être bien prétentieuse pour espérer plus de justesse.
- C'est nul alors, c'est même pas tes idées.
- La majorité des gens pensent avoir des idées, tout simplement parce qu'ils s'approprient sans s'en rendre compte les idées-reçues d'une télé ou d'un bistrot.
- T'es vraiment une fille bizarre. Qu'est-ce que tu viens faire ici ?
- Conforter mes certitudes sur l'incompatibilité entre la démarche spirituelle et l'état du show-biz !
- Tu peux vraiment pas parler comme tout le monde.
- Je prends ta réflexion pour un compliment.
- Donc t'aimes pas Cabrel ?
- Ornifle des années 90.
- Tu le fais exprès de parler pour que personne te comprenne.

- Bon, je vais vous citer un extrait d'une pièce de Jean Anouilh, *Ornifle* ; *Ornifle* c'est le titre de la pièce.
- Fous-toi pas de notre gueule quand même, alors i dit quoi ton Ornife ?
- *C'est toujours dommage de ne pas avoir de génie. Mais c'est moins grave, en fin de compte, qu'on ne se l'imagine. Il suffit que les autres croient qu'on en a ; ce qui est une affaire de journalisme.*

Marjorie me racontait cette conversation du samedi « travail en groupe », où elle avait tant choqué deux prêts-à-tout-pour-réussir. Nous nous croyions seuls dans la salle obscure. C'était l'heure de l'apéritif. Nous n'étions pas pressés de les rejoindre.

Francis Cabrel s'est levé d'un siège derrière nous. Est passé doit comme un i, sans un mot.

Notre présence ici est significative du fonctionnement de la chanson en France, de la confiscation par une nomenklatura a-culturelle des espaces culturels.

Le vide se prétend matière.

Cabrel et ses chansonnettes, ce point zéro culturel, spirituel et philosophique, catapulté bienfaiteur de la chanson française, espoir des créateurs isolés.

Bien sûr il ne draine en majorité que des pantins de son espèce, des « aux-dents-longues ».

J'imagine qu'habituellement au plus un sélectionné est en marge, se dit « mais je n'ai rien à voir avec ces gens-là ».

Notre présence ici défie les lois de la probabilité. Regarde-les, imagine les anciens d'Astaffort comme il faut dire, les futurs aussi, et tu en vois combien avec un peu de consistance, de Lumière ?

Se rencontrer ici, cet événement improbable, finalement, s'est imposé à nous, au-delà de notre volonté. C'est Nadia qui a envoyé un dossier ; je ne l'aurais jamais fait. Et toi, sans les pressions ANPE, la chanson ne t'aurait peut-être jamais attiré…

Peu importe qu'ils nous montrent, plus ou moins insidieusement, l'unique chemin pour « devenir comme eux », peu importe notre mise en quarantaine…

Je réponds :

Dès que le marginal trouve un compagnon de lutte, un mouvement peut éclore. Déboulonner les fausses valeurs, pousser à la retraite les vieux schnocks, les dépeindre sans leur maquillage. L'impertinence est l'unique arme digne de nous.

Marjorie me ramène à plus de retenue :

Entre les mains des marchands, les mots et les idées sont devenus de simples sonorités. Alors que les mots et les idées devraient être au cœur de cet univers, ils sont méprisés. Mais s'occuper des pantins c'est perdre du temps. Notre création serait perdue pour l'art si elle n'avait qu'un but mesquin.

Et leur citadelle n'a pas besoin de nous pour s'effondrer. La chanson est en crise ! Quand le public achète moins la bouillie en tête de gondole, c'est l'hallali : la crise nous menace, baissez la TVA !

La chanson a toujours vécu sur une corde raide. Que Jacques Brel ait eu du succès, c'est l'exception, l'improbable réalisé. De tout temps les Cabreliens ont dominé ce que l'époque appelle ART. Seule la postérité sait donner un grand coup de balai sur ces usurpateurs !

- L'intégrale de Jacques Brel, l'intégrale de Gérard Manset ne me quittent jamais. La chanson n'est pas condamnée à la médiocrité.
Le vendredi soir, je n'avais plus cette crainte compréhensible d'avouer des lacunes…
- Gérard Manset, je connais uniquement grâce à Alain Poulange, une émission sur France-Inter, une semaine d'émissions d'ailleurs enregistrées. *Finir pêcheur, entrez dans le rêve* m'ont subjugué. Mais je n'avais rien trouvé au *Mammouth* de Cahors. Victime de la tyrannie des têtes de gondoles.
- Quelle chance tu as ! Tu vas découvrir quelqu'un de digne.

Liliane :
- *Je peux vous voir en individuel ?*
Elle interroge tout ce qui parle. Un papier pour *Musique Info Hebdo*. Comme nous n'avions par tourné autour d'elle, nous sommes les derniers qu'elle aborde... Parce qu'une journaliste, surtout de Paris, suscite la même attraction qu'un tournesol dans un terrain vierge pour les abeilles.
Elle est surprise : je la questionne. *Normalement c'est dans l'autre sens !* Son histoire m'intéresse. Elle me trouve différent : les autres veulent réussir, gagner du fric, passer à la télé, prendre un peu de lumière d'Astaffort...

Son article (*Astaffort, le secret des Voix du Sud*) sera d'une banalité et d'une flagornerie affligeantes (*former des artistes en devenir nécessite une équipe animée d'une volonté sans faille...*) ; même pas l'ombre d'un doute sur l'utilité d'un tel lieu subventionné ! (elle espérait entrer dans le staff Cabrel ?)
[depuis : devenue secrétaire de Philippe Val à Charlie-Hebdo]

Le vendredi, c'est aussi le débarquement des *anciens*. Le plus souvent en provenance de Toulouse. Vincent Baguian en est la star. Produit par Francis Cabrel, bientôt en première partie de Patricia Kaas.
Anciens qui peuvent dormir, « pour 50 francs seulement », dans le dortoir du lycée. Et peuvent manger, « pour 50 francs seulement ».

- Je pourrais profiter de la scène. Achevé le premier couplet, le premier refrain, demander aux musiciens de s'arrêter. Expliquer la situation. Notre chanson censurée. La chanter a cappella. A seize ans je l'aurais fait. Mais la révolte éloigne de nous l'essentiel. Se révolter contre cette sanction serait les considérer dignes de nous avoir sanctionnés. Je chanterai et... et dès que tu le souhaiteras tu pourras me retirer ma tenue de scène. La révolte positive, c'est agir, créer, avancer. La révolte négative se limite à détruire. Même leur spectacle démagogique, je n'y toucherai pas, je n'ai pas à leur pardonner, ils ne sont rien. Ils vivotent leur petite vie inutile dans le brouillard de l'ignorance...

Marjorie passait en sixième position. La septième chanson se terminait que nous quittions déjà la « music-hall ». Nous ne serions pas du « tous les stagiaires sur scène ».
Nous manquerions « le cadeau que vous fait Francis », à savoir : chanter ; le concert de Louis Chédid.
Puis « la fête » qui devait suivre...

Marjorie ? SDF !, « sans domicile fixe » !, l'errance d'hôtels en amies ayant précédé sa quinzaine en monastère.
Trois valises, c'est trop ? la « blague » du premier jour… Trois valises, deux guitares, c'est TOUT.
Stéphane l'apprit le dimanche matin. Entre leur réveil et midi. Durant trois heures Marjorie raconta « le plus sincèrement possible » son parcours.

Raconter : réinventer, forcément. Marjorie ne ment pas, n'a pas la sensation de transformer. Mais quelques parenthèses restent dans l'ombre. L'occulté reste en profondeur. Et Stéphane ne pose pas les questions qui auraient pu le faire remonter à la surface, il sent toute la confiance nécessaire pour ainsi se confier.

Elle commence par sa mère morte d'une chute, une fracture du crâne, dans la salle de bains. Marjorie avait seize ans. Sa fuite, la nuit suivant l'enterrement, à trois heures du matin, après avoir vidé le coffre-fort de son père, subtilisé les cartes de crédit et « les papiers » (« *le livret de famille, ta carte d'identité, c'est sûrement une trace de la vie de ta grand-mère, mais ils sont bien en ordre dans ton tiroir, si un jour tu dois fuir, ne les oublie pas* », m'avait *si souvent répété ma mère, avant de s'effondrer en larmes, ajoutant, « non ma fille, le temps de fuir est fini… »*)
Marjorie avait appelé un taxi, pour le centre-ville, où l'absence de connexions entre les banques lui permit de se servir au distributeur du Crédit Lyonnais, de la Caisse d'Epargne, de la BNP, du Crédit Agricole et de Paribas. Une autre compagnie de taxi l'avait déposée au *Formule 1*, le temps d'attendre le premier train, la gare, en coupant par la zone industrielle, n'étant qu'à cinq cents mètres. Elle acheta quinze billets au distributeur automatique, et prit finalement, un tirage au sort en décida, le TGV pour Reims. Où elle recommença à s'approvisionner en liquide.
- *Dans le train pour Metz, j'ai failli tout perdre. Une histoire classique, trois crânes rasés remarquent une fille seule et les*

occupants du wagon regardent ailleurs. Je les ai eus au bluff.
Comme dans un film américain.

Ils ont rigolé quand j'ai sorti un cran d'arrêt (Marjorie prend
dans son sac le cran d'arrêt, ajoute : mon ange gardien). *« Joue*
pas avec ça gamine, tu vas te blesser ».

Je me suis entaillée la main gauche, le sang a giclé, ils m'ont crue
folle.

« Eh petite, tu te calmes. T'aimes le sang, on va te le faire sortir
d'ailleurs ton sang, hein gamine, t'as envie de jouer aux
grandes... »

- T'as envie du sida mec. Allez viens, on va le mélanger notre
sang.

Ils se sont regardés, devaient me croire trop jeune pour bluffer.
J'ai senti l'instant où ils ne se méfiaient plus de mes gestes. Et
j'ai appuyé le cran d'arrêt sur la jambe de celui qui me semblait
le moins sûr de lui.

Les deux autres ont obéi sans discuter ; on arrivait justement en
gare : « Vous, vous descendez ici, et j'emmène votre copain en
ballade. A moins que l'un de vous deux souhaite prendre sa
place... je compte jusque trois ».

A deux ils étaient à la porte. Ils ont fixé leur copain au carreau...
On est resté comme ça, mon cran d'arrêt sur sa jambe, sans
échanger un mot, jusqu'à la gare suivante. Au bout de cinq
minutes les gouttes lui dégoulinaient du front. Là, j'ai vraiment
compris : tout n'est que rapport de force dans la vie.

Et ce furent des années à redouter d'être retrouvée. A vivre dans
les hôtels les plus pourris. Jamais plus d'un mois dans le même
quartier. A ne sortir que pour acheter manger et livres.

- A dix-huit ans, finalement, j'ai osé essayer d'ouvrir un compte
en banque. Je n'en pouvais plus de promener ma sacoche. De
dormir avec elle aussi. Le banquier n'a pas vérifié si une fille de
18 ans venait de gagner au loto. Là j'ai compris : l'argent n'a
pas d'odeur, ce que redoutent les gens, c'est les complications ;
pour peu qu'on leur exagère l'improbable ils gobent tout. Le
même scénario a fonctionné dans trois autres banques...

Elle s'était alors renseignée pour changer de nom : aucun motif valable. Elle avait ainsi décidé de faire artiste. Pour la possibilité de prendre un pseudonyme.

Les portes s'étaient facilement ouvertes devant « Marjorie Van Maere ». Comme il lui venait de sa grand-mère, elle avait conservé son prénom, et adopté le nom d'une fille croisée à la faculté de Nantes, où quelques semaines elle suivit des cours de psychologie.

- *Une fille on dirait bizarre. Elle était amoureuse, un gars qui venait la voir en train, elle m'en parlait des heures mais non, elle voulait rester fidèle à un mec de Strasbourg, simplement à cause de souvenirs. Ils se connaissaient depuis deux ans, elle ne pouvait s'imaginer quitter quelqu'un, même en sachant qu'il la trompait, après deux ans de souvenirs, des vacances. Elle préférait son passé idéalisé à l'amour possible. J'ai compris alors une chose essentielle : les gens sont toujours logiques. Dans leur logique. Ils sont responsables de leur malheur non parce qu'ils agissent parfois de manière déraisonnable mais toujours parce qu'ils agissent d'une manière ridiculement logique. En tout cas, si j'ai eu par la suite une période lesbienne, c'est uniquement avec des filles qui lui ressemblaient. L'image d'une femme idéale, ça existe aussi pour une femme.*

Marjorie avait chanté. Devenant un point de mire du milieu lesbien parisien.

Son « premier mec » fut naturellement un producteur, qui ne pouvait pas croire qu'une princesse… et blabla et blabla. Qui naturellement se lassa d'une fille qui cite du Schopenhauer.

Ce fut un autre producteur, d'une major celui-là. Et Marjorie trouva plus simple de vivre « officiellement » avec une fille.

- *Mais je sentais ma vie s'étioler. J'ai alors décidé de tenter l'aventure du monastère. Le lendemain de cette décision j'étais retenue aux rencontres d'Astaffort. J'ai failli ne pas venir donc ! Une copine m'y avait inscrite. Je l'ai su quand la fiche de candidature était envoyée... Elle me voyait bien séduire Cabrel, devenir son amante officieuse, entretenue naturellement, avec un super appart, et Richard Seff comme producteur.*

C'était selon elle le meilleur moyen pour résoudre nos problèmes de fric. Parce que naturellement, personne n'a su durant ces années…

Nadia est passée à l'hôtel m'apprendre la nouvelle, « la bonne nouvelle ». Naturellement entre temps j'avais fui à l'hôtel. On me disait volage ! Je suis une fille en fuite. Mais je n'avais jamais dit à personne : je suis une fille en fuite…

Une semaine après « notre installation », je pensais à compléter le « carnet d'Astaffort », conscient que de tels propos ne tarderaient pas à rejoindre la zone poubelle du cerveau :

Rubrique ENTENDU

Je m'en fous de c'que je chante, je veux que les gens m'admirent, soient en bave devant la scène, devant leur télé. C'est mon rêve ça, passer à la télé.

Si t'es bien vu, t'obtiens des subventions, c'est pas plus difficile que ça. Le reste du temps, faut essayer de trouver des gens assez cons pour te financer. Ça se trouve. Michel, dix briques qu'il a obtenu comme ça. La gonzesse était fan, elle a claqué toutes ses économies, elle a financé son cd sous couvert d'une association, elle pensait que les ventes allaient rapidement lui permettre de récupérer son avance, et lui, bien sûr, il a filé avec les CD. Obtenir la confiance des gens qui ont du fric et ne rien signer, c'est le secret de la débrouille.

Bronzomme, tous les cinq ans, il refait les mêmes chansons… Kriss Padest, elle a pas de voix, elle est nunuche …*

Chaque semaine, j'envoie cinquante lettres, je ne veux pas un jour risquer de m'entendre dire : t'as pas tout fait pour réussir. Faut montrer aux producteurs qu'on est vraiment motivé, qu'on en veut.

J'ai un home-studio et je presse le nombre de CD que je veux, je les vends à la sortie des concerts, ni vu ni connu, ça me fait un fric dingue.

* Admirez l'extrême discrétion de l'auteur, comme l'aurait écrit Voltaire. Il n'y eut jusqu'à présent dans le show-biz, ni Bronzomme ni Kriss Padest. Quelle circonspection ! quelle délicatesse de conscience.

Il suffit que tu me téléphones et je te donne tous les renseignements que t'as besoin. Je suis une vraie banque de données.

Je touche que 6000 par mois mais j'ai des avantages.

- C'est une anarchiste ?
- Elle a un beau cul mais elle fera pas long feu dans la chanson.
- J'ai toujours dit qu'une chanteuse qui commence à penser, faut la virer.
- J'crois qu'elle amuserait quand même, si elle s'allongeait quand on lui demande.
- Avant, les filles comme ça, y'avait toujours quelqu'un pour les remettre à leur place. Une petite aiguille dans le bras et au bout de huit jours, elle était accro, filait au petit doigt et se laissait enfiler mieux qu'une Catherine Millet.
- Mais les majors ont tué tout ça. Entre les Messier sortis des grandes écoles et les truands, j'crois qu'on a perdu au change.
- Y'a plus que le cinéma qui offre un peu de palpitant... c'est pour ça, je préfère la musique de film. En plus y'a un fric dingue à se faire dans le cinéma, la chanson, c'est fini.

Je te donne mon adresse. Comme ça quand tu passes sur Paris, tu viens me voir. Je peux même t'héberger.

- Pourquoi tu fumes pas plutôt un joint ?
- Les joints, ça fait six mois que ça me fait plus rien. La douille, c'est dans l'instant. T'as une vraie décharge dans la tête.

Le stage, le stage tu vois, c'est une semaine pour oublier qui l'on est, pour mieux découvrir ce dont on est capable dans le domaine musical. Si tu réussis ça, tu repars d'ici gonflé à bloc, t'as la sensation de pouvoir déplacer des montagnes.

Comme Saint-Germain-des-Prés a été le centre de la littérature, Astaffort devient le centre de la chanson.
Je me fais héberger gratos et je me fais rembourser des notes de

frais en forfait. Y'a pas de petites économies. Mine de rien, ça me fait un treizième mois.

Il a un humour dingue. Mais parfois il faut le suivre. L'autre jour il arrive et me lance « alors, tu as regardé Patricia Bernadette Kaas ». Moi je lui réponds, comme tu l'aurais sûrement fait, « t'es sûr ! la pauvre son deuxième prénom est celui de la Chirac ! ». Et là il sourit. Je me dis y'a anguille sous roche. Il me sort : « t'as jamais entendu parler de Patricia B. Kaas ». Et des comme ça, il en fait bien une par semaine. Je devrais les noter. Il pourrait écrire un livre, je suis sûr il aurait le prix de l'humour. D'ailleurs, je crois qu'il va bientôt publier un roman.

La Municipalité souhaitait transformer l'ancienne halle au blé en salle de spectacle. C'était une salle des fêtes vétuste, plus aux normes, dangereuse.
La nouvelle équipe municipale cherchait un projet, une dynamique socioculturelle et économique.
Dans cette équipe il y avait un certain Francis Cabrel comme conseiller municipal…
Voix du Sud fut créée en juillet 1992. Dans la foulée le concept des "Rencontres" était développé.
En octobre 1993 la salle était inaugurée… En juillet 1994 la structure d'accueil ouvrait… Les premières "rencontres" se déroulaient en octobre de la même année. Un record. Du bon boulot. Et depuis, c'est Woodstock à la campagne !

Tu m'connais. Tu sais comme je suis. Quand on veut jouer au plus fin avec moi, on est toujours perdant. Tu sais que j'ai le bras long. Tu sais comme je suis rancunier. Ils ne sauront pas forcément d'où ça viendra mais dans ce milieu mieux vaut pas de réputation qu'une mauvaise réputation. Il faut leur apprendre à ces jeunes cons à respecter les anciens.
Et tu sais, le jour où je s'rais vraiment heureux à en bander, c'est quand je les reverrai en pleine galère. Alors là je leur dirai, tu te souviens que t'espérais telle subvention, que t'espérais écrire pour x ou y. Et là le p'tit con se prend dans la gueule pourquoi on lui a

du jour au lendemain fermé une porte. C'est pour ça que je suis craint dans ce milieu. Faut savoir se faire craindre dans la vie.

Les diffuseurs, programmateurs, maisons de disques, ont des logiques que l'artiste perçoit rarement clairement. On est des guides, tu vois. Ça mérite bien quelques extra…

C'est moins cher qu'un séjour au *Club Med*. Et c'est un souvenir pour la vie.

Les rencontres sont la partie émergée de l'iceberg, *Voix du Sud* réalise et participe également à un nombre considérable de choses. Astaffort devient incontournable.

Les stagiaires me surnomment parfois "grand menhir" et même "le gardien de la grotte".

Faire des chansons dans l'urgence en 10 jours et proposer un spectacle arrangé, professionnel, c'est déjà beaucoup. Ça donne une sacrée carte de visite.

Rubrique DIALOGUES

- Son air mafioso me dérange. C'est quoi d'après toi sa motivation ?
- Tu sais, dans ce milieu, la motivation des gens… il nous permet de nous rencontrer, de répéter, c'est le plus important.

- Je préfère la chanson engagée.
- Oh là là, fais gaffe. Jamais de politique dans une chanson.
- T'es un compositeur dégagé !
- La chanson, c'est fait pour distraire. Pas pour se casser la tête. Et puis, avec la politique, tu te mets toujours quelqu'un à dos.
- La chanson morale, contre le Front National par exemple.
- Le Pen, mais Le Pen il est fini. Le Front National, t'as des années de retard, tout a été fait en chanson contre lui.
- Justement non. Les français deviennent de plus en plus racistes.

- Raciste, ça ne veut plus rien dire. Même moi, on m'a traité de raciste quand j'ai dit qu'on entend trop le rap et tous les trucs maghrébins. Pourtant, je suis pas raciste, ma copine elle est d'origine algérienne. Elle est pas typée, elle est de la troisième génération, mais tu vois.

- Pourquoi tu chantes ?
- Pour continuer l'enfance. Les gens sont trop sérieux. Tu m'as l'air trop sérieux toi, par exemple. Il faut vivre comme les enfants, dans l'inconscience, l'amusement.
- Pourtant les enfants rêvent de grandir !
- Parce qu'ils savent pas ce qui les attend. Ils ne savent pas leur chance.
- Je ne crois pas. Les adultes prétendent essayer de continuer leur enfance mais ils en ont oublié les manques, les frustrations.
- Les manques, tu rigoles. J'ai eu une enfance super. Je pouvais tout faire. J'ai eu des vieux vraiment supers, ils m'achetaient tout ce que je voulais, je pouvais tout dire. Dire qu'un tel était moche par exemple.
- Donc ton rêve d'enfance, c'est un rêve de puissance, que tout te soit permis !
- Oh ! Tu m'ennuies... Un enfant qui répondrait comme ça ne choquerait personne. Je suis chanteuse, je vois pas pourquoi je me gênerais...

Astaffort le 18 03 98

Voici donc, un joli papier signé de la main du maître lui-même, afin de décorer votre cuisine et de garder un souvenir pour vos petits-enfants.
Vous pourrez leurs dire « j'y était en 98 »

Bisous, bisous

NDJFL

NDJFL : tout le monde doit désormais savoir décoder Nain de Jardin / Jean-François Laffite.

Quand elles dépassent l'erreur d'inattention les fautes d'orthographe sont souvent significatives... quand elles sont comme une marque de médiocrité...

Bonaparte motivait ses grognards avec son « *vous pourrez dire j'y étais* ». Mais il ne s'agit nullement ici de nous motiver, plutôt d'insister sur notre *infériorité*. Voir Cabrel est un événement dans une vie !

Une telle lettre, destinée à Marjorie, a sûrement été ouverte par un voisin indiscret, parce qu'elle traînait depuis quelques jours dans le tas « nom absent sur les boîtes ». La cassette jointe, contenant « LA CORRIDA », fut peut-être offerte en cadeau d'anniversaire collector. Le diplôme s'est peut-être vendu dans un vide-grenier :

Voix du Sud
N° Organisme de formation : 7240037347

Attestation de stage
Je soussigné Francis Cabrel, président de l'association
Voix du Sud
*Atteste que **Marjorie Van Maere** a suivi le stage pour*
Auteurs, Compositeurs Interprètes intitulé :
Rencontres Voix du Sud

Signé Francis Cabrel.

Trois visages...

DEUXIEME PARTIE

Fausse absence

Cahors Le pont Valentré

Une voiture grise, sur la route départementale. Stéphane la suit vaguement du regard, ressent le besoin de transformer en tableau le carreau d'où l'Absente s'imprégna de la vallée juste avant son départ.

Cinq expirations. De la buée sur une vitre. Il pense : buée / bouée, du majeur droit grave son prénom ; il sent monter des larmes, est tenté de les retenir. Considère cette impulsion de contrôle indécente. Il sourit. Cette souffrance est de l'Amour. Il se rend compte n'avoir jamais éprouvé pareille plénitude. Il est rempli de Marjorie.

A voix basse : l'absence, c'est encore de la présence. Parfois. Quand ce parfois arrive, il ne faut surtout pas vivre dans le passé ; ni dans le futur. Si un jour je parviens à écrire cette émotion... ah !... je serai écrivain !...

Une autre voiture. Verte. Il est presque neuf heures. Il murmure des gens bougent ; la lenteur de la réflexion, de la vie, et la vitesse des actions ; s'ils savaient !... mentalement je vais bien plus loin qu'ils n'iront jamais avec leur essence.

Encore une fois il ne prendra pas de douche, ira immédiatement verser du lait dans une casserole... il se souvient de l'envie d'une douche le matin, après la transpiration de l'Amour... Trois ans, trois mois et trois jours sans douche ? sans me raser ?

Il sourit. S'imagine en « vieil ascète », barbu, chevelu, déguenillé, qu'on peut suivre à l'odeur. Pascale Clark. Le lait bout. Il pense : Pascale Clark... va m'apprendre quelque chose aujourd'hui ? Dire qu'à quelques kilomètres près j'étais privé de *France-Inter*, brouillé par leur *Antenne d'Oc*... qui peut bien écouter ça ?... non, je ne pourrai jamais aller les voir, leur remettre un CD, quémander une émission... Radios libres, tu parles !... radios communautarismes, radios braillages... et le plus crétin crie le plus fort !...

Deux tartines, beurre plus Nutella. Avec un grand bol de lait au chocolat. Du Nestlé Intense, comme depuis l'enfance.

Il sourit. N'a plus envie d'écouter *Tam Tam Etcetera*...

Il s'assied « en presque Lotus », imagine Marjorie ainsi…
s'allonge…
Le soir il notera :

> Le cerveau me renvoie par vagues le goût de ta bouche, le goût de ta peau, le goût de ton sexe. Mon corps vivre. Je te ressens en moi. Je n'ai jamais connu cette sensation… Mon corps vivre… Oh le beau lapsus !… et il vibre aussi ! Ai-je « parfois » oublié avoir aussi un corps ? Ai-je trop intellectualisé ?…
> Le réveil est chaque matin douloureux : j'ai dormi avec la sensation de ta présence…

Personne à appeler dans un pays de soixante millions de contemporains.
Personne. Et personne n'appelle.
Ai-je besoin de parler ?

Réflexion d'un matin « sur la route des poubelles », les cinq cents mètres, de la maison aux poubelles, une verte pour le recyclable, une grise.

« L'esprit cartésien » ramène à leur juste portée les réflexions : non, il ne peut y avoir quelqu'un à qui confier ce désarroi, et que cette confidence y change quelque chose.

Tu es toujours là et je ne peux te toucher. Te toucher.
Combien de jours sans te toucher Marjorie ?

Retourner à Astaffort, aux nouvelles *rencontres*, revoir où tout a commencé ?
Pèlerinage.
Non, ce serait croiser les…

Pourquoi Marjorie est partie ?
Plutôt penser « est sortie » ou « est entrée » ?

Nul besoin de raisonnements mathématiques pour l'accepter. Stéphane s'y amuse pourtant parfois : personne ne se lamente de vivre loin de l'autre pour cause d'années dans un bureau, d'années devant une télé, de mois même à se raser (soixante années à un quart d'heure par jour : plus de six mois !). Et combien d'Amours perdus d'une simple baliverne, d'apparences, d'une conséquence logique d'un passé non assumé ?...

Se souvient :
- Après, je ne sais pas ! Après, je veux un enfant de toi. Je sais : si je ne pars pas maintenant, je ne partirai plus. Si nous continuons ainsi, nous ne pourrons pas nous en empêcher ! Sûrement quelque chose en nous, un gène qui donne l'envie de continuer l'espèce.

Et conclut par :
Oui, au-delà d'une expérience individuelle, la question de la vie ne se pose qu'ainsi : arrêter ou continuer l'espèce.
Trois ans, trois mois et trois jours ailleurs. Avec soi-même.
Sûrement l'expérience la plus humaine qui soit. Humaine... Etre avec soi et se sentir vivre.
Trois ans, trois mois et trois jours d'amour platonique.

Trois ans, trois mois et trois jours, je vais en faire quoi de ces jours ?

Je vais en faire quoi des jours de ma vie ? A 20 ans je ne me posais pas cette question... Y'a déjà un progrès !

Projet 1

Rêve et réalité. Rêves et réalités. Ces concepts nous sont inculqués pour des raisons sociales. De production.
Alors que tout rêve est réalité.
Et toute réalité n'a pas plus d'avenir qu'un rêve. Toute réalité s'achève à l'instant, comme un rêve au réveil.
Ne pas croire que la réalité continue : c'est autre chose à chaque instant. Et c'est uniquement la conséquence de nos choix, de nos absences de choix, de notre fatalisme, si la nouvelle réalité ressemble à l'ancienne même quand on prétend chercher à la rendre différente.
Le « libre arbitre » est si souvent une simple gesticulation dans « la caverne de Platon ». En croyant, en prétendant exercer son « libre arbitre », la victime laisse des connexions internes non élucidées continuer à la diriger. Elle se réfugie alors dans « le rêve », ne vivant ainsi ni rêve ni réalité. On peut déchirer l'Amour en affirmant « c'est mon choix »... Pauvres conditionnés...
(Marjorie, ton aide est indispensable dans ce projet...)

Ecrire un essai clair, précis et novateur sur le sujet. Opposer le vital besoin de rêves des embrigadés (bureau, crétinerie...) au rêve qui apporte UN PLUS durant la plénitude.

Projet 2 : émission de télévision

Titre :

La parodie ou l'original ?
La parodie ou la version originale ?
L'original ou la parodie ?
Chanson : vous préférez l'originale ou la parodie ?
Chanson : l'originale ou la parodie ?

Principe :
Est d'abord diffusée la chanson originale, dans son enregistrement le plus ancien.
Sur le plateau un artiste vient interpréter une parodie de cette chanson.
Les téléspectateurs votent pour leur préférée (téléphone, minitel, internet...)
Durant le vote, l'auteur de la parodie vient expliquer sa démarche, ses motivations.

L'histoire de la chanson originelle, ses répercussions sociales, médiatiques, sont rappelées.
Peuvent être diffusées les reprises de cette chanson.
Si le créateur accepte de venir sur le plateau, un débat est organisé.

Variante : la chanson parodiée est interprétée sur le plateau par son créateur, une chorale ou un autre artiste.

Ecrire des parodies de chansons. Dont Cabrel.

Projet 3 : une pièce de théâtre : arnaque aux assurances.

Une partie de belote dans la salle non fumeur d'un bistrot.
Un des joueurs sort, le patron est prié d'essayer de trouver un remplaçant dans l'autre salle.
Ainsi entre un inconnu. Il se présentera comme un comptable au chômage.
Au fil des semaines l'inconnu prend l'habitude de remplacer le joueur appelé ailleurs vers 20 heures (sujet d'interrogations, blagues).
Bien orienté par « le nouveau », l'un des joueurs avoue avoir déclaré volée une voiture précédemment revendue en Hongrie. Un autre a maquillé la mort naturelle de sa belle-mère en accident de la route.

Les deux arnaqueurs se retrouvent dans la salle d'attente de leur assureur. Et découvriront que « monsieur Duroi », qui les a convoqués, est en fait leur nouveau partenaire de jeu, qui a enregistré les aveux.
Fin ? Arnaques pour tous ou prison pour deux et ennui de Duroi ?

Projet 4 : récit

La scène, le spectacle : trop beau, trop émouvant, trop magique, pour laisser régner derrière (là où tout se prépare), la mesquinerie, l'hypocrisie, la cupidité.

Et si l'honneur rejaillit à juste titre sur l'artiste quand il transcende la vie, l'opprobre ne doit pas l'éviter quand sous des apparences philanthropiques il applique simplement des recettes marketings.

Sous une longue fable, décrypter le fonctionnement de la chanson : la loi du fric, les fils, les filles à papa, ce qu'ils appellent « les copains d'abord » (pauvre Georges ! être résumé à ça !...), la bonne camaraderie...

Message : trouvez votre propre voie. Réalisez une œuvre. N'essayez pas d'être un pion dans un jeu qui vous dépasse mais jouez à autre chose.

Mais comment en vivre ?

Si je trouve « la chute », le livre s'écrit « tout seul ».

Projet 5 : les chansons... continuer.

Ecrire, encore et toujours des textes. Me servir de ces émotions pour réaliser des variations sur l'absence, sur l'amour impossible, contrarié, éloigné.

Encore une nuit sans Toi

Encore une nuit sans toi
une heure au téléphone
avant de se dire bonsoir
ne lis pas trop tard que tes rêves soient sans cauchemars

Encore une nuit sans toi
t'as parlé d'Amitié
estime intellectuelle
cette absence d'attirance physique comme c'est cruel

Encore une nuit sans toi
l'amour qui te fait peur
je sais bien sûr nos blessures
et mon air pas sûr de blessé qui se rassure

Encore une nuit sans toi
pas un ami y croit
quand j'ose avouer qu'mes nuits
seront avec toi ou les draps resteront froids

Encore une nuit sans toi
Encore une nuit sans toi
Encore une nuit sans toi

Projet 6 : LE LIVRE.

Celui qui dit tout, de la vie, l'amour, la politique, de notre époque.
Les perspectives. Les impasses.
Plusieurs niveaux de lecture.

Jean-Luc Delarue : - *L'un de ceux qui est nominé. Il est en duplex de son petit village, 2000 habitants* (Astaffort précise Michel Drucker) *où il vient de donner un concert acoustique pour ses élèves musiciens qu'il a réunis en séminaire.*

En duplex et en direct.

Michel Drucker : - *Tu peux nous dire un p'tit mot de ce séminaire « les voix du sud » que tu as créées il y a dix ans ?*
Francis Cabrel : - *Oui, ce sont des rencontres qu'on organise plusieurs fois par an, et qui, et qui, on sélectionne des gens pour l'instant des gens anonymes mais qui on le souhaite un jour seront un jour sur votre beau plateau.*
Michel Drucker : - *Tu leur apprends comment faire des chansons ?*
Francis Cabrel : - *C'est pour leur transmettre voilà, le peu de choses qu'on sait en fait. On leur transmet ce qui nous anime profondément à tous, l'amour de la chanson tout simplement... y'a Richard Seff qui s'occupe de ça... tout le village est mobilisé.*

Cabrel nominé pronostiquait forcément son couronnement ? Sous les applaudissements des Astagiairiens ?
Car naturellement les *rencontres* furent déplacées pour la circonstance... non, non, c'est une coïncidence !... (répondrait sûrement l'Astaffortuné).
Il a perdu le pauvre chou. Appelez-le parfois l'Astaffortuniais.
Mais personne ne l'a entarté. Oui, l'entarter durant le « en duplex et en direct », durant son *hors-saison* gratouillé à la guitare. Oui... un peu connu, un tel geste m'aurait propulsé quelques degrés plus haut au baromètre de la notoriété. Mais parfaitement inconnu, sans livre ni Cd disponible... à quoi bon !

Je n'ai donc pas trop vieilli : Gilbert Laffaille me reconnaît (et en plus : réciproque).

Philippe Albaret anime des rencontres. Il est pressé… un homme pressé quoi !

- Toi ça va, je t'ai déjà vu, je sais ce que tu fais.

- Mais je m'en fous de ta gueule. Si je me présente ce n'est pas pour toi. Je sais bien que tu t'en fous de la chanson, ce que tu veux c'est des subventions.

Non… je préfère sourire, ne pas répondre… personne parmi les invités à déclamer curriculum vitae, ambitions et pousser la chansonnette si interprète, ne déroge à la règle, la médiocrité. Et aussi : inutile de s'opposer aux profiteurs d'un système quand on n'est pas de taille à le renverser.

Je participe aux cours de chant. Sous la direction de Julia Pélaez. Non, je ne serai pas chanteur !

Christian Pirot, éditeur à Tours, publie des textes de Gilbert Laffaille, Gilles Vigneault, Georges Moustaki, Bernard Dimey, Lény Escudéro, Brigitte Fontaine… Intervention : il jure que jamais, oh non jamais, Pierre Delanoé n'entrera à son catalogue… Il fait de la qualité, lui ! On ne mélange pas chez monsieur Pirot, on a des valeurs, on a fait mai 68….

Ces livres, simplement des textes, sans partition ni biographie ni anecdote, se vendent ? A la fin des concerts, Gilbert Laffaille me répond en écouler régulièrement… Je pense : donc l'éditeur ne fait pas grand-chose pour les promouvoir mais compte sur les artistes…

Il sert à quoi cet éditeur ? A légitimer le chanteur, fier de proclamer, « j'ai été édité par Christian Pirot » ?

Quelle gloire, le Panthéon de Pirot !

« Le Brigitte Fontaine », c'est un exploit, 1000 exemplaires en 6 mois. Le record de la collection atteignant 6000, pour Bernard Dimey (les interprètes de Bernard Dimey le vendent à la fin de leurs spectacles ?)

Philippe Albaret n'aura pas été totalement inutile à la chanson : le dimanche suivant j'écris :

FORMATIONS ET SUBVENTIONS

Au nom de la création
Ils vivent de subventions
Naturell'ment ils ont
La grosse berline de fonction

Naturell'ment ils reçoivent
Forcément ils déçoivent
Faut leur faire des dossiers
Qui finiront en casiers

Ils font d'la formation
S'engraissent de subventions
Ils font d'la formation
Ont trouvé l'bon filon

De leur vie ils en sont fiers
Se le disent à chaque bière
Descendue sur le dos
Du cochon de populo

On sait qu'c'est des profiteurs
Sangsues des créateurs
Mais on n'est pas nombreux
A leur chanter dans les yeux…

[Quelques mois plus tard, il n'est finalement pas surprenant de lire, dans la *lettre de la sacem,* un article annonçant la publication *Des paroles qui chantent* par le Président d'honneur de la sacem, Pierre Delanoé… aux éditions Christian Pirot… pas encore rebaptisées Editions Pirouettes – Girouettes]

Stéphane, mon Amour,

J'écris. Simplement quelques notes. Après deux mois en position quasi constante du Lotus durant l'éveil (enfin le non sommeil). Deux mois de prostration, « pour commencer » : fréquent, paraît-il !

J'écris. Donc je t'écris. Même si ces notes sont une forme de carnet de voyage. Faire le point.

Intention d'y fixer quelques avancées, quelques lectures ou souvenirs de lectures propices à l'éveil (ce terme devient une obsession ?). Cet acquis seul tremplin. Cet acquis de nos vies. Peut-être incompréhensible à qui n'a pas fait une partie du chemin (c'est aussi une chance : savoir qu'il est des lumières et qu'en avançant…), cet acquis, d'une certaine manière je l'écris pour Toi. Et pourtant j'en ai besoin. Je suis ce que je sais. Même si un jour « je sais que je ne sais rien » vient titiller mes certitudes, les reléguer à un simple savoir temporel… Je suis ce que je sais… ce que j'ai vécu aussi… l'assumé et le reste…

L'harmonie cachée est supérieure à l'harmonie visible.
(merci Héraclite)
Héraclite : le premier Bouddhiste occidental !
Il n'est pas possible d'entrer deux fois dans le même fleuve.
Pour Héraclite déjà, présocratique, tout est en perpétuel changement…

Parménide continuera à développer cette approche *Bouddhiste*…
Bien avant Newton il comprend : tout ce qui est a nécessairement toujours existé.

Et Leucippe décrit la réalité formée d'atomes trop petits pour être perçus, qu'ainsi tout changement dans l'univers n'est qu'une autre combinaison d'atomes…

Ce qui est à notre portée et ce qui est hors de notre portée. *Le Manuel d'Epictète* débute par cette différenciation Bouddhiste dans « le partage des choses ».

L'occident aussi aurait pu développer le Bouddhisme. Mais les monothéismes ont imposé leur conception du monde. Avant eux, les germes Bouddhistes foisonnaient. Et les monothéismes ont tout figé !

L'occident aussi aurait pu faire fructifier le Bouddhisme... Parménide a conçu « une pensée neuve » ?... Ou, inacceptable pour notre occidencentrisme : et si l'Orient avait découvert l'Occident !... J'imagine un bateau hindou accostant sur l'île de Millet... à son bord quelques sages familiarisés aux paroles du Bouddha... Ainsi la Pensée de Siddharta est confrontée à celle de Thalès...

Ces pensées, donc peut-être venues d'Orient, sont combattues par les croyances qui formeront le Christianisme (les idées du Christianisme, c'est désormais une certitude, précédent notre ère).

Aucun texte ne se réfère à cette *découverte de l'Occident...* mais l'hypothèse est intéressante (et que toute trace ait été détruite ne serait pas surprenant...). Ainsi Schopenhauer aurait simplement fermé la parenthèse des siècles sans Bouddhisme en Occident...

Vais-je pour autant faire l'impasse sur nos plus glorieux philosophes ?

Je ressortirai d'ici savante ?
Est-ce ma motivation ?
Etudier comme on n'étudie plus en France ?

Premières notes. Et je m'étonne encore d'être partie ! d'être ici, loin de Toi. Et vivre sereinement loin de Toi, portée par cette sensation : rien de fondamentalement grave ne peut nous arriver !

Je suis donc partie... pourquoi ? Au-delà du « c'était programmé » : la paix avec mon passé ? Mais avec quelle partie de ce passé ?

Le Bouddha s'assit sous l'arbre de Bodhi. Jusqu'à l'éveil.
Mon avantage sur le Bouddha : j'ai des textes de son enseignement. Agrémentés des commentaires de maîtres dont l'ombre suffit à la lumière.

Je peux tomber dans la distinction occidentale d'action et méditation. J'ai failli oublier : cette distinction n'est qu'une invention.

Jusqu'à présent les philosophes n'ont fait qu'interpréter le monde, il s'agit de le transformer. Avec cette harangue de *Thèses sur Feuerbach*, Marx fait basculer, en 1845, la philosophie dans une non-philosophie, juste au moment où échapper à la chape Chrétienne devenait possible !

Schopenhauer sera alors « oublié ». Et Nietzsche réduit aux développements dont il ne pouvait mesurer la portée d'une utilisation par une logorrhée folle dans une époque techniquement métamorphosée.

Ecrire uniquement l'essentiel. Je pourrais écrire chaque jour durant des heures. Mais l'écriture serait un frein à l'étude, à la méditation.

Stéphane, tu écris ?

Je ne pouvais savoir : est-ce qu'un sentiment de culpabilité m'envahirait ? C'aurait été le pire des retours !
Non, je me sens sur le chemin de la sérénité. Mon corps te réclame, mes mains simulent ta présence…

Le temps de fuir est passé. Peut revenir. Pouvoir fuir avec quelqu'un est une chance. Elle a passé les frontières seule, elle a emporté, des gens qu'elle connaissait, l'image de leur cadavre souillé ou leurs cris, cris d'effroi, ou leur silence, silence de vaincus, de condamnés, ou l'espoir de les revoir, espoir de ne pas être la seule en fuite. La France était improbable.

Mais s'il n'y avait eu l'idée de la France, où aurait-elle puisé la force ? Force de se contenter d'herbe, de feuilles, marcher la nuit, ne pas se dire « *on verra bien* », ne pas se dire « *qu'ils me prennent et on verra bien* ». La pluie, les blessures, les orages, le froid, les gerçures. Ce n'était rien dans la balance face à l'idée de la France.

La France ou s'abandonner. Une certaine idée de la France. Terre de libertés, d'égalités, de fraternités. De citoyens. Citoyens raisonnables, imprégnés des Lumières.

Cette fuite est dans mes gènes ? Comme tout homme a dans ses gènes des réflexes de chasseur ?

La sérénité est ma France. La sérénité, l'équilibre, pour avancer sans ces réflexes de fuite.

Enfin poser des affaires dans toutes les pièces. Oui, j'ai vécu *chez toi* avec des valises à portée de main. Ce monastère est ma thérapie. Ma véritable thérapie. Je reviendrai *chez nous*. Et les valises iront au grenier, mes affaires aussi seront éparpillées.

Même l'amour ne peut ouvrir les portes de la sérénité. Ouvrir les portes pour que l'amour puisse partout se propager.

Sortir d'ici en sérénité est un rêve ?

La sérénité, ma France ? En France rapidement aussi il lui fallut FUIR. Vers la zone libre. Puis se terrer dans une grotte.

Eloge de la fuite :
On rate toujours une partie de sa vie. A trop en attendre aussi.

257

Mais le plus souvent en se contentant du chemin tracé par d'autres.

Le drame peut aussi être une chance. Quand il laisse une allée par où s'évader. Il faut avoir fui pour vraiment ressentir la vie ?

Fuir. Qui ne regrettera pas un jour d'être resté, de ne pas avoir eu la force de fuir ? D'avoir autorisé par la passivité, par un besoin de « sécurité », quelqu'un à ajouter régulièrement un barreau aux fenêtres, une maille à la chaîne (et quand « un accident » libère, c'est l'incapacité de vivre la liberté, les vociférations « mon libre arbitre, mon libre arbitre », qui éloignent tout amour, toute sérénité... avant la résilience...).

Fuir les rues grises.

Je sens que tu penses à moi. Je me touche et mon doigt, c'est Toi.

Quelques centimètres.

Quelques centimètres. Ça s'est joué à quelques centimètres.
« Plus d'une fois, tu sais petite ».
Oui, grand-mère, je sais. Je sais : sinon tout s'arrêtait.
Et si je ne raconte pas, ta vie sera oubliée. Et si je n'ai pas d'enfant, tout de toi s'éteindra.
Ce qui pour l'humanité n'a aucune importance, certes.
Et combien d'histoires, « à quelques centimètres à dire » déjà oubliées…
Chacun devrait toujours en avoir conscience : remonter aux poissons, et même simplement aux singes, et même encore plus près, aux premiers humains, c'est se confronter à l'idée d'une présence statistiquement impensable, improbable. De l'ordre d'une chance sur des milliards.
Vertige (en même temps, ce vertige permet de ridiculiser ces « aristocravatés » fiers de se proclamer « bien nés » : votre ridicule particule a barboté dans les mêmes eaux troubles).

Il serait effrayant qu'un scientifique découvre dans les gènes la trace des passages du témoin qui n'ont tenu qu'à un fil.
Le vertige d'être vivant. Malgré tout.
Ai-je des devoirs envers celles qui ont lutté pour finalement s'éteindre après avoir donné vie à l'une, l'un de mes ancêtres ?
Combien de pères n'ont pas connu leur enfant ? Combien de viols ?
Le vertige. Comme celui du regard sur un univers en milliards de planètes.
Au nom des générations écrasées, je n'ai pas le droit de perdre le temps qui m'est accordé. Je peux consacrer ma vie à réfléchir sur la vie, avancer vers la compréhension, vers la spiritualité, l'épanouissement, l'éveil.
Les combats à mener pour conserver ce privilège sont bien minces !
Je ne suis pas simplement ici pour éviter les contrôles du Conseil

Général, cet échelon inutile dans le pays, auquel on a confié la gestion du RMI, même pas Revenu Minimum d'Insoumission. Insertion. Insérer sous-entend bien l'objectif de ces oiseaux de proie : serrer dans des griffes, imposer. Mais ! je me mets à la politique ! Ton influence... oui les compétences du département pourraient facilement revenir à une commission disons départementale au sein du Conseil Régional. Ça ferait déjà quelques notables en moins au râtelier des deniers publics.

Oui, dénoncer ces clowns même pas drôles est nécessaire. Leur ajouter un nez rouge sur les affiches électorales...

Mais je n'ai pas la voix d'une chanteuse revendicative !

Créer des espaces de bonté plutôt que de gaspiller son énergie dans les territoires perdus. Nice, Paris, Toulouse, Nantes, Lille, Lyon... quelques quartiers préservés, quant au reste... je ne changerai rien au monde... Oui, la campagne...

La vie est une voie quelque part entre la vie rêvée et la vie redoutée.
Quelque part dans le champ des possibles.

Le combat pour la suppression des cantons ne sera pas le mien... loin de la politique... et Dominique Voynet au moins aura un créneau !... (je fredonne : Une Voynet verte - Qui courrait dans l'herbe - On l'attrape par la mèche - On la montre à ces messieurs - Ces messieurs nous disent – « trempez-la dans l'eau - Trempez-la dans l'vin - ça fera un socialo - Tout beau »... la sérénité n'est pas la tristesse !)
Loin de la politique... sauf si un jour la démocratie était en danger. C'est la démocratie qui garantit le plus large champ des possibles.

Le bien est loin de nous ?
Il suffit qu'on le veuille et voici qu'il est à portée de main.
Confucius.

Je sais : se poser des questions trop éloignées de notre capacité d'entendement est une perte de temps.

Avant Stéphane, j'attendais de cet isolement une expérience mystique, maintenant je cherche une réponse globale.
Avant, je voulais surtout fuir la souillure ? Chaque contact était une souillure. Pendant, c'est jouir mais après : le dégoût. Ce goût du sexe si doux durant, qui laisse un arrière-goût amer. La souillure : je ne pourrais plus. Stéphane, rien que Toi.

Je peux rester ici, toujours. Mais ce serait m'imposer un châtiment ! Me sacrifier à une idée.
Encore une racine Judéo-Chrétienne ! le bonheur, la plénitude ne sont pas de ce monde…
Il faut éradiquer tout désir ! NON !

Non. Le bonheur, la plénitude doivent être l'ambition en ce monde. Tout sacrifice est une erreur. On ne parvient jamais au bonheur contre soi. Et on ne fait même pas le bonheur des autres contre soi.

Plusieurs lectures de ma présence ici sont possibles. Impossible de simplement me répondre l'avoir décidé AVANT.

Je ne suis pas de ceux chez qui la sagesse est innée. Je ne fais qu'aimer l'enseignement des Anciens et m'appliquer à trouver la sagesse.
Confucius.

Avant huit ans.

Marjorie pense : avant huit ans.
Elle se revoit « avec les copines ».
Nostalgie des premières années d'école.
Elle pense : huit ans, c'est là que tout s'est brisé pour moi ; les autres ont pu continuer, ont eu droit à trois quatre années supplémentaires d'insouciance, d'envie de grandir, de découvrir la vie…
Marjorie pleure.

A quinze ans grand-mère, à seize…

Marjorie pleure.

Marjorie avait hésité. Finalement emporté ses cassettes Manset et Brel. Une semaine d'imprégnation avec les copies.

Je réécoute aussi mes enregistrements *En avant la zizique* d'Alain Poulange, sur France-Inter du 27 février au 3 mars 1995.

La vallée de la paix ?
Gérard Manset : - *Un certain côté baume, remède, médecine, qui peut rassurer, faire du bien à certains.*
Si je fais un album comme vallée de la paix, *c'est pour que dans une chambre de bonne, un soir, y'est quelqu'un qui ait le casque sur la tête, qui se sente mieux après l'avoir écouté. Il semblerait qu'aujourd'hui on se sente mieux en écoutant Souchon qu'en écoutant* vallée de la paix...
Je me suis toujours tenu à distance des allumés...
Il semblerait qu'il y ait toutes les machinations possibles pour empêcher, pour briser tous les amours sains et pour ne plus développer que des amours malsains. Tout est gibier qu'on plumera, *c'est ça...*

Ces propos, réécrits, frisent le banal ? Le « pas besoin d'être considéré comme une référence pour balancer ça » ?… insérés entre les chansons, leur pertinence jaillit.
Ou alors s'imprégner d'abord de l'univers Manset est indispensable ? La compréhension se mérite… un créateur s'adresse toujours à une minorité… la minorité ayant les capacités et la volonté de le comprendre…

J'écris.

Ecrire. Faute de te parler.

Ecrire, bien avant de te raconter autrement.

Ecrire pour partager cet instant, qu'il revive quand tu le liras. Et : te raconterais-je avoir déjeuné sous le troisième cerisier ce matin ? Ne pas l'écrire c'est l'oublier, laisser submerger cet instant de presque grâce (un seul être s'éloigne et la grâce devient inaccessible) par d'autres similaires ou, pire, d'une banalité effarante. J'avais emporté deux tartines beurrées, sur une petite assiette, une des assiettes avec les roses oranges incrustées. Trente-sept cerises. Pensé : c'est de la gourmandise !... mais c'est tellement meilleur sous un arbre... naturellement nos déjeuners sous les cerisiers sont repassés en boucle, nos tendres déjeuners...

Ecrire aussi pour que jamais tu ne puisses en douter ? (que tu m'imprégnais).

Ecrire parce qu'on ne sait jamais ce que sera demain ?

Ecrire parce que tu me manques. Déjà. Encore.

Ecrire parce que l'écrit immortalise. Est définitif. Le vécu s'arrête, immédiatement évacué, remplacé, et l'écrit franchit ce que nous appelons le temps. Je comprends enfin vraiment Marcel Proust. Oui, c'est à chacun de vivre ces émotions pour en percevoir la portée. La lecture permet de découvrir les grâces possibles à vivre.

Durant des générations, c'est à espérer !, chaque jour au moins une personne le fera encore revivre, Marcel Proust, le lira au point de le ressusciter, le susciter de nouveau.

Ecrire parce que je vieillis. Et seul l'écrit retient le temps. Sensation d'immortalité. Pure sensation mais que peut-on espérer de mieux ?

Bien plus que photos, empires et caméscopes... *Le temps qui passe n'est pas forcément perdu.* J'aurais pu l'écrire ! je l'ai recopié en exergue d'un petit livre emprunté à la bibliothèque. Un auteur dit régional. Je pourrais faire « aussi pas terrible »...

Je lis et j'écris. Il manque ta voix et ta guitare après quelques vers. Une pochette « débuts à soumettre à Marjorie » est devenue nécessaire ! Mais je me sens incapable de m'atteler à « un grand projet », un roman quoi !

Je pourrais juste faire du Philippe Delerm. J'ai lu sa « gorgée de bière »...

Drôle d'effet : passer d'une relecture de Proust à Delerm...

Si j'étais allé chez un docteur, logiquement du Prozac m'aurait été prescrit. Faute de roman, écrire la vie, ma vie : faire le point. C'était le début du prozac. Thérèse en prenait. Thérèse, l'adjointe, qui semblait faire des efforts, enfin qui voulait montrer qu'elle faisait des efforts pour essayer de m'aider, m'aider à « remonter la pente ».

Si j'avais suivi son :

- Vous devriez demander à votre docteur du prozac. Ne le répétez pas, mais j'en prends, depuis la disparition de mon frère.

Oui, elle devait vraiment « vouloir m'aider », pour ainsi avouer sa médicalisation, dans un univers où se montrer viril est la règle, même et surtout pour les femmes, les femmes à responsabilités.

Sûrement n'était-elle pas encore remise de la mort de ce frère, sa seule famille…

Que notre finitude soit une idée constante ! Nous devenons vulgaires robots en occultant notre inacceptable condition. On ne mène pas à la baguette des êtres lucides !

Je pourrais aujourd'hui être, « un homme à hautes responsabilités » : il s'en est remis, a épousé une femme également sans état d'âme, adaptée à la société de compétitions effrénées, couple cimenté au cocktail prozac, amphétamines, sexe (avec d'autres forcément), whisky, vacances en hôtel quatre étoiles.

Alors oui, pour ce couple, Cabrel à la télé, ça doit être relaxant, ça doit renvoyer l'image d'un type « cool », « super », l'image d'un bonheur inatteignable.

Cabrel personnifier le bonheur !

J'aurais pu le croire !

Pour certains l'âne dans sa prairie représente bien d'idéal du bonheur !…

Au-delà de Marjorie, passer par Astaffort me fut profitable !
Parler avec Francis Cabrel. Parler avec Seff. Avec Brice Homs.
Avec des « stagiaires de l'artistique ».
Ils sont tellement ridicules, désespérants, caricatures. Ont-ils
abandonné, en chemin, la recherche d'une véritable sérénité ?
Ont-ils un jour souhaité autre chose que du fric, un exutoire, un
passe-ennui, une drogue licite, un calme-ego, un statut, un
sentiment de puissance ?

Certes les trois ont eu la malchance de « réussir rapidement », de
n'être plus pour leur entourage comme pour les médias que des
vedettes... et pour eux aussi...

Mais la galère ne nourrit pas plus à voir ! la platitude règne. Le
mépris de l'intelligence.

Merci Marjorie de m'avoir un samedi soir cité : « *celui qui n'est
pas vertueux ne supportera pas longtemps la malchance ni
beaucoup de chance* » (Confucius).

« La vie ne m'apprend rien », cette bluette que je classe désormais
dans le hit-parade des « chansons à la con », tous pourraient
l'entonner...
Est-ce qu'au-delà de l'artistique, « La vie ne m'a rien appris » est
le lot commun ?
Et alors, pourquoi suis-je de l'autre côté ?

Est-ce la disparition de Gwenaëlle ? Est-ce l'enfance solitaire ?
Une rapide confrontation à la bassesse humaine ?

- T'as pas fait les rencontres d'Astaffort ?
Je feuilletais *Amour – Etat du sentiment et perspectives*, au Carrefour de Cahors…
- C'était y'a bien un siècle !
- En mars 98, non ?
- Comment tu sais ça toi ?
- J'étais dans le public, Thibaud Couturier m'avait dit de venir, tu connais sûrement Thibaud.
- Vaguement…
- Et j'ai fait les rencontres tout juste un an plus tard, celles qui sont passées à la télé, tu les as sûrement vues.
- Parce que Cabrel sortait un album, la télé est venue montrer à la France conquise qu'il est un grand monsieur, s'occupe des amateurs… mais je n'ai pas la télé !
- De toute manière on m'a presque pas vu !…
- Tu es donc le deuxième du Lot ?
- Pas vraiment, mon père habite ici, moi je suis de Toulouse, où j'essaye de percer, mais c'est vachement dur à cause de Zebda, là-bas y'en a plus que pour ces trucs festifs, et pour la bonne chanson française, niet…

Un être humain ! Il me faisait sourire. Je préférais ne pas lui demander ce qu'il entendait par bonne chanson française…
J'étais alors dans une solitude de plus en plus misanthropique… que tout individu cultivé (un minimum quand même !) comprendrait en sachant mon obligation (pour ne pas être rayé de la liste des demandeurs d'emploi… enfin, des bénéficiaires de l'allocation de solidarité spécifique) de côtoyer les plus caricaturaux représentants de l'ANPE, de la direction du travail…

Il est chanteur et « je suis l'aîné » : je souriais à cette réflexion : deux raisons suffisantes pour l'inviter à prendre un verre… une troisième fut sûrement décisive : ce serait bien de pouvoir balancer, comme ça, mine de rien : pour rencontrer un chanteur le Carrefour de Cahors est plus utile que les rencontres d'Astaffort…

- Mais je déteste les cafés. Si tu as le temps, je t'invite chez moi.

Il fut ravi. N'avait rien d'important à faire. « Enfin, rien de plus important »…

- Pourquoi tu détestes les cafés ?

- Les mégots, les ragots, le désespoir non assumé, la médiocrité… et l'idée d'enrichir un patron de bistrot m'est insupportable. C'est quand même des types qui vivent sur le dos des victimes de l'alcool, et les alcoolos sont la première cause d'accidents de la route, et des types qui vendent du cancer en paquet, vendre du « fumer tue » ça les dérange pas, ils en sont même fiers.

[je revoyais les patrons d'Arras, toujours aimables, *je t'en remets un Steph...*]

- C'est la première fois que j'entends un auteur critiquer les bistrots… tu es auteur ou tu veux faire de la politique ?

- Pourquoi, la pensée est interdite aux auteurs de chansons ?

- C'est vachement important d'être bien avec les patrons de bistrots quand t'es dans la chanson, c'est des faiseurs d'opinion comme on dit. Faut faire gaffe, ça va vite d'avoir mauvaise réputation, et on peut pas lutter contre ça, mieux vaut déménager… s'ils prennent pas nos affiches, on va les mettre où ?

- Alors parce qu'ils ont une vitrine, parce qu'il va chez eux des gens qui vont aussi aux concerts, il faudrait fermer les yeux sur leur petit commerce de mort ?

- Tu dis ça pour rire ?

- J'ai aussi des chansons non engagées… Même une inspirée par une caissière de Carrefour… *A quoi pense la caissière ? Qu'est-ce que cache son air d'écolière ? A quoi pense la caissière ? Son sourire en bandoulière...*

- Je vois ça plutôt en fa mineur…

Cinq jours plus tard, David revenait. Un matin. Avec sa guitare. Je dormais encore. David Duglaner, né le 9 mai 1980.
- Y'a des gens qui dorment encore à dix heures !
- Des gens dorment tard et des gendarmes ont tort.
- Mon père adore Raymond Devos.
Deuxième exaspération.
- Quand je cite quelqu'un, il doit être digne du panthéon, sinon c'est création. Je devrais noter. Puisqu'y'a même des gens pour aimer Raymond Devos. Ça fait un peu théâtre de boulevard… un jour peut-être.

Je pensais : il est *gentil* ; il est gentil mais nous ne sommes vraiment pas sur la même longueur d'onde.
« Pas sur la même longueur d'onde », sûrement cette remarque aboutit au concept de grand canyon…

Une journée « de travail ». Il « *adore* » ma manière d'écrire. J'aime sa manière de chanter. Et surtout qu'il ait envie de me chanter…
La musique ? oui, bon, il gratouille sa guitare. Ne me demandez pas la différence entre un do-ré et un fa-do…

Une conversation me revint ce soir-là.

- Et si… à ton retour il y avait quelqu'un d'autre ici ?…

- Il est inutile de se poser des questions qui dépassent notre entendement. J'ai longtemps tourné en rond à cause du « pourquoi ? ». C'était une erreur. Il faut limiter la réflexion au champ du possible. Je vais vivre trois ans, trois mois et trois jours consciente de ta grandeur : tu m'accordes la plus belle des preuves d'amour… quand je reviendrai, tu sauras si tu es écrivain, tu sauras si tu t'es contenté de recopier la réalité ou si tu l'as réinventée, donc englobée, saisie.

- Ton avis ?

- J'ai une petite préférence mais pas d'avis ! Je n'en sais rien. L'essentiel est que tu saches. Avoir senti une force en toi et que ce ne soit presque rien, ne serait pas dramatique ! Le pire est de ne pas savoir. Tu seras dans de bonnes conditions pour écrire ! aimer et être aimé, tout en n'ayant pas à vivre le quotidien de l'amour, tout romancier doit rêver de cette situation !

- L'amour est un empêcheur d'écrire alors ?

- Tu es peut-être simplement auteur de chansons, prétendre au roman serait alors mettre la barre trop haute. Et moi simplement compositrice de variété. Puisque nous avons surtout fait des chansons… Peut-être qu'il faut de la solitude pour un romancier… Ou alors s'organiser mieux… Si tu es romancier, on s'organisera donc ! On fera des travaux !

- Tu crois ça possible, vivre trois ans, trois mois et trois jours sans se voir ?

- Si tu as des expériences purement sexuelles… ferme les yeux et pense à moi !… même avec des mecs… ma première expérience lesbienne, c'était l'envie de lécher une chatte et je m'étais dit que certains mecs aussi doivent simplement rechercher dans l'homosexualité à réaliser ce qu'ils ne peuvent faire avec leur corps, avoir son pénis en bouche. Muss eis sein ? eis muss sein ! je pars en sachant que je vais revenir. Je ressortirai du monastère !

David : une incarnation de Dorian Gray !
Et son homosexualité assumée ne fait aucun doute !

Stéphane parle de Marjorie
- Ah, je croyais que c'était fini.
- Tu étais au courant !
- N'oublie pas que j'étais à Astaffort. Votre comportement n'est pas passé inaperçu. Maintenant il est interdit de quitter les locaux la nuit !
- On appelle ça le décret Marjorie !?
- Répète-le pas mais certains disent parce que le frère de Francis est plus gérant de l'hôtel…. Mais les filles c'est toujours des problèmes.
- Donc il faut croire que Marjorie est un être supra humain.
- T'es encore amoureux d'une gonzesse qui préfère aller s'enfermer dans un monastère pendant trois ans ! Elle t'a envoûté ou quoi ?
- La vie n'est pas toujours du quotidien.

Il fut quinze jours sans passer !

L'absolu. La quintessence.
Il est inhumain de viser plus bas ! Quête de l'essentiel.

La quête de l'absolu a mauvaise réputation, renvoie aux adolescents ; après l'adolescence à une adolescence attardée donc. Quête de l'absolu comme l'adolescent ne peut la poursuivre…

L'adolescent est désarmé face à cette quête quand l'adulte doit s'en être donné les moyens.
L'adolescent tombe dans le premier piège, tendu par une rhétorique enthousiaste, l'adulte sait devoir tout soupeser à l'aune de ses références, de la rationalité.

Le guide de l'adolescent devient facilement gourou, gourou / bourreau, le guide de l'adulte devra être choisi, accepté, pour sa vertu, sa lumière, lumière dans la bonne direction (de nombreux adultes ont des « âmes d'enfants »).
Quête après la confrontation au réel, après la lucidité, l'analyse des naïfs élans…
L'être lucide qui se fixe d'autres quêtes s'éloigne de l'essentiel, s'approche du mur.

Pourquoi avoir écrit ces quelques lignes ? Je les relis : comme elles sont banales !
Banales « dans l'absolu » ou seulement pour moi qui ai intériorisé tout cela.
De plus : le sens d'un mot est tellement différent suivant l'âge, le savoir et les capacités, au point de rendre tout dialogue hypothétique. La polysémie est constante.

Où que tu ailles, tu emportes l'essentiel.

J'ai apprivoisé la solitude. L'inévitable solitude.

Pourquoi ne pas la vivre pleinement ?

Accepter cette condition de matière animée pensante, assemblage : hydrogène, hélium, méthane, oxygène…

Vivre avec les autres est possible, en toute conscience de notre état. Mais si cette conscience n'est pas partagée, à quoi bon !

Je croyais être protégée de l'Amour. Je croyais avoir détruit en moi toute sensibilité à l'amour même.

La froideur à la Foedora ne me protégeait certes pas des crétins, mais le cynisme les rejetait à leur médiocrité.

Et Stéphane. Ai-je voulu voir où finissait ta sincérité ?!

M'aurais-tu d'amour contaminée ? Ou j'attendais cette rencontre, sans la croire vraiment possible, mais en restant, malgré tout, disponible ?

Je peux vivre loin de TOI. Heureusement ! je suis donc encore lucide !

Et c'est presque le plus grave : ce n'est pas de la passion. En toute lucidité je ressens cet Amour (et les 1 500 000 récepteurs de mes 18 000 cm^2 de peau ont la nostalgie de tes caresses, de ta langue).

Pourquoi être là alors ?

Pour comprendre ? Comprendre cette chose impossible : être lucide et aimer.

Mais nous vivons tellement dans l'impossible ! Il est impossible, incompréhensible, que la matière ait toujours existé ; comme il est impossible que la matière soit née de rien.

Après cette impossibilité originelle, l'incompréhension du passage de la matière brute à la matière animée est presque dérisoire, en tout cas secondaire. Comme le passage de la matière simplement animée à la matière intelligente.

Alors, cet Amour que je peux ressentir, dont j'avais donc la potentialité, est-ce simplement une caractéristique de l'animé intelligent inexplicable ?

Huit mois. Et comme une gamine je fixe le calendrier : 31 décembre 1999. Je n'ai pas d'autres calendriers mais je sais la suite ! Gamine va !

Je sais aussi : sortir c'est partir. Je peux sortir d'ici quand je le veux mais ni « en pause » ni en vacance.

« Comme une gamine » je voudrais être avec Toi, contre Toi pour cette date magique.

Date magique… elle ne signifie rien, n'est qu'une invention, une convention, un jouet donné aux humains pour calmer leur anxiété du temps, pour leur faire croire que le temps passe, explication pratique, petit arrangement évitant d'aborder l'inconsistance de ce temps.

Mais on ne vit pas totalement en dehors des conditionnements. Moi aussi j'en ressens des frissons. Et un manque. Un manque de Toi encore plus fort.

Pourquoi m'imposer ce manque ? L'ambition de ce séjour est donc nettement plus haute que la satisfaction de l'Amour.

Je ne peux douter de mon Amour pour Toi.

Tu seras aussi transformé dans 31 mois ?

Vais-je te reconnaître ?

Une certaine angoisse m'envahit parfois : que ces mois nous aient éloignés.

Son fils passait à la télé ! Il avait été l'un des quatre interprètes francophones (bien insister sur FRANCOPHONE), retenus par Francis Cabrel, qui plus est le seul interprète masculin.

Depuis qu'il l'avait partout proclamé, tout le monde (les compagnons du PMU, ceux de la place François Mitterrand, ceux du service) le questionnaient. Même *la Dépêche du Midi* avait réalisé un article (avec seulement cinq fautes d'orthographe et trois erreurs). Cette insistance lui plaisait. Mais Claude Duglaner ne pouvait guère ajouter grand-chose à ce que tous avaient vu sur leur petit écran. Certes il brodait, sur Astaffort, sur David, un fils surchargé de demandes, d'ailleurs bientôt au Québec, ayant sympathisé avec Béatrice Lebras, considérée désormais par ce fan club comme une prochaine star, celle appelée à enfin détrôner la Céline Dion…

Naturellement, Claude ignorait « le parcours du combattant » de son fils, refusé à sa première candidature, passé par « un ancien bien vu », lequel avait appuyé la seconde tentative.

Claude l'eût su qu'il aurait immédiatement chantonné : *si j'dis ça j'brise mon image…*

Claude ignorait presque tout de la vie de son fils ! Et comptait sur le 31 décembre pour enfin parler sérieusement de tout cela ! La présence annoncée de Stéphane le contraria d'abord. Mais David y tenait. Alors bon, comme lui aussi connaissait Cabrel, il avait décidé de s'exprimer sans retenue. Et même de raconter pourquoi il avait arrêté la chanson, ce passé intéressant désormais son fils.

David est un héros !
En cinq jours, du vendredi au mardi, il a écrit cinq chansons : deux paroles et musique, l'une serait chantée par Alexandra, l'autre non retenue ; et trois où il co-signe, l'une le texte avec François, deux la musique, et ces deux-là il les a interprétées sur scène le samedi.

Bien sûr il ne va pas l'avouer à son père : le « on est tellement dans de bonnes conditions », c'est du pur baratin, destiné à en mettre plein la vue au « public » : il n'a véritablement rien écrit rue du Plapier.

C'était un bon conseil – il l'avait bien payé ! - : essayer d'amener le sujet sur des textes préparés ! qui va là-bas avec l'intention de créer, finit en looser le samedi…

David serait surpris que Stéphane n'en ait pas fait de même !
- T'as l'air intelligent, mais y'a des moments t'es pas futé. On dirait que tu comprends rien au monde tel qu'il est, que tu vis sur ton petit nuage. Tu vois, c'était mieux co-signer des textes déjà écrits et finalement en avoir trois sur scène le samedi que de s'emmerder pour en avoir qu'un. Faut être complètement naïf pour avoir gobé un truc pareil.

Niveau mathématique, qui lui donnerait tort ?…

Pourquoi j'ai arrêté la chanson ? Sacré fiston, c'est vingt soirées qu'il nous faudrait pour tout ça ! Et on n'est pas là pour s'emmerder avec mon passé, ce soir c'est la fête... C'est la fête *Rive Gauche... La vie c'est du théâtre et des souvenirs... Mais nous sommes opiniâtres à ne pas mourir... A traîner sur les berges...* Claude s'embrouille encore dans les textes (il l'écoute pourtant en boucle depuis qu'il l'a acheté, « le nouveau Souchon », *au ras des pâquerettes*)... Bon, faut que je te résume ça en trois phrases pliées rangées...

Claude s'embrouille aussi dans ces mots qu'il essaye de préparer ; mais il a promis. Alors...

Il se croise dans la psyché : engraissé, passé par le flou il voit patapouf, comme l'appellent les gamins...

Tu crois que c'est facile ? *Retourner le couteau dans le play...* comme si y avait des raisons qui nous font faire nos conneries. Pourquoi j'ai arrêté la chanson ? Pourquoi je vis à Cahors ? Pourquoi ta mère m'a quitté ? Pourquoi j'ai jamais essayé de te revoir ? Pourquoi j'ai les mains qui tremblent ? Je voudrais bien recommencer en sachant ce que je sais ! ça se résume à ça. Et comme c'est pas possible, qu'au moins je t'évite de faire les mêmes conneries. Voilà, le pourquoi, c'est pourquoi il faut que tu suives mes conseils...

T'as l'âge où on croit que tout est logique ; que la vie c'est noir ou blanc. Mais la vérité... la vérité, comme dit l'autre, on croit qu'elle existe à 20 ans... et un jour on s'aperçoit que tout le monde s'arrange du mieux qu'il peut, alors on fait pareil. Puisqu'il paraît qu'il est philosophe ton Stéphane, faut que je m'entraîne ! on verra s'il a quelque chose à répondre à ça... la vérité est grise... Merde je perds la mémoire... où il a écrit ça ?... ou alors Higelin ?...

Allez, c'est pas le passé qui va venir tout gâcher. Ah oui, brûler... L'an 2000 !

Le premier janvier 2000 sera le plus beau jour de ma vie...Voir l'an 2000 et après on peut défier Satan, on pensait ça ! on était des jeunes… c'était tellement loin, exceptionnel, tu te rends compte, d'un seul coup, passer de trois neufs à trois zéros… Alors vive la fête !… C'est encore plus grand que le coup d'aller sur la lune…

Allez, plus de temps pour la parlote. Faut que je me fasse une beauté. Car comme dit l'autre, la tête que j'ai aujourd'hui, tu l'auras dans trente ans, alors faut pas trop que je t'inquiète. Faut que j'fasse des courses. Puisque Michel Edouard nous a mis le champagne au prix du Ricard. Et les carnets au feu ! Faut que ce jour soit symbolique, merde !, au feu les carnets !

Claude ouvre l'insert et fixe les bûches, s'apprête à jeter les « carnets secrets », tout ce qu'il a écrit depuis qu'il vit seul. Tout ce qu'il a écrit avec l'intention de le léguer à son fils, ce fils inconnu qui grandissait, loin. Mais maintenant qu'ils se sont retrouvés, il se dit qu'il va tout lui raconter.

Pour que ce 31 décembre 1999 soit vraiment une date symbolique, il a décidé, après des semaines de monologues, que c'était vraiment l'acte nécessaire mais il hésite encore. Il le savait : il hésiterait jusqu'à la dernière seconde. Il faut donc tout brûler avant l'arrivée de David. Il ouvre au hasard, lit :

- On a gagné. La vie va changer. On a gagné…

Il sourit. C'était en 1981. Il y avait cru. Il était alors du grand défilé rue Gambetta. Il sourit. David avait un an, il ne le voyait déjà plus. Il revit ce jour de liesse. « On a jamais vu un monde pareil dans les rues de Cahors ».

Des patrons rasaient les murs. J'en ai pas vu. Mais ça se disait.

Qu'est-ce qu'on a déchanté.

Heureusement Arlette…

Claude avait, malgré tout, continué à voter Parti Socialiste.

Jusqu'au jour où Souchon chanta Arlette.

Claude fredonne Arlette.

Et il jette les carnets.

- C'est ma vie… Non, ma vie c'est toi.

David était donc né à Cahors. Simplement à cause d'une mutation promotion acceptée par Claude, malgré les réticences de « son amie ». Dès novembre : la guerre devant le berceau ; une histoire classique de séparation qui « tourne mal ».

Et du père sans vrai droit, la mère retournant vivre à Douai, ne communiquant pas son adresse… préférant élever seule son fils, en parent isolé, sans pension alimentaire plutôt que…

Isabelle, la mère, qui appelle Claude en 1997. Elle se sait condamnée. Veut lui confier leur enfant…

En août 1997 David a donc découvert la ville où il est né.

« C'est aussi nul qu'Arras, ils devraient jumeler ». Toulouse lui rappela Lille, Claude lui loua une chambre.

Ainsi en un peu plus de deux ans, David passa à peine trois mois à Cahors.

David et Claude Duglaner / Stéphane

- Vous avez écouté le dernier Souchon ?
- A Carrefour.
- Vous en voulez une copie ? J'ai acheté un super graveur CD, c'est génial.
- Une écoute c'est nettement suffisant !
- Quoi, vous avez pas aimé ?
- Cabrel / Souchon, même combat ! 1999 année des cadeaux, Cabrel et Souchon passent au tiroir caisse. C'est gros comme ficelle mais ça fonctionne, des albums qui ne choqueront personne, pourront faire l'unanimité chez les ménagères qui ont un peu trop ménagé leur cerveau !
- J'suis pas d'accord, c'est tendre, planant, nostalgique, romantique, écologique.
- Station balnéaire hors-saison d'un côté, côte d'azur de l'autre, c'est leur vie de fammilliardaires qui s'ennuient et traînent.
Stéphane pense : « la cinquantaine non assumée, où malgré l'échec artistique leur entourage va bêlant *quelle réussite, quelle réussite...* mais préfère ne pas aborder le sujet de l'âge en observant Claude visiblement loin de la sérénité…
- T'es dur mon gars. Allez, on se tutoie. Et on en reprend un, d'apéro ! Allez fiston sert nous. Toi t'aimes toujours j'espère ?
- Un jour je chanterai en duo avec Souchon ! En prime time, devant une audience record.
- Tu devrais quand même viser plus haut ! ça sent trop le show-biz. Et Souchon, en plus y'a son fils. Tout doucement, voilà Pierre Souchon, pour l'héritage, co-signer c'est mieux que l'assurance vie. Et ce Pierre a même un groupe, avec le fils Voulzy naturellement. Et papa Souchon précise bien dans les interviews qu'il ne les aide pas ! Mais heureusement que Julien, Julien Clerc naturellement, les a pris en première partie à Bercy, sinon c'est difficile de trouver des dates ! et quand Didier Varrot lui demande « il vaut mieux être fils de personne », Dusouchon répond

« OUI » ; oui, il se fout de notre gueule ; qui aurait signé ses cherche-midi s'ils n'avaient été Souchon - Voulzy juniors ? ; en plus ils prennent le nom d'un éditeur ! qui doit être content lui aussi !

- J'ai jamais écouté son fils… mais si j'avais réussi, je t'aurais pistonné aussi fiston, c'est comme ça, la vie… un banquier aide son fils à rentrer dans sa banque, un chanteur aide son fils à devenir chanteur. Avant ça me révoltait aussi. Mais avec l'âge, tu verras, on comprend que c'est comme ça la vie. Tu verras. Qui vivra verra.

- Alors être artiste c'est comme être banquier. Out la notion de vocation. Tout le monde peut le devenir…

- Bah !, sois pas idéaliste, pas besoin de grand talent pour faire ce qu'ils font. *J'frai c'que vous voudrez…*

- Mais toi qui as essayé d'être chanteur, ça te dérangerait pas que David fasse du sous-Souchon ?

- Une fois qu'il réussit, qu'il a une belle vie. Et quand il aura réussi il pourra faire ce qu'il voudra. Il pourra leur dire merde à tous ces magouilleurs. Si tu vends pas un million tout le monde s'en fout, alors il faut cartonner.

- Donc, quand même, c'est faire semblant !

- Faut vivre avec son époque. Mais tu sais, les magouilles, ça a toujours existé, c'est la jungle et ça l'a toujours été. C'est pas moi qui vais vous dire le contraire. Dalida aurait jamais été connue si son mari n'avait pas été directeur d'Europe 1. Sardou, son père était déjà dans le milieu. Julien Clerc aussi a été pistonné… ou alors faut de la chance. On n'y changera rien. Il est trop tard pour refaire le monde.

- Pas refaire le monde. Simplement ne pas être façonné par lui, vivre une vraie vie. Etre digne avec soi.

- Mais pour réussir, t'as pas le choix, c'est la chance ou l'piston. La chance ou l'piston ça a toujours été comme ça dans la chanson… A part Brassens, Ferré, Brel, Barbara et notre Souchon national, les autres c'est tous dans le même sac. Ah ! j'aurais pu, oui j'aurais pu, quand j'y repense. Il ne m'a pas manqué grand-chose… juste un p'tit piston ou de la chance… rencontrer les bonnes personnes… mais surtout déposez bien vos textes les enfants… allez fiston, je vais te le dire ce soir, pourquoi j'ai une dent contre Cabrel.

- Oui, ça j'ai pas compris. Parce que Cabrel c'est vraiment un type sympa, et il nous aide vraiment. Moi, il m'a donné des supers conseils, je le cache pas. J'en suis même fier. C'est une super carte de visite.

- Raconte-moi un peu c'que t'as fait depuis Astaffort… J'ai l'air d'un con de ne rien savoir… tu sais qu'on arrête pas de me poser des questions !… Je suis sûr que si tu te présentais aux élections tu serais élu !… Tu devrais prendre au moins ta carte. En plus ça t'aiderait à être vraiment soutenu par *La Dépêche*. Comme tu le sais, ici, c'est *La Dépêche* qui fait les réputations.

- Je vais arrêter mes études.
- Dis pas de conneries.
- De toute façon, ça fait deux mois que je vais plus à la fac.
- Et tu m'annonces ça comme ça, ce soir.
- Tu m'as bien dit que j'étais grand, que j'étais libre, quand je suis venu vivre ici.
- Libre. Libre. Libre de t'amuser. Rentrer à l'heure qui te chante. Mais pas d'arrêter tes études comme ça. Sur un coup de tête. Tu vas faire quoi ?
- Chanter.
- Tu devrais pourtant savoir que c'est une chance sur mille.
- Seff va sûrement me produire, il m'a dit que c'est super bien c'que je fais. Et comme tu le sais, j'ai des sous.
- Des sous. Des sous. Dis pas des conneries, trente briques c'est rien du tout.
- A mon âge c'est déjà bien. Et puis je me débrouillerai.
David pensait : j'ai un beau cul ! Et ça peut toujours servir. Surtout à Toulouse. Plutôt faire pute que de vivre dans un bureau.
- Ça veut dire quoi, te débrouiller ? J'espère que c'est pas vendre de la drogue.
- Vivre dans un bureau, de toute façon, c'est pas mon truc. Je pourrai jamais, alors ça sert à rien les études. Faire des études pour finir dans un bureau ou au chômage, ils sont vraiment trop cons à la fac. Ils ont leur nez dans leurs bouquins et ils vivent pas. C'est un peu comme ces cons qui croient être heureux plus tard, quand i s'ront au paradis. Je sais pas comment tu fais, toi, pour tenir dans un bureau ?
- 35 heures. On est déjà aux 35 heures nous. Dont la moitié à glander et l'autre à remettre au lendemain le plus chiant ! c'est pas la mer à boire. Tu ferais mieux d'être fonctionnaire, ça te laisserait du temps pour la musique et t'aurais la gamelle assurée. Ça te ferait même connaître des gens utiles pour les subventions. J'ai bien réfléchi. C'est la meilleure solution. On peut même monter une petite association pour autoproduire ton premier

album. Avec mes relations, en jouant sur le fait que tu connais bien Cabrel, on obtiendra facile des sponsors. Ça coûtera pas un rond de carotte et ça te fera connaître. A Cahors je peux t'en vendre des centaines. Mais les études ça passe en premier.

- Cabrel a été viré du lycée Palissy, ça l'a pas empêché de réussir.

- Cabrel, il a eu de la chance. Au début il la ramenait pas large, il faisait même pas les balloches sur Toulouse Agen, c'était Gold, il était obligé d'aller les faire en Dordogne. Et même quand il a commencé à être soutenu par les frères Seff, il faisait les premières parties de Dave, Patrick Sébastien, Gérard Lenorman, Joe Dassin. Et à la télé, on l'invitait pour qu'il tienne le rôle du paysan mal dégrossi, avec pantalon en velours à grosses côtes, ses grosses galoches. Cabrel, il a beau jouer les coquets aujourd'hui, il reste des photos et des souvenirs.

- Bin dis donc, tu lui en veux vraiment. Je croyais que tu le considérais juste un peu en dessous de Souche.

- Compare jamais Cabrel à Souchon, fiston. Je t'ai dit que Cabrel pouvait t'être utile, je t'ai jamais dit autre chose… et je te dis que le travail, c'est c'qui faut à un homme.

- Le travail, c'est bon pour la santé, c'est bon pour l'équilibre. Y'en faut pas trop mais rester à rien faire, c'est se mettre devant une télé ou gamberger, et ça c'est pas bon pour un homme... Comme dit l'autre : le travail éloigne de nous trois grands maux, l'ennui, le vice et le besoin.

Claude essayait de convaincre son fils. Stéphane intervint :
- On vient enfin de découvrir ce qu'avait écrit Voltaire sur le manuscrit original de *Candide*.
Un silence.
- Oui, le travail éloigne de nous trois grands maux, l'ennui, le vice et le besoin. Tu citais bien Voltaire.
- Je suis tombé par terre, c'est la faute à Voltaire... *Je suis un peu grognon c'est la faute à Souchon... J'me prends des gamelles c'est la faute à Cabrel...* Qu'est-ce qu'il a écrit ton Voltaire alors ?
- Il avait écrit, avant finalement de le barrer pour quelque chose de politiquement plus correct, comme on ne disait pas encore.
Un silence. Il était certain de son effet. De pouvoir ainsi dévier une conversation devenant de plus en plus pesante à David.
- La masturbation éloigne de nous trois grands maux : le mariage, les prostituées et la redingote d'Angleterre.
- C'est quoi la redingote d'Angleterre ? demande David.
- C'est ainsi qu'on appelait le préservatif.
- C'est nul son truc. Se masturber, c'est un truc de gamins (David).
- C'est encore mieux une femme qu'une main (Claude).

- Alors, pourquoi t'as arrêté la chanson ?
- A cause d'une sale histoire. Et tu verras qu'il faut que tu continues tes études, que la chanson si on se tape dans le dos, le plus souvent c'est avec des couteaux.
- Alors ?
- C'était l'été 72. 1972. Dans le Lot-et-Garonne. Je jouais dans les bistrots, les campings, ça me faisait pas mal de fric. Ça a duré un mois. Des vacances quoi. Des vacances qui m'ont joué un sale tour.
- Un sale tour ?
Stéphane avait expliqué à David : quand quelqu'un s'arrête lors d'une explication, il suffit souvent pour le relancer de reprendre de manière interrogative ses derniers mots.

- Oui, j'avais écrit une chanson, elle s'appelait *Petite Lydie*. Lydie, c'est la fille avec qui j'étais en vacances, que j'ai connue avant ta mère. Je chantais des standards comme on dit, et puis je plaçais mes quelques chansons persos. *Petite Lydie* c'était celle qui plaisait le plus, on me disait souvent « Claudio, tu tiens un tube avec ça »… J'étais « Claudio du Nord », je sais, j'aurais pu trouver mieux comme nom de scène…
- Et alors ?
- C'est pas longtemps plus tard que Cabrel a chanté *Petite Marie*, c'était pour sa Marie-Antoinette paraît-il, c'était pas tout à fait les mêmes mots que moi mais les mêmes idées, et la même couleur dans la musique, je dis la même couleur parce que je gratouillais de la guitare à l'oreille. Et vous connaissez la suite, Cabrel est devenu une star… alors vous comprenez que quand j'ai entendu ça à la radio, j'étais vert.
David de plus en plus attentif.

- Qu'est-ce t'as fait ?
- Je suis allé à la sacem. Je suis allé en train à la sacem, j'avais pris rendez-vous. Pour leur dire qu'il m'avait copié. Ils m'ont demandé si j'avais des preuves. Je leur ai dit que tout le monde où

j'étais passé pourrait témoigner. Ils m'ont donné la date de dépôt de *Petite Marie*, en ajoutant : « avez-vous une date de dépôt antérieure, une preuve d'écriture d'un texte similaire ? ». Je savais plus quoi répondre, ils m'embêtaient avec leur preuve de dépôt. Pour eux, le souvenir des gens, c'est pas une preuve. Des années plus tard, plus personne ne pourrait dire si c'était en 72 ou 73…

- Et t'as demandé aux gens de témoigner ?

- C'était pas une époque à procès comme maintenant. Mais je me suis pas avoué vaincu. Je suis retourné à Agen. Cabrel commençait à devenir une star … pas un patron de bistrot a voulu signer !… Tu vois les gens… Je suis même allé à la *Dépêche du Midi*. Le gars m'a écouté dix minutes et m'a sorti aussi son « vous avez des preuves de ce que vous avancez ?». Alors comme je lui ai dit que ça c'était son boulot, qu'il avait qu'à enquêter, il m'a répondu qu'il n'était pas de la police, et que la famille Beylet n'accepterait jamais que soient publiées des calomnies sur Francis Cabrel, un enfant du pays, un exemple pour la jeunesse, qui démontrait qu'on pouvait réussir sans être né à Paris… et bla et bla…

- Alors ?

- Alors ça m'a dégoûté. Le pire c'est à la sacem, quand je suis sorti, j'ai écouté derrière la porte, y'en a un qui a dit « A chaque fois qu'un p'tit jeune fait un tube, aussitôt tu vois débarquer des p'tits merdeux pour chialer j'avais eu l'idée avant. Le pire c'est qu'on peut même pas les virer à coups de pieds dans l'cul. Mais j'en ai jamais vu un revenir avec une vraie chanson après, de ces p'tits merdeux. C'est vraiment qu'ils ont rêvé d'avoir eu la même idée, sinon ils en auraient d'autres de bonnes idées. Dire qu'on doit perdre notre temps avec des merdeux pareils ».

J'intervenais :

- Et ça t'a pas décidé à écrire d'autres chansons, à leur rentrer dedans…

- J'étais abattu, personne ne me croyait. Même ta mère, fiston. Ta mère et Lydie avaient été copines. Alors forcément, ça lui plaisait pas que j'aie écrit une chanson sur une ancienne alors que j'en écrivais pas sur elle, que j'en écrivais plus, toujours la même histoire avec les femmes, elle trouvait que la chanson c'était pas sérieux, que je ne ferais jamais carrière si on savait que le week-end je chantais, elle me disait que j'avais passé l'âge de faire le fou fou. D'un côté on me disait « m'embête pas avec cette chanson de traînée » et de l'autre j'avais l'impression que c'était un monde de requins.

- T'as arrêté à cause de ça ?

- Eh oui, on est comme ça, nous les hommes, on veut faire des choses et le jour où on se prend une grosse tuile sur le coin de la gueule, on reste K.O... Toi qui es philosophe, tu dois apprécier mon résumé...

- C'est plus de la sociologie que de la philosophie. La philosophie selon Nietzsche t'aurait sauvé à cet instant-là avec « ce qui ne te tue pas te rend plus fort ». Tu aurais pu rebondir comme on dit maintenant. Ou utiliser Platon, en conclure, philosophe, que les auteurs puisent à des sources d'où coule le miel, butinent sur certains jardins et bocages, que les auteurs pareils aux abeilles volent.

- Mais t'es sûr que Cabrel t'a entendu chanter ?

Cette histoire perturbait David !

- Sûr, on n'est jamais sûr de rien... En tout cas je me souviens bien d'une soirée dans une grotte au-dessus d'Astaffort.

- Une grotte au-dessus d'Astaffort ?

- Le samedi après-midi j'avais chanté dans un camping, et là on avait sympathisé avec des gars qui avaient du haschisch. C'est pas bien mais on fumait un peu, on appelait ça encore du haschisch. C'était les années 70. C'était tout nouveau. Mais c'était des produits naturels. Ça venait direct d'Afghanistan. Pas comme maintenant. C'est pour ça, que je te dis de pas y toucher à leur saloperie. C'est à cause de tout c'qui mettent dedans.

- Alors ?

- Alors, ils nous ont invités pour une soirée dans cette grotte.

- Attends, la grotte d'Astaffort... mais ça me dit quelque chose, Jean-François, certains, pour rire, l'appellent le gardien de la grotte... Qu'est-ce qui s'est passé dans cette grotte ?

- On a fumé, on a chanté, on a... on s'est amusé quoi, comme on faisait en ce temps-là... J'ai chanté. Forcément j'ai chanté *Petite Lydie.*

- Et Cabrel était là ?

- Tu sais, il avait une gueule passe partout... Des mecs avec des longs cheveux, dans son genre baba cool quoi, j'en ai vu des centaines... Même dans les toilettes... c'est pas à toi que j'vais cacher qu'les mecs m'intéressaient déjà au moins autant que les filles... j'avais une super technique, j'ajoutais un p'tit somnifère dans le verre de Lydie et j'étais tranquille.

- Mais si t'étais sûr...

- Ça servirait à quoi, aujourd'hui ?

- Vous allez pas en boîte ?
- Stéphane, il est trop vieux !
- Et c'est vrai ! Encore, s'il existait des boîtes non fumeurs avec de la musique digne de ce nom. J'ai passé l'âge du temps perdu.
- Temps perdu, temps perdu, mais c'est bien les boîtes !
- Pourquoi tu y vas encore ? (question de David)
- Bin… bin oui quoi…
- Et t'y fais quoi… j'sais bien qu'les filles sont *bies*… sont bizarres mais bon… t'es pas friqué !
- Bin quoi… les gamines parfois aiment les rondeurs…
- Dis pas de conneries… dès qu'un jeune est avec un… un gars de ton âge, c'est qu'il est super riche ou qu'il a des relations… t'y vas pour mater !…
- Regarder sous les jupes, pardi… puisqu'y'a pas un mec en kilt… et y'a des filles qui comprennent la vie plus vite que d'autres ! Y'a des filles qui comprennent que les gars de leur âge, c'est juste bon à frimer avec une canette dans la main et un joint au bec mais qu'après, après deux minutes le loup il vaut plus un clou… tandis qu'avec moi, c'est pas pour me vanter, mais j'ai ma p'tite réputation, elles savent qu'elles iront à l'orgasme… elles savent que pour une soirée, c'est le meilleur plan… tu devrais essayer avec les filles…
- Chacun sa vie…
- Y'a rien de plus doux qu'une fille de dix-neuf ans… ouais, j'te l'dis, la gamine de dix-neuf ans est plus craquante que n'importe quel mec.
- Si tu vivais à Toulouse, tu changerais d'avis… on arrête, on va choquer Stéph, il est un peu religieuse ces jours-ci. Ou c'est la tempête qui l'a déshormoné…

- Alors, mon père, t'en penses quoi ?
- Il a cinquante ans.
- A part ça ?
- Il est comme pas mal de gens à cinquante ans, il s'est échappé de la vie agitée et s'est créé son propre univers, rassurant. On commence par vouloir changer le monde et après on se contente de se créer un petit monde. Petite bourgeoisie des bureaucrates bien payés. C'est pas le paradis bien sûr. Son univers, il est plutôt pauvre. Plus Souchon que Schopenhauer. Maintenant c'est Souchon et toi.
- Quelle responsabilité pour moi, quand même.
- Eh oui, être ce qu'il n'a pas été, faire ce qu'il regrette parfois de ne pas avoir fait, ou trouver ta propre voie, la question va se poser à toi. C'est peut-être ta décision de l'an 2000, vénérable David.
- Et toi, pour l'an 2000, t'as pris une décision importante ? T'as tiré un trait sur le passé ?
- Les décisions importantes, je les ai déjà prises. Maintenant, tant qu'il plaira à la vie de me garder, je continuerai ce chemin pour que les générations futures aient du mal à croire qu'un tel homme ait pu exister.
- Parfois tu t'y crois quand même.
- Ainsi parlait-on de la grande âme, du mahatma Gandhi… cinquante ans… Alain Souchon a cinquante ans.
- C'est difficile de te suivre.
- Les idées volent et les humains vont à pied… j'ai cinquante ans !
- Qu'est-ce tu racontes ?
- Chut !

Souchon, « un peu » d'alcool… l'alcool assemble parfois bien les choses : j'ai dix ans… j'ai cinquante ans !
Je tenais l'idée de ma première parodie !

Sa manière de poser la main gauche sur ma jambe droite me choque, dérange, irrite (euphémismes).

Encore une fois je suis faible :

- Je ne peux faire qu'une chose à la fois.

J'ai besoin de continuer :

- C'est la grande différence entre les hommes et les femmes. Les femmes peuvent faire un tas de choses au même instant, sans en perdre le fil… un atavisme… s'occuper des enfants, préparer le repas tout en restant attentive au cas où un prédateur s'approcherait…

- Ouais, ouais… c'est vrai que tu connais bien les femelles… ça t'est pas encore passé…

Je pensais : tu vois Marjorie, j'ausculte le genre homo comme tu as ausculté le genre lesbienne. Il est drôle, mignon, bon chanteur, Dorian de l'an 2000 avec sa tristesse dans le regard proche de la tienne d'Astaffort. Mais ce serait trop me forcer d'aller contre mes hormones. Rien contre l'idée mais aucune envie.

Pas une fibre en moi ne frémissait pour lui…

- T'es froid comme mec… c'est souvent le cas, chez les bis.

- Et tu en penses quoi de Marcel Proust ?

- T'es bizarre comme mec.

Ça voulait sûrement dire, nous ne sommes pas de la même tribu. Je préférais ne pas insister. Je m'en foutais tout simplement. C'était l'idée du grand canyon, l'idée de la parodie, qui m'occupaient. J'allais le décevoir ! Mais inutile de le faire souffrir !

Oui ? il suffira de lui dire : je dois écrire un peu, je te rejoindrai, je lui offrirai même ma chambre pour une nuit, et il s'endormira, persuadé d'être réveillé à la Charlus… et demain : chacun sa vie !

- T'en fais une tête… putain, il fait jour… c'était qui ?… il fait jour et tu m'as pas touché… T'as dormi où ? Putain, tu réponds… Tu devais venir me rejoindre.

- Bien des choses sont au-dessus de tout cela.

- Quoi ! J'suis v'nu chez toi plutôt que d'passer la nuit au Club, j'suis entré dans c'millénaire sans baiser. Et tu crois que j'vais chanter tes, tes trucs alors que tu te fous de ma gueule ?

Si la nouvelle, que je devais lui apprendre, le drame que je ne pouvais éviter de lui annoncer, n'avait été aussi cruel, il m'aurait sûrement fait rire : tout doit vraiment être chimique ! Non impossible d'avoir envie de lui. Même pour voir !

Il continuait :

- Alors, maintenant que j'suis réveillé, on va la commencer au moins c'te nuit qu'tu m'avais promis ?

- Je t'avais promis quelque chose ?

- Qu'est-ce que je fous là alors ?

- Tu dormais… et ton père a eu un accident.

- Quoi ?

- Le téléphone, c'était un flic.

- Il est blessé ?

- Ils ont retrouvé son corps ce matin dans le Lot.

- Quoi ?

- C'est ce qu'il m'a dit.

- Quoi ? attends, c'est pas possible, à part mon père personne savait que j'étais ici.

- Ils ont téléphoné à ton appart de Toulouse. On leur a dit que tu étais sûrement chez moi. Et avec le minitel.

- Ah, Jef sûr'ment… encore un bi… encore un lyonnais aussi… une petite gueule à la Grégory Coupet… Il est ?… Non… il doit y avoir erreur. Qu'est-ce qu'il serait allé faire… il a été assassiné ?…

- C'est pas évident, mais faudrait que tu ailles confirmer l'identité… Habile-toi, je te conduis.

Plus un mot ne fut échangé jusqu'à la morgue.

Aucune trace de violence. La thèse de l'accident est retenue…

- C'est la faute à Souchon !
- La faute à Souchon ? Qu'est-ce que tu racontes ?
- Ton père, c'est la faute à Souchon !
- Dis pas d'conneries pour me consoler, je sais bien au fond, ce qui a dû le perturber, j'ai vu sa tête quand j'ai dit que j'arrêtais la fac. J'dis pas qu'c'est un suicide. Ça devait le perturber et il a tombé.
- Non.
- Dis pas qu'il s'est suicidé parce que Souchon a dit qu'il allait arrêter.
- Non, il a voulu marcher « rive gauche », il a voulu voir sous les jupes des filles, il a glissé, il est tombé, et plouf.
- Et plouf. Arrête, tu serais capable de me convaincre.
- C'est tout à fait le style de ton père. Il l'a même fredonné, *rive gauche*, il l'a même fredonné *sous les jupes des filles*. Alors après notre départ, comme il parvenait pas à s'endormir, il est allé faire un tour. Arrivé sous le pont Valentré, il fredonnait justement encore une fois, *sous les jupes des filles*. Alors il s'est dit, de là on voit quoi ? Et plouf. C'est la faute à Souchon. Ce genre de chanteur cause les pires drames. Cabrel c'est pareil avec son romantisme gnangnan. *Je l'aime à mourir, question d'équilibre*, romantisme gnangnan et anti-spirituel, celui qui croit devenir quelque chose parce qu'il aime quelqu'un...
J'essayais de le distraire, aussi, un peu, en exagérant – si peu finalement ! Ou plus simplement : il m'énervait avec ses deux idoles…
J'écris *les Dupond Dupont de la chanson*. Il fut scandalisé.

Les Dupond Dupont de la chanson

La ménagère de sept à cent-dix ans
Figée devant son écran
Le présentateur lance des fleurs
Les annonceurs font leur beurre

Les Dupond Dupont de la chanson
C'est la variété rêvée
Pour animer
Une sacrée petite soirée

Ils s'ront un peu bougons un peu boudeurs
Mais jamais d'mauvaise humeur
C'est politiquement correct
La vacuité is perfect

D'un côté les bluettes de l'autre l'Arlette
Le chanteur engagé kitch
C'est la fête au ras des pâquerettes
L'adjoint au maire fait son speech

Les Dupond Dupont de la chanson
C'est la variété rêvée
Pour animer
Une sacrée petite soirée

Marjorie doute. Se soupçonne d'être là par simple caprice.
Simplement de l'entêtement.
Simplement pour ne pas un jour regretter.
Simplement par jeu.
Parce qu'après un an, il faut un truc de ce genre pour ne pas
sombrer dans la routine, pour « continuer l'Amour fou » ?
Marjorie doute de vraiment avoir besoin d'être là pour lire
paisiblement, s'imprégner de textes sacrés.
Marjorie redoute de faire ainsi souffrir Stéphane.
Marjorie écrit : je doute donc je suis.
Et murmure : est-ce simplement ça ? Vouloir être. Ou suis-je
schizoïde ?

Marjorie se souvient de son rêve : sa grand-mère allongée dans un fossé tandis que passe une troupe de soldats sur la route boueuse.

L'un des derniers militaires quitte la file, s'approche, s'arrête juste devant elle. Elle se sait perdue. Elle fixe cette jeune recrue, le trouve beau, pense qu'en d'autres circonstances elle aurait pu l'aimer, cet homme qui va l'arrêter. Elle s'en veut, est persuadée d'avoir fait un bruit. Lui ne baisse pas encore les yeux, son regard vague erre au loin.

Il urine.

Maria se retient de rire. Elle reçoit ce jet chaud en plein visage.

Marjorie s'est réveillée à cet instant. Elle connaît la suite ; elle pense : ce rêve ne signifie rien de particulier, ce fut la réalité. Telle que sa grand-mère la racontait parfois à table quand sa petite-fille jouait dans la pièce d'à côté.

Marjorie reprend : ce rêve ne signifie rien en lui-même ; mais le fait de voir ainsi ma grand-mère a un sens. Oui, si ce soldat avait baissé les yeux, une lignée sûrement s'éteignait…

Ou l'a-t-il vue ? L'a-t-il épargnée ?

Comme Maria parfois se le demandait ?

Et alors, je devrais ma vie à un geste humain durant une période inhumaine ?… Est-il toujours vivant cet enrôlé sûrement sans convictions haineuses ?

Quelques semaines, mois ou années plus tard, peut-être massacrait-il sans laisser transparaître le moindre état d'âme ?

Mieux vaut vivre ensemble dès la rencontre. Profiter de cet état de grâce, d'euphorie.
L'amour c'est quelques mois ; et un après.

D'après les livres, j'en étais à cette conclusion. J'ai vérifié ! il faudrait toujours lire avant de vivre.

J'ai vérifié… et non ! ou pas encore.
Ou cette séparation rend l'amour aussi essentiel ?

Un peu : *fuir le bonheur de peur qu'il ne se sauve ?*

Il faudra régulièrement nous octroyer des pauses ?… Il faudra vivre en respect des besoins de l'autre, même quand ces besoins sembleront à première vue nous être contraires… L'autre donne, je ne lui prends rien.

Incinération. Formalités. David préfère les distractions à la réflexion. Exige la présence de Stéphane. Certes pas de manière arrogante. Mais par une manière d'entraîner. De dire ON. On va à Toulouse. Il y aura même une virée à Toulouse ! Même quelques beuveries…

Je me blâme d'avoir laissé une amitié dont le but essentiel n'était pas la création et la contemplation de belles choses dominer entièrement ma vie.

Je relis *De Profondis* pour retrouver ce passage dont les termes exacts m'échappaient mais dont le sens me poursuivait.
La littérature permet d'éviter certaines erreurs.
Mon visage s'éclaire : oui, c'est exactement ça ; c'est cet écueil à éviter. Quelques heures pour de nouveau totalement m'imprégner…

J'aurais dû te rejeter de ma vie comme on secoue de son vêtement un insecte qui vous a piqué.

Et David entendra ce que je voulais le plus diplomatique possible :
- Je suppose que tu vas retourner à Toulouse et comme tu as une adresse e-mail, je t'enverrai mes textes. Je vais acheter un nouvel ordinateur, me mettre à internet. Si tu es intéressé, je te laisserai carte blanche pour la musique.
Je sentais monter sa colère, j'ajoutais :
- Je vais me couper totalement du monde. Avec internet comme seul lien.
- Fous-toi pas de ma gueule. Tu sais bien qu'internet c'est de la merde. C'est bien marrant pour la tchatche, pour la drague, mais pour la chanson c'est de la merde. Je te laissais dire tous tes trucs de créer des sites, tu crois pas qu'un producteur va perdre du temps sur tes sites. En plus, comme d'habitude, comme en tout, t'as un train de retard. Tout est déjà fait sur internet. Tous les noms intéressants sont réservés depuis belle lurette. Et t'as pas les

moyens de les racheter. Moi, moi si je voulais… mais compte pas sur moi. Tu crois pas qu'internet attend un pecnot de ton genre, tu pourras même pas te connecter de ton trou. Pour qui tu t'prends, tu crois quand même pas changer la chanson ! changer la chanson de Montcuq ! dis plutôt que tu veux plus m'voir. C'est ça les amis, j'croyais qu'tu m'soutiendrais au moins après c'qui m'est arrivé. Et t'as même pas eu un geste de tendresse.

- Un jour tu comprendras peut-être que ces trente-sept jours furent pour moi un dévouement extrême.

- Pis arrête de baratiner comme ta tarée. A Astaffort ils en ont parlé, de ta fêlée comme ils l'appellent, avec ses grands airs, ta Marjorie. J'crois qu'tu déteins complèt'ment sur elle. C'est une secte ta gonzesse. J'te laisse dans ta secte. Mais crois pas qu'un jour tu m'entendras chanter tes textes de merde. Tu perds plus que moi, parce que des chanteurs comme moi, y'en a pas dix. Des auteurs y'en a plein les rues. Y'en a qui f'raient des centaines de kilomètres pour que j'les chante. Si tu sais pas baiser, t'as rien à foutre dans la musique. Le jour où Richard me produira j'aim'rais bien voir ta gueule…

Et il a claqué la porte. J'ai entendu « t'as raison, c'est sûrement génétique. Un apollon comme moi n'a rien à faire avec un ». Quinze centimètres de ciment sont tombés. Une bande de quinze centimètres sur deux à trois de profondeur. J'ai souri !, pensant : il ne faudrait jamais laisser entrer chez soi quelqu'un susceptible de briser ce que des mains de chômeur ont réussi à faire !

J'ai souri : ouf. Enfin débarrassé de ce type. Enfin seul. Seul avec Toi. Je t'aime Marjorie… Plutôt se masturber tout en communion avec Toi qu'ailleurs me souiller. J'aurai aussi une vie monacale. Mais ce jour-là, au facteur, il y eut une convocation. Direction du Travail. « Damned, on ne peut jamais être tranquille longtemps ».

Son plus grand plaisir. Il dit « mon plus grand plaisir ». Il ajoute parfois : « à part baiser, mais ça tu peux pas comprendre ! ».

Son plus grand plaisir : traverser le pont Louis-Philippe en moins de six secondes, couper le rond-point aux jets d'eau et s'engouffrer sur les berges du Lot, faire un bras d'honneur à l'ANPE...

Le traiter de jeune con ?

Bien sûr, mais inutile, il le prend pour un jeu, avec sa réplique autoproclamée me « clouant le bec » :

- T'es trop vieux pour comprendre.

Que fait la police ?

Elle lui retira son permis mais les gradés, en France, à cette époque, servant encore à permettre aux crétins de mépriser la loi, son père en fut quitte à offrir une bouteille de whisky et payer un repas.

Puis : il a perdu son père, il fait des conneries, ça lui passera...

Je pensais à tout cela, au crématorium. Seul « membre de la famille ».

J'étais pour ainsi dire sa seule famille. La maison dont il avait héritée (les formalités de succession devaient débuter la semaine suivante) serait vendue au profit d'un lointain cousin de sa mère, qui naturellement serait prévenu bien après cette *cérémonie,* et de toute manière ne se serait sûrement pas déplacé, ignorant même avoir une parenté dans le sud-ouest.

Ce soir-là David avait raté le rond-point. Et dans la fontaine s'était encastré. Parfait pour la culpabilisation ! (son itinéraire de 10h45 à 22h30 ?... le test d'alcoolémie, un gramme neuf, le laisse supposer...)

J'avais été prévenu grâce à une coïncidence : l'un des policiers appelés était déjà de « l'affaire du père ».

Sinon je n'aurais peut-être jamais su (c'est avec ce genre

d'informations que la *Dépêche du Midi* semble obtenir des réabonnements à son torchon).

Je pensais aussi à cette coïncidence, qu'à presque rien cette crémation se déroulait « sans famille »...

D'autres idées m'assaillaient. L'une, j'y repenserais souvent (sûrement une conséquence des derniers mots entendus de sa voix) : « si l'homosexualité est génétique, elle est vouée à disparaître dans une société libre, sans tabou, permissive ; elle ne doit sa survivance qu'aux interdictions, qu'à la répression !... en réclamant le droit à leur sexualité, les homosexuels se sont perdus... Eh oui, jamais ce gène ne se serait transmis si des homosexuels n'avaient été contraints d'avoir une couverture maritale. Et encore récemment. Ne dit-on pas que pour entrer au gouvernement Mauroy en 1981, il fallut d'abord passer chez monsieur le maire ! combien de générations prendra cette sélection naturelle ? Si un gène... c'est le chant du cygne des homos...»

Il me reste sa guitare sèche. Elle est au grenier. Une cassette maquette avec « la caissière » et « vivre libre ». Encore aujourd'hui, pas la force de l'écouter.

Non seulement la majorité des gens sont incapables de nous offrir quelques grammes de bonheur mais en plus ils laissent un sentiment d'échec, de culpabilité.

Philosophia, en grec.
Etymologie : amour de la sagesse ; qu'il vaudrait mieux traduire : quête de la sagesse.

Sophia : aussi le savoir.
Un savoir-vivre.
Penser mieux : vivre mieux.

Philosophie : la doctrine et l'exercice de la sagesse (non simple science).
Kant.

Le temps d'apprendre à vivre, il est déjà trop tard...
Merci Aragon pour cette mise en garde.
Sûrement puisée chez Montaigne :
On nous apprend à vivre quand la vie est passée.

Une erreur. Etre dans l'erreur. Ne pas savoir où se situe notre bien. Nous n'avons rien de plus précieux que notre vie, c'est pourquoi il faut philosopher (penser vraiment).

Si notre avancée peut servir à d'autres, tant mieux.
Mais c'est d'abord notre vie qui est en jeu.

Prétendre penser d'abord aux autres n'est qu'une manière de masquer une peur de penser vraiment. Les autres, seul notre exemple peut leur être utile...

Comment vivre ? La question centrale de la philosophie.
Vivre et non espérer vivre. Vivre c'est toujours au présent. L'idéalisme n'est pas de la philosophie. Tout est affaire d'ici et maintenant. Je sauve ma vie à chaque instant en ne la laissant pas dériver. En la sublimant du mieux possible. Et si la vie se résumait à un simple : faire ce que l'on peut faire de mieux.

Qui entend le silence assourdissant des blessés incapables d'assumer leur passé ? Ils croient nécessaire de se projeter dans l'avenir pour exister, n'y arrivent pas, forcément, donc perdent le présent à tanguer ainsi des souvenirs insoutenables au futur bouché.

Suis-je finalement encore dans cette perspective ?

Ai-je plus mal que je le concède, au passé, à l'enfance ?

Et si ma lucidité du « présent essentiel », unique éternel, relevait du simple détournement de concept opéré par intelligence mais inefficace sur l'inconscient ?

Et si j'étais encore malade du passé. En fuite.

Et si tout cela n'était qu'une forme de dégoût ?

Et si je n'étais qu'une fille de Souchon ?

> Une fille de Souchon
> Un peu bougonne
> Une fille de Souchon
> Qui souvent déconne…

Tout porte à croire qu'il existe un certain point de l'esprit où la vie et la mort, le réel et l'imaginaire, le passé et l'avenir, le communicable et l'incommunicable, le haut et le bas, cessent d'être perçus contradictoirement.
André Breton.

Des références à appeler en cas d'urgence !

Un an. Ces pensées j'aurais pu les développer avec Stéphane.

Dois-je t'oublier, raisonner comme si tu n'existais pas, pour ALLER PLUS LOIN QUE L'ETUDE, pour extraire et poser définitivement le NOYAU NOIR de ma vie ?

J'aurais pu partir autrement.

Rien n'asservit l'homme qui marche confient des pèlerins sur le chemin de Saint-Jacques de Compostelle.

Chaque pas est alors un pas en soi.

Mais sur ce chemin, les mauvaises rencontres sont aussi possibles. Et pas seulement les chiens de ceux qui savent qu'il est aussi de faux marcheurs, indicateurs en repérages pour la petite racaille.

J'ai besoin de sentir une certaine sécurité.

Qu'y a-t-il de vital ?

Respirer
Penser
Dormir
Boire
Manger

Et…
Ça ne se fait pas dans un monastère ? Encore une idée-reçue !

Pour tout : avancer.

Celui qui n'a plus de force tombe au milieu du chemin. Du moment que tu n'es pas tombée, si tu n'avances plus, c'est que tu dresses sciemment des barrières sur ton chemin.
Confucius adapté par Marjorie.

Ils sont payés pour ça !
Bien vingt bureaux à la Direction Départementale du Travail et de la Formation Professionnelle, DDTEFP.
Dans une ville de 20 000 habitants !
Et cette DDTEFP n'est qu'une des sections du mammouth.
Oui, dégraisser le mammouth. Virer ces parasites !
Tous ces gens payés pour surveiller, agir sur les statistiques, au point de scléroser le pays. Ils seraient mieux au RMI !

Stéphane revient de Cahors. Après un entretien rue Victor Hugo (*Victor Hugo, ils ne doivent même pas savoir qui c'est*), prié de se rapprocher de l'ADDA, Association Département pour le Développement des Arts, émanation du Conseil Général, pour étude de la faisabilité de son projet.

Celerom Intel 500 MHz
Mémoire 64 Mo SDRAM PC 100
Disque dur 8,4 Go UDMA 66
Lecteur CD-Rom 50X
Modem PCI 56 kbds V90

Le moins cher. Du 22 mars au 1er avril. Spécial micro. E. Leclerc
46 CAHORS PRADINES.

- Avec cet ordinateur, je pourrai utiliser Internet ?

Des articles, *Le Monde*, *Le Nouvel Observateur*, *Le Point*, m'ont convaincu : internet est vraiment notre chance. Internet va révolutionner la musique… et les crétins de l'ANPE, de la Direction du Travail n'y connaissant sûrement rien (ils n'ont pas eu la formation !…), internet devrait me faire gagner un peu de temps…

« Gagner du temps » : jusqu'à la retraite ! Un peu de temps perdu, c'est toujours ça de gagné…

ADDA du Lot.

Combien sont ces sangsues sur le corps de la culture ? six ? sept ?
Et dans chaque département !

Stéphane revient de Cahors. Après un entretien avec le directeur
de l'ADDA.
Un pion sur le dos de la bête. Il lui faudrait un dossier… Mais t'es
qui toi pour juger, tu as fait quoi ? Tu la dois à qui ta sinécure ?

O,5 ou 1% du budget de l'Etat attribué à la culture. Peu importe :
simple mesure d'une mascarade. La culture confisquée par une
bureaucratie.
Approche communiste de la culture ? Le dernier bastion du
marxiste ? Une culture officielle, surtout des officiels !
Un pays en voie de sous-développement culturel.

Encore un truc à assumer : je vais envoyer un dossier aux
Francofolies de La Rochelle, de Jean-Louis Foulquier, là-bas au
moins la structure sert à quelque chose ! (il a compris par rapport
aux *Rencontres d'Astaffort* mais n'a sûrement pu imaginer être
aussi visé…)
- Oui, dans votre cas, c'est sûrement la meilleure chose à faire.

Ils sont médiocres mais ne cherchent pas la petite bête. Des
blasés. Faire ça ou peindre la girafe doit être leur expression
favorite.

Ce soir-là, je terminais enfin la parodie d'Alain Souchon.

Cinquante ans
Ça devait arriver
J'ai cinquante ans
Laissez-moi rêver
Qu'j'ai tout mon temps
Même si c'est surprenant
J'en suis content
J'me sens 'core jeune mais

Si tu m'dis qu'ça s'voit
Je t'appelle l'affreux Judas

Cinquante ans
Les matches de football
P'tit écran
Comme j'en raffole
Le gnangnan
Je trouve ça drôle
Forcément
On m'dit frivole

Si tu m'dis qu'ça s'voit
Je t'appelle l'affreux Judas

C'est chaque jour que j'm' balade
Je suis le roi d'la flémarde
Quand je m'approche des jupes
  des filles mon cœur brille
Et les gars j'en parle pas

Cinquante ans
Je vis dans des sphères
Où les gens
Sont millionnaires
On s'voit souvent
Pour le plan d'carrière des enfants
Faut bien être solidaire

Si tu m'dis qu'ça s'voit
Je t'appelle l'affreux Judas

Cinquante ans
Billets plein les poches
Cinquante ans
Les filles aiment ma Porsche
Cinquante ans
Laissez-moi rêver
Qu'j'ai tout mon temps

Si tu m'dis qu'ça s'voit
Je t'appelle l'affreux Judas

Je m'souviens de ma cabane
Des vacances en caravane
J'me r'vois tout p'tit môme
  s'moquant des bedonnants
J'fais du jogging en marchant

Cinquante ans
Ça devait arriver
Cinquante ans
Laissez-moi rêver
Qu'j'ai tout mon temps

Même si c'est surprenant
J'en suis content
J'me sens 'core jeune mais

Si tu m'dis qu'ça s'voit
Je t'appelle l'affreux Judas…

PARODIE
Titre de l'œuvre originale :
J'AI DIX ANS

Appel de Delphine Lagache : pour la première fois « un auteur » est retenu au *Chantier des Francofolies*. Ma présentation les a convaincus… ce sera une semaine à Cognac.

Les chanteurs défilent. L'auteur n'a qu'à… observer…
L'œil de la voisine : ils sont fiers d'avoir fait des études !… de musicologie… d'enseigner… mais c'est d'une banalité vos trucs !… mieux vaut se taire…
Télécran : eux aussi, fiers de ce qu'ils font ! Bon…
Cécile M : …et elle a « fait Astaffort », continue d'ailleurs à travailler avec une Sandrine bien vue.
Joyce : ils ont trouvé un producteur donc se croient géniaux…

Mes textes ? Tous savent faire !… Bon, oui, si vos textes vous plaisent, on ne va pas avoir grand-chose à se dire…

Demain arrive Souad Massi… vous ne connaissez pas encore ?… la Joan Baez berbère… elle a signé chez Vivendi…

Souad Massi à la guitare. Je « chante » ! J'observe l'Albaret s'impatienter. Je fais durer pour ce petit plaisir !
Cécile M a vu Michel Houellebecq sur scène. Prétend reconnaître une parenté dans le côté « diseur ». Elle aimerait recevoir « un signe » de « l'écrivain sulfureux » (mais médiatique donc recherché !), qu'il écrive pour elle… lui a laissé un CD…
Et moi ? Je ne suis pas assez connu ?… Je ferme ma gueule… La présence d'Albaret m'est de plus en plus insupportable. Ça doit être physique ! (et réciproque ?)
Souad, mes textes ? déjà un *parolier !* et elle préfère chanter en berbère… Seule à la guitare, même à du Cabrel elle donne une âme… mais bon, elle choisit du gnangnan… *il passait sur les ondes en Algérie…* Eh oui, même à l'exportation…

Et ces gens seront catapultés « nouvelle chanson française » s'ils vendent. Des coquilles vides. Vides. Vides. Vides.

Les-présents-parce-qu'ils-ont-participé-au-Chantier sont priés de distribuer des prospectus pour LE CHANTIER.

Le chantier, avec le soutien de : sacem, adami, spedida, FCM, SCPP…

Photos couleurs : personne ne demande pourquoi Emmanuelle Cadoret est photographiée à quatre reprises !

La mascotte, murmurent certains (pour la rime ?)… et si elle autoproduit un album, elle obtiendra sans difficulté une bourse sacem ?

Comme on peut être médisant… par derrière !… bien sûr on ferme sa gueule…

Certains s'empressent. Plaire. Désolé moutons, j'aime pas votre berger. Plutôt assister aux concerts que distribuer ta pub.

T'es pas content ? Désolé mec, je ne te dois rien. Grâce à moi tu obtiens des subventions. Tu ne m'as rien appris. Ton versant du show-biz ne m'intéresse pas. Internet doit être un terme barbare pour toi. Internet, tu feras tout pour décourager les naïfs attentifs à tes conseils ? Internet, ce sera mon domaine, où l'art sera roi et Marjorie sera reine. Ne me regarde pas comme ça ! Ton vieux monde s'écroule.

Oh t'inquiète pas trop, tu leur suceras encore bien du pognon, tu as des relations… tu as encore de belles années d'inutilité parasitaire devant toi.

Je souris. La transmission de pensée ? Que ce type lise dans mes pensées ? non… il lit juste dans mon regard ?… j'ai le mépris non masqué !…

Je m'en fous, je pourrai dire, écrire : premier auteur retenu aux Rencontres d'Astaffort et aux Francofolies de La Rochelle, j'occulterai naturellement le terme *chantier*. Prétendre : c'est une reconnaissance…

Mais non, je ne déprimerai pas parce qu'il « ne va rien se passer ensuite »… Il ne faut rien attendre de vous ! J'ai juste besoin de lignes sur mon CV artistique !

- …est-ce que tu connais l'auteur de ton prochain album ?
- Non.
- Alors peut-être à bientôt !
- OK, on va lire ça.

Certains en seraient enthousiastes ! *Francofolies* de La Rochelle. J'ai LE PASS. Les balèzes des contrôles s'écartent pour me laisser pénétrer dans les *zones artistes*, ont le bonjour aimable… Et je peux aborder Patricia Kaas naturellement…

En première partie Isabelle Boulay suscite la quasi indifférence, jusqu'à l'a cappella d'*Amsterdam*.
Patricia Kaas : une découverte. Une vraie présence sur scène (même un soir de juillet digne de février d'avant les perturbations climatiques).
Mais des textes d'un pitoyable !

Patricia, à quand un répertoire digne de ton charisme ? Il te manque une force essentielle : savoir t'entourer (ce qui passe par quelques NON iconoclastes…) ?

Alors quand ? Après des « reconnaissances » ?

Sami Rama, *la Gazelle du Boulgou,* est inconnue en France.

Evoluant dans la chanson moderne, en solo depuis une décennie, SAMI RAMA est auteur, compositrice, interprète et guitariste Burkinabée...

Elle est de l'ethnie Bissa (de l'est du Burkina) mais parle deux autres langues du pays : le Mooré et le Dioula, ce qui lui permet, en plus du Français, d'étaler toute une diversité de styles, mélodies et rythmes...

Premier séjour en France. Hôtel de luxe mais juste invitée… Pour avoir remporté « le prix de la Francophonie ». Elle aborde un type qui sort de la *zone interdite aux badauds…*

[Quelques mois plus tard je figure sur son troisième album, récompensé au Burkina Faso par un Kundé d'Or meilleure interprète de l'année, l'équivalent de nos *victoires de la musique.* Oui, ça tient à peu de choses… ou : des êtres se rencontrent par ondes ?]

Et tandis que le septième vice-président du Conseil Général, un certain Gérard Amigues du canton de Limogne, achetait pour « le fonds ancien du département » les clichés d'un futur obscur écrivain ayant séjourné dans le Lot, Sami Rama était photographiée dans le Quercy… depuis je suis « le gaou », terme africain difficilement traduisible sans recourir à des exemples, disons « le villageois ».

Peut-être, quand tu reviendras, serai-je un spécialiste de l'internet ! mais comme il est difficile de vivre à la campagne et se connecter !

Aol. Pourquoi payer plus ?
Mais rarement la connexion dépasse cinq minutes. Déconnecté. *Putain, encore déconnecté*, devient l'expression la plus courante.

Appels chez Aol : c'est la faute de votre ligne – voyez l'opérateur local, France Télécom. Ou c'est la faute de votre modem, voyez votre fournisseur.
Leclerc Cahors, au troisième appel : vous pouvez amener votre unité centrale pour un test [résultat : modem nickel].
France Télécom : la ligne n'y est pour rien, c'est la faute d'Aol, ils sont moins chers mais le service laisse à désirer.
Et le conseil : abonnez-vous à wanadoo et vous n'aurez plus aucun problème.

Wanadoo intégrale 3 heures (3 heures de connexion) : 39 francs par mois.
La promotion en cours : « *pack intégrales* » à 66 francs : deux mois à dix heures, et un bon d'achat de 200 francs sur le site de vente de livres du groupe France Télécom, alapage.com.

Je reçois deux contrats. ternoise@wanadoo.fr et ternoise2@wanadoo.fr !

26 juin : nous avons bien reçu votre demande de résiliation d'abonnement à wanadoo. Conformément à votre souhait votre résiliation prend effet au 31.07.2000
Allô, monsieur Guttierrez (France Télécom Cahors, rédacteur du contrat) :
1) wanadoo se moque de moi ou est le refuge des incompétents de France Télécom ?
2) ma connexion wanadoo fonctionne toujours aussi bien qu'avec Aol : déconnexion rapide ou connexion impossible.
Le réseau a été vérifié... il s'agit de votre modem...

317

Voyage de l'unité centrale à France Télecom Cahors : aucun problème de connexion – aucune déconnexion !

Un « spécialiste » vient expertiser la ligne : aucun dysfonctionnement...
- Mais votre portable est étudié pour les situations difficiles ?
- Le modem est externe, ça fonctionne mieux avec un modem externe.
- Et quels autres critères ?
- Je ne sais pas... vous savez, on m'a donné un ordinateur, on me dit d'aller chez les clients vérifier leur connexion... le plus souvent je suis sur le terrain, je m'occupe d'installer les câbles...

13 octobre : deux factures en retard de paiement... Car en plus d'oublier les deux mois avec 10 heures inclues dans la promotion, ils ont aussi perdu l'autorisation de prélèvement... et me réclament chaque mois le forfait trois heures... et sept heures de dépassement du forfait !

Allô, monsieur Guttierrez, mais je n'ai rien à payer ! C'est une erreur de wanadoo !...
[finalement, je paye wanadoo et France Télécom me rembourse !]

« Une terre » (un câble défectueux) sur la ligne... au cinquième appel au 10 13, service technique, « le robot » détecte « une terre »...
- C'est normal, ça ne se détecte pas toujours avec les robots... ça dépend d'un tas de choses, des conditions climatiques...

Des techniciens se déplacent... Ne la trouvent pas... bon on fait un dernier essai ! Après deux heures de recherches, « la terre » est localisée... 200 mètres de câbles seront changés dans la vallée...
Résultat : « correct » (sans déconnexion) uniquement le matin avant 8 heures ! Me lever juste pour internet !
Les différentes expertises techniques ne mettent en évidence aucun défaut imputable au réseau.
Un doute subsistant quant au modem, je vous propose le prêt d'un modem jusqu'au 15 novembre, qui vous sera fourni et installé à domicile dès aujourd'hui.

Je vous contacterai personnellement afin de prendre connaissance de l'évolution de votre situation et je reste d'ici là à votre disposition pour toute demande de votre part...

Pas de chance pour *Guy BAVOIS*, directeur, qui signe cette lettre du 17 octobre 2000... des techniciens compétents se sont déplacés !... et ne sont pas étonnés vue l'installation... ils coupent quelques fils... changent « des boîtes »...

[Le monsieur ne répondra pas à une lettre « légèrement » cynique]

Ai-je oublié des péripéties ?

Ça marche. Ce n'est certes pas des réponses à la seconde. Recevoir un fichier musical compressé en MP3 nécessiterait une bonne heure... mais ça marche.

Ecrire. Maîtriser correctement la langue française, savoir être cassant peut donc encore servir !

- France Télécom a reçu mission de l'Etat d'instaurer l'inégalité d'accès aux technologies nouvelles entre les villes et les campagnes ?

- Votre conseiller internet me conseille numéris, soit 169 francs par mois rien que pour la ligne, auxquels s'ajouteront les communications internet. Dans votre jargon, vous appelez cela « la rente campagne » ?

Ça marche... à 28 k... k pour kilo, soit 1024 octets... pour comprendre ce chiffre, le rapprocher des capacités du modem : 56 k ; de la vitesse de la technologie ADSL (uniquement les villes) : 512 k minimum ; 1024 k en offre « classique ».

Le monde de la chanson ne m'intéresse plus. Mais la chanson est un espace de création incomparable (ni au roman ni au théâtre ou à l'essai, ni à la poésie traditionnelle).

Combien d'auteurs ont abandonné à cause de cette incompatibilité entre leur aspiration créatrice et le milieu artistique ?

Le grand canyon. Ici aussi.

Je peux être le premier à réaliser le rêve sûrement rêvassé par les auteurs dignes de ce nom, avant de s'enfuir ou d'être engloutis par cette machine à niveler, ce redoutable rouleau compresseur du conformisme, aseptisant, qu'est le marketing allié aux marchands.

Je peux être le premier à réaliser le rêve de créer et « balancer », sans subir la promiscuité des intermédiaires.

INTERNET.

Deux ans donc, pour qu'à ton retour tu puisses devenir « la chanteuse du troisième millénaire » (*je veux bien chanter mais pas dans ces conditions*).

Alors je changerai les conditions. *Pour toi je bâtirai des cathédrales, où l'amour sera roi et toi tu seras reine…*

Mais internet est une autre jungle. Avec la chance que les loups s'entredévorant sur leurs domaines, ils observent le web comme une brebis un TGV. Il est donc encore possible d'innover.

Je n'y connais rien mais je sais la direction et le pourquoi de mon plongeon dans la toile.

Un site pour rencontrer des interprètes…

Comment fédérer des auteurs ?

www.textesdechansons.com : les textes présentés par leur auteur.

Mes textes ressortiront forcément ! [je le crois alors]

Les grosses mouches tournent, tournent, tournent et bourdonnent. Les souris grattent dans le grenier. Quant aux moustiques, dès que la lumière sera éteinte, ce sera l'assaut vers la viande fraîche. Je suis du simple sang comestible pour ces bestioles ; je les cherche partout, scrutant les murs, le lambris du plafond, les poutres, les étagères…

Les grosses mouches, les souris et les moustiques : le respect, la dévotion bouddhiste pour toute vie, le refus d'y attenter ne résistent pas à la vie quotidienne à la campagne.
Je peux vivre sans manger de viande mais je deviendrai fou si les mouches bourdonnaient bourdonnaient… et passaient le relais aux moustiques… Je ne serais plus que boursouflures au bout de six nuits, si le soir je souriais à ces satanés moustiques…

C'est une lutte pour la vie. Et d'autres espèces pourraient s'approprier le terrain…

Ne pas manger de viande par respect pour toute vie ?
Y aurait-il encore des fruits si on abandonnait les arbres aux pucerons ?
Y aurait-il des salades, du raisin, si rien n'anéantissait les hordes d'escargots et limaces ?…

Et si Souchon avait éveillé ma propension au dégoût ? En fredonnant « rame », je dérivais, moisissais, m'embureaucratisais.

Je les comprends ces immobiles de la direction du travail !... mais leur pardonner, jamais ! Quels mauvais exemples pour leurs enfants... Non, la raison est ailleurs : il m'est impossible de leur pardonner... ils sont le reflet de ce que je serais sûrement devenu sans « ce drame ».

Serais-je ainsi ou rapidement « le jeune couple » se serait désuni, séparé, aurait vendu la maison, et « ce mini drame » aurait constitué pareille opportunité ?

Mais même en partant, le plus probable était la Duglanérisation.

Sans cet aphorisme de Pascal, aurais-je cherché un sens à ma vie ?

Sans Marjorie aurais-je résisté à la show-bization ?

Je suis d'une époque souchonnisée. Il n'y peut rien : il était ainsi, ça a plu, il se dit « j'ai une belle vie ». Symbole d'une époque petite-bourgeoise, dans un pays où des privilégiés indignes de leurs privilèges perdent leur temps, ce temps conquis par des générations besogneuses, imaginatives.

Avoir gagné vingt ans d'espérance de vie pour les perdre vautré quatre heures par jour devant une télé. Pays souchonnisé.

A quoi bon travailler seulement 35 heures si c'est pour s'engloutir dans d'autres routines ? Comme des morts anticipées.

Rame, tu pourras jamais tout quitter…

Restez victimes ! Complaisez-vous dans vos petites névroses, vos ridicules petits malheurs si rassurants. Tout plutôt que payer le prix de la Liberté !

C'est à cause de mon enfance…

Non. Je suis à un âge où la cause n'est plus à l'extérieur mais en soi.

15-20 ans : l'âge de la révolte, du refus le plus souvent sans objet. J'ai brisé les barreaux du mensonge au bon moment. Mais j'ai traîné ce fardeau. Certes ici je l'ai posé.

Ces tonnes, c'est à ma raison de les rendre plus légères qu'un sac de plumes. Il ne s'agit pas d'oublier mais d'assumer. Ne pas vouloir se « libérer du passé » mais l'observer comme du simple passé. Le passé sera toujours en nous !

Changer le statut du passé, de fardeau à simple souvenir. Ce fut ainsi, point. De simples faits.

Pourquoi ne pas avoir TOUT dit à Stéphane ?

Pourquoi avoir évacué de la mémoire consciente les faits ? Pourquoi avoir été dupe de la réorganisation du passé tel qu'il l'a prétendu ?

Les drames sont d'abord des accélérateurs d'évolution, et non des gouffres. Quand ils nous laissent en état de vivre une vie vivable.

Mon passé. Il va me falloir faire définitivement la paix avec ce passé. L'écrire tel un fait divers. L'écrire. Il n'est qu'un fait divers. Me concernant guère plus que peut m'intéresser une histoire de Georges Simenon.

Je ne suis qu'un personnage de cette vieille histoire. Et les autres existent uniquement dans ma mémoire. Il doit encore vivre. Mais il est comme les autres : un simple personnage. Il agit certes maintenant en me perturbant… mais c'est la fin de sa mainmise ! Qu'il profite de ses dernières minutes !
Je m'appelle Marjorie et je t'emmerde ! (colère ? dérision brelienne plutôt !… monsieur le flamingant !).

Bon : ce qui n'est pas dit ne pouvant être dépassé, il est temps d'écrire le drame. Il a tué. Et je l'ai vu. J'ai tout vu. Il a vu que je voyais. Il a dit « tu n'as rien vu ». Et je n'ai rien dit. J'ai su, senti, qu'il était inutile, dangereux même de parler.

Que dénoncer serait au mieux être traitée de mythomane. Serait être rapidement enfermée, soignée, rééduquée. Il faut te reprogrammer l'esprit. Pour ton bien. Dire, dénoncer, c'était : le lavage de cerveau assuré.

Ce n'était pas en Russie sous Staline mais en France sous François Mitterrand. Les puissants ont encore souvent la possibilité de réécrire l'histoire, d'acheter une mise en scène plausible.

Ils n'ont rien dit. Ils n'ont rien dit alors qu'ils avaient plus de seize ans. Ils n'ont rien dit parce que le mensonge rapportait plus que la vérité. Ils n'ont rien dit comme d'autres ne sont pas intervenus. Comme d'autres corroborent les chutes dans les escaliers. Comme d'autres signent des formulaires. Comme d'autres sont occupés ailleurs. Comme d'autres font simplement « leurs heures »…

Des fautes. Des erreurs. Et les fautes, les erreurs, les humains ont tellement pris l'habitude d'en facturer les conséquences aux autres, que je suis née dans une famille sous haute tension.

J'ai essayé d'arranger les choses ! Comme tout enfant j'ai cru être responsable de tout le bazar... je ne savais pas, comment aurais-je su ?, que des parents dignes, c'est l'exception – qu'ils s'aiment encore, c'est improbable mais qu'au moins ils soient dignes... il ne faudrait jamais se promettre de s'aimer toujours (puisque nous ne maîtrisons pas ce sentiment... paraît-il) mais se promettre de rester digne, quoi qu'il arrive...

Mais le meurtre. Oui, il y a eu meurtre. J'ai préféré « oublier », occulter, presque nier. Tu as rêvé Marjorie. Tu as rêvé Marjorie. C'est un cauchemar que tu prends pour la réalité. Tu as rêvé Marjorie. En fait, ça s'est passé comme il a dit, comme il est noté sur le certificat de décès, comme *tout le monde* vous le dirait...

Occulter la réalité. Stéphane, même à Toi, j'ai laissé la « vérité réécrite » sortir. La réalité est si souvent réécrite !

C'aurait pu être pire. J'aurais pu naître dans un pays fasciste ou communiste. Où réécrire le passé est dans la Constitution invisible. Je suis marquée mais non embrigadée. Et j'approche de la trentaine, l'âge où l'on ne peut plus se prévaloir de manques pour se justifier. Bientôt : la décennie à ne surtout pas rater.

[deux décennies sous influences – plus ou moins bonnes ; une décennie pour comprendre, dénouer les fils, sortir des embrigadements, névroses, et la quatrième à ne pas rater...]

Ici chacun peut jouer sa vie. Quand son passé est assumé. Oui, on se fait de blessures, on se construit avec tant de matériaux...

Je suis Marjorie, libre de vivre pleinement cet instant.

Stéphane,

Il a tué et maquillé le crime en accident.
Je ne t'ai pas menti, je t'ai dit, comme je l'ai dit à quelques copines : à la mort de ma mère, je n'ai plus supporté mon père et je suis partie.

J'ai vu le corps de ma mère durant ces heures où officiellement le bon docteur Cantat essayait de la sauver. Misérable, il a « refait » le visage, masqué la réalité.
J'ai vu cette tête tabassée, défigurée.

Etre témoin d'un meurtre,
Et comprendre l'inutilité, le danger de le dénoncer.
Le certificat du médecin légiste serait contre moi : accident.
Aujourd'hui, je serais en hôpital psychiatrique !… Plutôt se taire et fuir, se terrer le temps nécessaire…

Je me suis identifiée au peuple Juif. Combien ont cru pouvoir vivre comme avant ? Que rien ne pouvait leur arriver, qu'un voisin ne pouvait les dénoncer ? Qu'un phare de l'Europe, qu'un peuple ayant sécrété des esprits comme Goethe, Kant et Schopenhauer ne pouvait sombrer dans la barbarie ?
Il fallait fuir face à la haine.
Je me suis identifiée à ma grand-mère. A cet instant-là, j'étais ma grand-mère. Née à Varsovie.
Ma grand-mère fuyant d'abord Varsovie. Puis fuyant Paris quelques années plus tard.
Le réflexe de la fuite s'inscrit dans un gène ?

Etre juive ne voulait rien dire.
- Sale juive.
Etait l'insulte la plus fréquente. Ma mère la recevait comme une autre. Ce fut donc pour moi une insulte comme une autre.

J'avais depuis longtemps intériorisé la différence entre mes parents et ceux des copines. Une amie, on l'invite chez soi, je n'avais donc pas d'amie ; je ne pouvais risquer d'entraîner quelqu'un sur ce terrain miné, le théâtre de la guerre, l'enfer.

Fuir. Pourquoi ma mère n'a pas fui ?

« Je ne peux pas vivre en fuite tout le temps comme a vécu ta grand-mère ».

C'était sûrement sa raison, cette confidence d'un soir où l'enfant laisse échapper sa terreur, *maman, il faut se sauver…*

Sensation de répéter l'histoire comme obstination à refuser toute similitude sont les deux faces d'une même incapacité à assumer le passé. Aucune fatalité, simplement des circonstances. Et peu importe le passé, c'est face à chaque circonstance qu'il est nécessaire d'agir.

Mais le drame est plus profond. Le drame de ne pas avoir été désirée, d'avoir été celle pour qui deux êtres inconciliables ont vécu ensemble, se sont pourri l'existence, jusqu'à « sa victoire ».

Il fallait que l'un crève. Comme dans un roman de Zola.

J'ai condamné le genre humain ce jour-là.

Ma mère aurait été incapable de tuer, elle était donc perdue puisqu'elle refusait de fuir… Incapable de tuer peut-être pas physiquement mais mentalement, retenue par la peur d'une « punition divine »…

« Ne riez pas de pareils mariages ! Quel enfant n'aurait pas raison de pleurer sur ses parents ? »
Ainsi parlait Zarathoustra

Dans ce monastère, je fuis encore.

Maintenant tu sais, tu sais tout ce que je sais, tu sais cette plaie où je pose enfin un doigt. Cette plaie qui me rend sûrement un peu inapte à la vie, m'oblige à chercher un sens à la vie. La résilience.

Je te demandais trop : me réconcilier avec le genre humain. Et naturellement sans t'en faire la demande explicite.

J'ai réussi à l'écrire. Je suis bien ; en vie, dans cette vie. Mais je suis loin du genre humain.

D'un signe, qui voudra dire, « aujourd'hui», tu peux interrompre ce séjour.

Eclaire simplement, d'une simple pile électrique, la cloche du presbytère, le 27 à 2h35.

Je t'aime Stéphane, je t'aime.

Marjorie.

Mais comment t'envoyer cette lettre ?

SORTIR C'EST PARTIR !

FAIRE LE MUR ?
Oui, sortir, aller jusqu'au village et revenir est possible ! Mais, c'est tricher. Avec soi, avec son engagement.

Suis-je aspirée par le scénario d'un livre de chevalerie ?

Mais quelle déconvenue poussa Colette à s'exclamer : *l'amour n'est pas un sentiment honorable.*
L'impression d'aimer encore, malgré tout, après un « mauvais coup » de Willy ?

Et Paul Léautaud avec son *aimer, c'est préférer un autre à soi-même !* Aimer, nécessitant d'abord d'être capable d'aimer, d'exister vraiment, il est indispensable de savoir que TOUT passe par soi… Je suis le récepteur du monde…

Quelquefois j'ai vu ce que les hommes ont cru voir.
Malheureusement pour Rimbaud, il n'évoquait pas l'amour…
Quelquefois. Avec Toi. Grâce à Toi. Au Tantra aussi.
Que seraient les sentiments sans le physique ?

Comme Stendhal, vais-je finir par noter : *l'amour a toujours été pour moi la plus grande des affaires, ou plutôt la seule* ?
Tout cela, cette « retraite », n'était-ce qu'une manière de me préparer à l'Amour ? Me préparer à rencontrer une Femme d'Amour. Une exception donc. Une Femme non engluée. Si Marjorie avait été une vraie lyonnaise, elle aurait dit « comme c'est beau ici » mais après quelques nuits : ennui, besoin de la drogue des villes, de l'insignifiante agitation, les petites médiocrités sociales, le paraître…
L'Amour est voué à disparaître ?
« L'Amour sain » comme l'entend Manset ?
Et si derrière ma marginalité, il y avait l'Amour ?
Rencontrer Marjorie était improbable. J'aurais pu vivre ici cinq cents ans sans croiser un être d'Amour. Ou les êtres d'Amour s'éloignent tellement du troupeau qu'ils s'aimantent ? Ondes ?

Vivre seul affine la perception ou je deviens fou ? Tu m'envoies des vagues d'Amour ?

Parfois même l'existence de Marjorie, j'en doute ! J'en arrive même à penser : rêve ou réalité, peu importe fondamentalement ! L'être humain étant condamné à la solitude, quand la vie ne lui fournit pas les épreuves nécessaires à la lucidité, il lui reste la possibilité d'inventer.

J'y vois une conséquence de mes réflexions sur la fausse opposition rêve / réalité. Une incapacité à maîtriser le sujet... donc ce méchant sujet me déborde ! Aussi une réaction de protection, un humour, pour supporter cette séparation ? Je peux redouter un dérèglement plus grave !

Rêve ou réalité, peu importe finalement, les deux hypothèses confortent ma théorie de l'Amour : il faut d'abord franchir des barrières, frontières, fossés, de grands canyons, se détacher de tout ce qui fait la médiocrité, la bassesse de nos vies...

Marjorie en était là, elle m'a aspiré dans cet autre univers, aurait pu aimanter quelqu'un d'autre ! qui ne se serait pas laissé aspirer ? !!!... Moi rien qu'un an plus tôt ?...

S'il n'y avait eu ces mois dans cette chambre, aurais-je plongé, J'étais donc sur la voie, ce ne fut pas un hasard, ou alors le hasard qui favorise les esprits préparés...

J'étais préparé et Marjorie l'a saisi d'un regard.

Pourtant, malgré les bonnes résolutions, la futilité rôdait. Si à la place de Marjorie, Isabelle Boulay avait déboulé ? Avec dès le premier quart d'heure un envoûtant « *même dans mes rêves les plus grands, ceux de la Gaspésie, ceux de la gamine devant la mer à perte de vue, même dans ces rêves, jamais je n'aurais pu espérer un auteur digne de ma voix, et qu'en plus nos yeux bleus verts soient comme clonés* ». J'aurais vécu une historiette ? Comme avant. Aventurettes pour éviter la solitude. *Pour pas tout seul dormir.* Pour faire comme les autres, échapper aux pensées métaphysiques. L'inacceptable, l'intolérable condition humaine.

Le dégoût. Ce dégoût. Oui, Souchon miroir de son époque, symbole. Vie enviée parce qu'elle reflète l'époque ?

Il finira par se suicider, comme la société ?

Frères, enfants de Souchon, condamnés au dégoût ?

Si une morale est à tirer de la vie des Duglaner, c'est UNIQUEMENT : voyez comment finissent des vies imprégnées par Souchon ?

Si un jour quelqu'un les cite en exemples, si dans dix ans ils ne sont pas TOTALEMENT oubliés, apparaissent quelque part entre Boris Eltsine, Philippe Vasseur et Alain Gillot-Pétré, ce sera uniquement une conséquence de la pression de bureaucrates a-culturels ! Ecrire leur vie ?

Leur mémoire est entre mes mains ! Et mes mains contraintes à l'action par ces... Puis-je délirer malgré tout ? Oui, n'ayant aucun engagement moral envers eux !

Mais comment les évoquer sans raconter Marjorie ? Sans raconter Cabrel, sa petite affaire Astafforsubventionnée...

Droit moral certes bien moins crucial que celui de Max Brod envers Franz Kafka. Brûler ou offrir au monde un trésor immérité ? En sachant : les plus ignobles un jour se l'approprieront, sans scrupule, avec le raisonnement, prétendu indiscutable, du changement d'époque : aujourd'hui le monde ne passerait plus à côté d'un peintre comme Van Gogh, d'un poète comme Rimbaud... Tu parles, là où triomphent Cabrégnangnan et Amélie Nothomb !

Où Vincent Delerm est proclamé « nouvelle chanson française », comme signe de lucidité d'un public gavé et lassé de stars préfabriquées télé-réalité genre Jenifer...

Ce Delerm fils, simple pendant de la Jenifer, d'un système où « réussir » exige chance ou « bonne » naissance...

Les dynasties de show-bizeurs se multiplient. Chaque installé essaye de placer un de ses rejetons.

Que feront les filles Cabrel ? Et voici un duo lancé comme une marque de savonnettes du sud-ouest, les cabrelettes.

Alors nous ? La chance ou le bon piston ? Marjorie aurait aisément pu l'obtenir... Avoir « une sale gueule », au moins pas vraiment top model, protège déjà de ça ! je n'ai aucun mérite !

Alors ? leur rentrer dedans ? Rien à perdre ! Mais foutre les vieux à la retraite n'est pas dans nos habitudes. Politique et show-biz ! et ce n'est nullement du jeunisme ! Plutôt Claude Lévi-Strauss que Vincent Delerm. Mais quand les vieux ont fauté, qu'on ose les virer ! L'âge n'est jamais une excuse. Je sais bien : le public s'habitue, les « jeunes retraités » au large pouvoir d'achat sont une cible privilégiée, et pour ces gens « Cabrel » est une bonne marque...

Internet. Des fourmillements dans la main gauche. J'y vois le premier signe d'une utilisation trop fréquente de l'ordinateur. Maudit écran. Maudit ronronnement de l'Unité Centrale.

Je passe de Schopenhauer à l'ordinateur. Comme une compensation. Effet balancier. Et je raconte simplement la vie, cette vie, nos vies. Effet thérapeutique !

Internet : l'intelligence au pouvoir ! Bientôt ?

Le défi d'internet est là : l'intelligence contre la toute puissance financière et médiatique.

La philosophie est mon alliée : aucun dogmatisme. Ne pas me contenter d'une orientation.

Ivresses : ivresse philosophique ; ivresse technique. Oui, tout est encore possible sur la toile. Tout reste à inventer. La « bulle spéculative » explose : tant mieux. Exit crétins milliardaires après leurs levées de capitaux ; ces crétins abreuvent encore de tee-shirts, peluches, pour obtenir des visiteurs, achètent des pleines pages de pubs, et ainsi font la une des médias. Que tout ça s'effondre vraiment ! Ivresses.

www.lachansondumois.com : un concours chanson où chaque mois vingt textes sont présentés et les internautes votent pour leur préféré... tout en cliquant sur les pubs, financement du site alors apte à produire le Cd des chansons primées, et d'autres...

www.chansons.org : annuaire de la chanson francophone.

Comment gérer tout ça sans rien y connaître ? Copier le plus possible ! Chercher la solution à chaque problème technique quand il se présente, sur les forums et sites d'informations...

Je n'ai pas à remettre ma présence ici entre les mains de Stéphane !

Je ne sors pas du mépris total du genre humain pour déposer ma vie entre la volonté de quelqu'un, même de Stéphane.

Ecrire, c'est encore une manière de ne pas vraiment dire. Dire en face.

La décision n'importe que moi.

Je veux faire quoi de ma vie ?

Si je ne peux pas te le dire en face, c'est qu'il est trop tôt.

Tout dire ou garder une part de mystère ?

Peut-on TOUT dire ? Suis-je certaine de ne pas avoir imposé un rapport de force ?

Il a tout brisé, sauf l'énergie vitale, cet « effort incessant de chaque organisme pour persévérer dans l'être ». Merci Spinoza. Cette animalité pensante.

On ne sort pas indemne d'une confrontation à son propre passé. Mais peut-on l'éviter et en même temps espérer vivre autre chose qu'une vie banale où tout est décidé par d'autres ? Peut-on vouloir « être soi » tout en conservant des masques, des zones d'ombres ?

Peut-on susurrer « je t'Aime » et en même temps remâcher des « vieux problèmes » ?

Il ne faut jamais avoir peur d'aller trop loin car la vérité est au-delà*.

Je suis allée trop loin pour retourner parmi les crétins.
Mais la vie, l'amour ?
Elle est peut-être là, l'essence humaine, dans ce besoin pulsionnel de partager.
La solitude est au-dessus de presque tout. Il faut en sortir quand la lumière aimante.
Elle est retrouvée, quoi ? La bonté.
Le passé n'existe plus. Le passé qui n'a jamais existé cesse d'être un poids au présent, il n'est plus qu'un souvenir, donc fondamentalement rien : je suis dans l'éternel présent.
Je suis chaque instant AUTRE.

Je est un autre. Rimbaud l'a écrit sûrement sans le comprendre ainsi (ou alors il ne serait jamais devenu trafiquant d'armes). Je est à chaque instant une reconstruction.

Tout cela a un sens. Jouissance : jouir du sens.

(Ces réflexions, et même en précisant *avec une continuité naturellement, la re-construction ne signifiant nullement métamorphose,* susciteraient le sarcasme des trop englués… je suis de l'autre côté… combien sommes-nous ?)

* extrait d'une lettre de Marcel Proust à Curtius, en 1922.

Des phrases pour éviter le silence. Ce sont ces phrases-là qu'il ne faut plus entendre.

Des êtres maquillés. Moins aux visages qu'aux sentiments. Ces êtres-là il est indispensable de les éviter.

Etre dans l'erreur. Et persuadé de détenir la vérité.

Durant des centaines de millions d'années les organismes vivants ont cru la terre comme il la voyait. Le chat en est resté là !

Le psaume 93 de la Bible fut alors une évidence : « tu as fixé la Terre, immobile et ferme ».

Copernic, Galilée, Newton ont dû lutter, lutter avec leur vie en jeu, pour contredire cette *évidence*.

D'un point de vue spirituel, nous vivons peut-être aussi comme ont si longtemps vécu les humains dans leur rapport à la nature.

On ne peut pas recevoir la vérité d'autrui, il faut la créer par nous-mêmes...
La lecture est au seuil de la vie spirituelle, elle peut nous y introduire, elle ne la constitue pas...

Marcel Proust, comme un écho au Kâlâma sutta de Siddhârtha :
Ne croyez pas sur la foi des traditions alors même qu'elles sont en honneur depuis de longues générations et en beaucoup d'endroits. Ne croyez pas une chose parce que beaucoup en parlent. Ne croyez pas sur la foi des sages des temps passés. Ne croyez pas ce que vous vous êtes imaginé, pensant qu'un Dieu vous l'a inspiré. Ne croyez rien sur la seule autorité de vos maîtres ou des prêtres. Après examen, croyez ce que vous aurez expérimenté vous-même et reconnu raisonnable, ce qui est conforme à votre bien et à celui des autres...

Et plus loin le Bouddha complète :
Je vous indique la voie de la libération, mais sachez que la libération elle-même dépend de vous.

En tout, l'excès est erreur.
Mes « malheurs » furent positifs. M'ont plongée dans la vie, ont forgé une détermination, ont ouvert une fenêtre intérieure.
L'étude de la philosophie, la réflexion, m'ont transformée. C'est toujours ma vie. Mais une vraie vie, une spiritualité en évolution.
Le Bouddhisme est une voie et non un dogme.

Un homme peut élargir sa voie mais une voie ne peut élargir l'esprit d'un homme.
Confucius.

La compréhension suprême et l'éveil parfait sont sûrement trop loin de moi pour espérer les effleurer dans cette vie.

La réincarnation… y croire ? Ce qui meurt un jour, un jour renaît ? Non pas la réincarnation au sens courant. Mais une modification des éléments par interactions. Et dans ce sens la mort n'est qu'un ouragan sur la matière. Ce qui est devient autre. Ce qui est : les cellules. L'assemblage peut se réaliser autrement. Comme avec des legos. Mais la non matière qu'est la pensée ?

La pensée est « une autre matière » ? (une forme de matière non mesurable, identifiable, reconnaissable, par notre science). Et en toute logique humaine elle connaît la même loi : les éléments en formeront d'autres.

Ainsi comme le corps sera perdu, la pensée sera perdue.

Rien ne disparaît, tout se transforme. Ce qui existe à cet instant sera déjà autre dans une heure. Chaque jour soixante-dix millions de cellules « meurent » et soixante-dix millions de cellules « naissent » en nous, soixante-dix millions de cellules se transforment, se régénèrent.

La mort biologique est une fin définitive de ce à quoi nous tenons : notre vie, notre possibilité de continuer, de nous recréer.

Mais pourquoi la logique de cette matière (l'esprit) serait humaine !

En toute logique non conditionnée NOUS NE POUVONS RIEN EN SAVOIR AVANT DE SAVOIR.

Tu ne connais encore pas la vie et tu voudrais déjà savoir ce qu'est la mort ?
Merci sage K'ong.

Mais il n'est pas raisonnable de repousser à une autre vie « la compréhension suprême » et « l'éveil ». J'en suis certes « trop loin »… mais le « trop » est déplacé…
Calmer l'agitation mentale continue. Renoncer ?

Renoncer ou viser l'apaisement, la compréhension suprême, l'éveil parfait. Ainsi s'ouvre l'éventail de mes possibilités.

Le dégoût du monde. J'ai trop écouté en boucle « le dégoût ».
Alain Souchon est resté au dégoût.
Sérénité, n'es-tu qu'un leurre ? même ici.

Stéphane, tu me manques. Tout en moi te réclame.

Suis-je une fausse sereine ?

Avant de pouvoir vivre vraiment le présent, comprendre son passé et la notion de passé, comprendre les avenirs réalisables et la notion d'avenir.
C'est donc ça l'éveil : la lucidité ?

Il y aura la mort. Cette certitude, est-ce la raison de ma préférence pour la méditation / action plutôt que pour l'action / oubli ?

Seule la méditation nous change vraiment. Aller plus loin. La méditation après l'étude.

L'action des pressés est forcément limitée par les cinq sens. Et le monde ne se limite pas à ce que l'on peut toucher, voire, entendre, sentir, goûter.

Quel égocentrisme, quelle absurdité même, de croire que la réalité ait pu s'être créée pour les humains ! la réalité existe indépendamment de nous. Et nos dérisoires moyens rationnels.

Les lois scientifiques ne sont que des hypothèses, pour un temps et un lieu donné. Aucune certitude n'est possible.

[la terre possédait les caractéristiques indispensables à notre développement. Après : il a suffi d'un peu de temps ! Et Marjorie est arrivée !…]

Les yeux ne peuvent connaître la nature des choses.
Déjà Lucrèce…

Pourtant intuition et rationalité ne s'opposent pas. Se complètent. L'intuition nécessite une base rationnelle forte. D'abord maîtriser le rationnel avant d'aller plus loin.

L'intuition s'active durant la méditation. S'il y a une solution, c'est dans cette direction.

Une pas assez constante pensée de la mort, n'a donné pas assez de prix au plus petit instant de ta vie.
Merci André Gide.

Ecrire n'a pas de sens.
C'est donc ça la vie : écrire.

L'écriture, symbole de la vie, de son non-sens.
On ne cherche pas un sens.
Accepter, apprivoiser, mettre en perspective le non-sens.
Et même pas pour laisser une trace.
Quelle farce : tout disparaîtra, la terre aussi.

Le terme BONHEUR suscite des sourires, sourires fatalistes des écrasés, il peut même provoquer le mépris ou l'insulte « individualiste ».

Par BONHEUR, j'entends la sérénité, accessible après l'absence de souffrance.

Le bonheur résulte du cercle vertueux des actes bienveillants. Et le malheur du cercle maléfique des actes malveillants.

Les exemples de « gens heureux » dans la haine n'en sont pas : ces misérables se prétendent le plus souvent bien plus heureux qu'ils ne le sont devant leur miroir, et pour ceux en phase de jouissance dans *le bonheur de l'ignorance*, l'effet boomerang de leurs actes ne saurait tarder.

Expliquer le bouddhisme en Occident ?
Si je sors, il va bien me falloir faire quelque chose ! Socialement.
Plutôt qu'être chanteuse, expliquer le bouddhisme en Occident ?
Qu'est-ce que le bouddhisme ? Compatible avec l'Occident ? Au-delà du folklore ? Quelle pensée peut nous permettre d'élever notre vie à la hauteur des progrès médicaux, scientifiques ?...

Je sais ?
Des repères dans une spiritualité non théiste (qui n'est pas un athéisme).

Sans divinité. Dans le sens « une volonté génératrice de toute existence et antérieure à toute existence » (Bakounine).

Mon langage est-il encore compatible avec les naufragés imprégnés de culture judéo-chrétienne ? Ou pire : imprégnés d'audiovisuel ?

« *Zarathoustra s'est éveillé : que vas-tu faire auprès de ceux qui dorment ?* »
Nietzsche.

Le XXIe siècle ? Religieux ? Spirituel ? Harmonieux ? Guerrier ?
Atomique ? Génétique ? Viral ? Irrespirable ? Intoxiqué ?
Mesquin ?
Je peux faire quoi pour la cause harmonieuse ? (pour ma cause donc !)
Transmettre la connaissance. Montrer l'arc-en-ciel.

Encore apprivoiser les paroles du Bouddha, non par respect ni par endoctrinement mais après les avoir minutieusement examinées, suivant ainsi ses conseils. Et les philosophes vraiment philosophes.

Ainsi transmettre une spiritualité laïque ? Eclairer les trop-éloignés de la lumière pour la recevoir sans un prisme, un relais ?

Quand Saint Luc écrit :
Le royaume de Dieu est en vous-même, il tend une véritable passerelle vers le Bouddhisme... relativise le dogme judéo-chrétien...

Avant d'espérer penser « par soi-même » il est nécessaire d'entraîner l'esprit à la PENSEE. Comme ils vont ricaner les crétins persuadés de tout savoir de manière innée !...
C'est terrible – mais pas plus que les propos de Darwin pour ses contemporains ! - : la pensée est d'abord la pensée des autres. Et pas seulement pour les enfants !
Notre propre pensée se forme en comparant, soupesant, triant...
Je pense vraiment grâce à la pensée d'autres. Je suis leur héritière.
Je ne fais que transmettre ce que j'ai reçu de mes prédécesseurs relativisait déjà Confucius.

Le Bouddhisme assumé est une morale de vie.
Quand il fige la vie, renvoie l'Amour à une simple idée, il est une autre prison. Ce qui fait peur, c'est la liberté !

Le Bouddhisme n'a pas besoin de ces murs.
Pourtant je suis là, je suis bien.
Ces murs sont rassurants. Une protection face aux assaillants.
Assaillants sociaux.
Une prison choisie, un isolement des crétins.
Notre vie en marge était menacée ? Dans un monde où les médiocres sont majoritaires, hargneux envers ceux sur les autres chemins, ces murs apparaissent parfois indispensables.

La prison est nécessaire à la liberté ?

Stéphane n'est pas un empêcheur de solitude. Je peux rester seul tout en vivant près de lui.
L'intrusion dans sa vie, c'est ce qu'il faut refuser. L'être humain n'a que sa vie ! Etre libre c'est d'abord refuser les intrusions.
La fusion des romantiques est stupide, concentrationnaire. L'autre, je lui donne, il ne doit rien prendre (Et s'il ne me donne rien, je pars !… pas masochiste quand même…).

M'adresser aux individus.

Non aux masses.

Individualiste sera donc leur insulte.

Mais comment dialoguer avec des perdus dans les tranchées de leur pseudo humanisme (alors qu'en 1850 Victor Hugo voyait déjà dans le communisme un idéal de casernes, d'autoproclamés intellectuels continuent à glorifier le communisme après Staline and Cie et l'Occident cumule la honte des deux extrêmes).

La sagesse est question de citoyens non de masses. Le communisme veut changer les humains, la sagesse leur montre une voie.

La philosophie est une manière de vivre.

La philosophie permet d'assumer sa vie.

La philosophie et la politique n'ont pas à fusionner ! La philosophie se doit de surveiller, guider le politique… quand le politique lui en laisse le droit. J'ai la chance de vivre dans un pays démocratique.

Populariser la philosophie.

En disciple de… Diderot (« *Hâtons-nous de rendre la philosophie populaire* »).

Suivre le chemin des lettres à Lucilius,
ou suivre le chemin de Confucius,
ou suivre le chemin de Montaigne,
ou suivre le chemin du Bouddha,
ou suivre le chemin de la Recherche…

C'est suivre LE BON CHEMIN.
[tous les chemins mènent à Rome – Au dernier tome… c'était pour la rime…]

Sénèque, Confucius, Montaigne, Bouddha, Proust ne s'opposent nullement. Un noyau commun les unit. C'est ce noyau commun qu'il faut extraire. Le guide. Et la raison s'éclaire.
Les lumières sont en nous. Mais nous les apercevons par leur intermédiaire.

Que tous les bruits du monde s'élèvent à l'extérieur, pourvu qu'en moi aucun tumulte ne se produise.
(merci Sénèque)

Le silence m'est le plus agréable. Mais je peux partir : ils ne peuvent plus me perturber (certitude ou supposition ?).

N'être plus qu'un nom, un souvenir... je suis presque mort, puisque je suis en vie. Seule la vie m'intéresse. Mais impossible de me mentir : je sais comment ça va finir (et tu es loin ; souffrance ; manque ; sensation de temps perdu).

« Il n'y a qu'un problème philosophique vraiment sérieux : c'est le suicide. Juger que la vie vaut ou ne vaut pas la peine d'être vécue, c'est répondre à la question fondamentale de la philosophie » (*Mythe de Sisyphe*, Albert Camus).

Juger que la vie vaut d'être vécue, SAVOIR que rien d'autre ne peut être plus intéressant. Mais refuser la mort sans avoir la possibilité de lui dire droit dans la faux : PAS MOI.

Le problème philosophique majeur : quel sens, quel sens a la vie ; duquel découle : comment vivre. Comment vivre malgré la grande faucheuse ?

« A l'égard de toutes les autres choses, il est possible de se procurer la sécurité ; mais à cause de la mort, nous, les hommes, habitons tous une cité sans murailles ».
Je sais Marjorie, ton maître Epicure... mais quelle ironie d'avoir un cerveau qui peut penser la mort sans pouvoir la refuser...

« Philosopher, c'est apprendre à mourir ».
(Montaigne mais déjà chez Platon)

Le chat aussi s'interroge sur la mort : Binoche a regardé Lynatte écrasée, elle a fixé ce cadavre. Depuis chaque voiture l'affole, elle fuit, se réfugie dans une étable. Sans philosopher, elle sait aussi qu'elle est mortelle ? Que *ça* peut lui arriver.
Que l'être humain ne soit pas le seul à savoir qu'il va mourir ne changerait rien au problème individuel...
Recopier des citations... et après ?
Rédiger des aphorismes, et après ?

[scène de ciel – forcément rêvée ; un de ces rêves qui vous glacent pour quelques jours]

- Voyez mister Blaise Pascal… non… évitez l'illusion, vous ne passez pas au Purgatoire… voyez ce Ternoise, puisse votre méditation se nourrir, certes je ne peux supporter ceux qui me résistent, m'ignorent, mais parfois, estime, et après trente-sept cyniques commentaires, il aura une green card paradis… No offuscations mon vieux… au contraire de votre apologie de la religion, votre hypocrite pari… comme si l'hypocrisie pouvait nous berner… on ne convainc jamais avec un sophisme… vous auriez fait œuvre sans ce penchant… avouer ses faiblesses vaut toujours mieux que de maquiller son être… il est sincère, essaye de comprendre, fait de son mieux son job man, et quand Marjorie lui rappelle *la mort n'est rien puisque toute vie réside dans la sensation et que la mort est l'éradication de toute sensation*, elle ne peut l'apaiser… mais quelque part, il n'a pas tort, j'aurais pu mieux faire… mais comment gérer la terre si les morts ne libèrent small place… ils n'ont qu'à trouver la formule zéro mort et appliquer le décret zéro naissance !… il m'a compris… Refuser la mort va l'empêcher de vivre pleinement ou lui open the door of plénitude ?… si un samedi Marjorie lui balance « ton refus de la mort est signe d'une angoisse existentielle et je ne veux pas risquer d'être contaminée par ce venin » ; nous ne pourrons éviter little smile… et alors, *enferien* préféré, si à ses explications genre « it's not angoisse, it's résolution. Je dis non à la mort comme aux show-biz-magouilleurs. La mort des autres, je peux comprendre qu'elle soit préférable. Mais la mienne ! » elle réplique *bye*, tu sais ce qu'il se dirait ?… même un être de Lumière, who love you, te désire, a une totale confiance in you, peut un jour être emporté par l'impression qu'un raisonnement différent is a big canyon, peut oublier que chaque humain a une formule chimique différente… Lucide il conclurait : *merci à qui m'abandonne il me rend à moi-même*… Mais qui est lucide sur terre ?

« *J'ai un peu peur d'avoir un peu tout raconté, d'avoir perdu l'envie* ».
Francis Cabrel, octobre 2000, France-Soir…

Mais tu as énormément écrit par rapport à ton niveau, Francis ! Alors en vieillissant les scrupules te titillent ? ça va passer !…

« *Le musicien publie un triple album live intitulé Double Tour* »… oui, ça c'est bien, tu as des fans… c'est pratique le live… ça rapporte… tu vas acheter des bisons ? ou des autruches ?

Il te reste la solution des reprises, un album avec des textes genre LE GORILLE, que tu aimes tant chanter sur tes terres, ou LES PASSANTES…

Ou l'album : *les meilleurs textes écrits durant les rencontres d'Astaffort.*
Sous-titré : Francis Cabrel découvreur de jeunes talents.

Ou un album en occitan… financé par le conseil régional ? couplé avec un album de photos ?

Un mec comme toi peut cartonner un peu partout… tu plais tant, Francis !… Mais oui, l'absence de talent n'est pas un problème… pour un pantin apprécié des médias et des centrales d'achat… il suffit d'être rentable…

Chercher un sens.

Chercher un sens à l'existence.

Dès que quelqu'un s'élève, il cherche un sens à l'existence.

Première étape indispensable après la sortie du moule bureaucrate / téléspectateur / vacancier (ou équivalents).

Mais on tombe si vite dans le piège : croire que l'intelligence doit servir à chercher un sens. Alors que la recherche du sens n'est qu'une étape. Pour se libérer des conditionnements.

Alors qu'il s'agit de saisir pleinement la réalité, sa réalité. Se réaliser.

Malgré l'absence de sens, ou le sens incompréhensible – ce qui est la même chose, vu d'une vie humaine ; mieux vaut éviter les questions inaccessibles. '

Ainsi de même l'amour : on veut lui donner un sens. A cette simple attraction, cette incompréhensible, cette inexplicable, cette irremplaçable attraction. Je suis aimantée.

Le sens de la vie : c'est la vie.

TROISIEME PARTIE

La vraie vie ?

Image politique ?

Stéphane rentre de Cahors ; après ses vingt-neuf minutes de confrontation aux sept membres de la commission départementale de recours gracieux (rez-de-chaussée, salle n°1, direction du travail), il a chassé les achats remboursés ; *Leclerc, Intermarché,* et *Carrefour* ; Au *Leclerc,* comme il manquait la seule promotion l'intéressant dans le catalogue, il a griffonné, pensant pouvoir, sûrement, en faire une chanson :

> Ça s'passe souvent comme ça
> Quand c'est pas cher y'en a pas
> C'est vraiment super hyper
> Les déboires Leclerc

Puis il a « traîné ». Voulant voir, comme il le formula à haute voix (dans sa voiture) : *comment ça vit, ces gens-là, quand ça sort d'un bureau* ; il est retourné en centre-ville, a observé les embouteillages, et « *les gueules* »...

> *J'aime encore mieux être à ma place...*
> *C'est donc ainsi qu'ils s'étiolent et Cabrel est leur idole...*
> *Plutôt être un marginal !...*
> *Putain : j'aurais pu être de leur côté !...*

Et c'est au volant, sur la route du retour, qu'il pense : je dois écrire cet affrontement ; il ralentit, se fait klaxonner, un mec cravaté en grosse Peugeot blanche agite les bras, voulant sûrement mimer un vélo ; Stéphane sourit, à peine dérangé par *il vient de quel bureau ? il va sur TF1 ou M6 ?* ; des phrases se bousculent dans sa tête, il cherche l'accroche, s'arrête à la carrière, juste avant Saint-Pantaléon, note :

> La France est - encore pour combien d'années ? - une République : ces gens-là n'ont qu'un pouvoir administratif : en d'autres époques ou/et lieux, ces bureaucrates se nommaient bourreaux, inquisiteurs ou tortionnaires, m'envoyaient, sans état d'âme ni scrupule, à Auschwitz, au goulag, dans une cave ou autre centre de «rééducation».
> Ils sont prêts, rouages zélés, à appliquer n'importe

quelle loi ou règlement, avec la bonne conscience de ceux qui savent pouvoir, plus tard, si le vent tourne, prétendre avoir simplement suivi les ordres.

Je leur ai tenu tête : le prétentieux ne saurait tolérer pareille impertinence ! Mais fondamentalement ils ne peuvent rien contre moi : je sais depuis belle lurette qu'un créateur ne peut éviter les coups bas des médiocres. Stendhal me protège.

Stendhal, que tout créateur devrait savoir par cœur : «*Rien n'est odieux aux gens médiocres comme la supériorité de l'esprit : c'est là, dans le monde de nos jours, la source de la haine ; et si nous ne devons pas à ce principe des haines atroces, c'est uniquement que les gens qu'il sépare ne sont pas obligés de vivre ensemble*».

Je me battrai donc ! j'utiliserai leurs mensonges, chaque point litigieux, chaque possible «erreur de procédure». Ils sont tellement médiocres ! Pour continuer. Créer. Donc vivre. Crée ou crève, oui.

Mais combien, tombés entre leurs griffes, sont en dépression ? Combien se sont suicidés ?

Qui aura une prime, une promotion, parce que dans le Lot un chômeur de plus est sorti des listes ? La France va mieux !

Il se sait viré de l'Allocation de Solidarité Spécifique, le président de « la commission » se trouvant être, en toute logique administrative !, monsieur le directeur de la Direction Départementale du Travail, celui-là même ayant décidé de l'exclure « définitivement du bénéfice du revenu de remplacement prévu par l'article L351-1 du code du travail » (ce *définitivement* offrant un « recours gracieux » nous le voyons plutôt gadget, le cravaté en chef n'ayant pas pour habitude de se déjuger) ; ce n'est pas un drame, le parachute du RMI, Revenu Minimum d'Insertion, pouvant s'ouvrir. Seulement quelques euros en moins. 360 au lieu de 425. Mais ce sera encore des papiers, encore des pions à côtoyer, des questions…

Il murmure : j'en suis certain : le traitement du chômage revient plus cher que l'indemnisation des chômeurs. Qui fournira le coût des inutiles dans les ANPE, ASSEDIC, préfectures, au ministère du Travail, ces ignobles Directions Départementales du Travail ?

Et il doit bien y en avoir encore ailleurs, des petits chefs, des fouineurs, de l'encadrement. Si ces inutiles étaient transférés au RMI, les finances publiques souffleraient un peu.

Il se veut théâtral, proclame : monsieur le Président, pour sauver le budget de la République, bien plus efficace que de mettre la pilule en vente dans les monoprix, transférez les parasites au Rmi.

Il sourit. A l'idée : ce serait un essai choc, impertinent... mais qu'aucun éditeur n'oserait publier. Pourtant, ce serait vite fait ; les chiffres doivent exister. Chaque service est fier de son poids ! Plus quelques aphorismes bien ficelés...

Ou écrire une chanson ? Il redémarre ; tout à cette pensée : je suis peut-être écrivain, finalement ! le quotidien m'intéresse uniquement s'il peut donner quelque chose... oui, seul l'écrit transcende la vie... la vie telle qu'elle est ne serait pas vivable ? Prozac, alcool, cigarettes, drogues, hyperactivité... tout ça parce qu'ils n'ont pas la force de briser leur engrenage.

Une femme «brune banal mais charmante» au volant d'une voiture «sportive» grise immatriculée dans le 69 lui sourit en le doublant. Il déclame : « chère voyageuse, sachez le secret de la vie : l'Art et l'Amour ». En accentuant bien les A. Il pense : a-t-elle un jour croisé Marjorie ? Un signe, ce sourire du Rhône ?

FONCTIONNAIRES AU RMI

Pensant que la chanson
Puisse servir la réflexion
Candidat à rien du tout
J'abordais donc sans tabou
Le sujet qu'évitent forcément
Tous les gouvernements
Les zones anti-économiques
Dans la fonction publique

Refrain :   *Quitte à payer des gens à rien faire*
         Plutôt sortir des caisses du pays
         Un peu plus de R M I
         Que des salaires de fonctionnaires

Les avantages acquis
Sur lesquels ils se replient
Par un pouvoir de nuisance
Qui frise parfois l'indécence
Nous les rend plus qu'antipathiques
Quand par convocation
On affronte la rhétorique
De robots sans raison

Au Refrain

J'entends des « pléonasmes »
Quand j'accuse du marasme
Des fonctionnaires inutiles
Dans des bureaux qui brillent
Mais loin de moi l'idée
D'ainsi tout simplifier
Pour sauver le service public
Soyons énergiques...

Ecrire une chanson ? Etre à l'écoute de ses émotions. Simplement.

Le portail est ouvert. Stéphane s'inquiète. Il a rentré la voiture au garage. Se dit : c'était peut-être une erreur ; il avance tout doucement, agite sa lampe de poche dans toutes les directions ; les buis renvoient forcément des ombres… Pas un bruit… Rien…
Binoche arrive. Elle le rassure : en cas de problème, un humain, elle resterait cachée.
Il ouvre d'abord la dépendance de Scott. Il a l'air d'un chien ayant trop aboyé. Quelqu'un doit être venu. Il éclaire de nouveau la porte de la maison. Rien. Elle n'a pas été forcée… Bon : une journée ne peut quand même pas réserver que des merdes.

Il se décide à rentrer, Binoche le précède. Elle a faim, vite, vite, des croquettes…

Il réfléchit « à son cas » : demain, trouver sur internet les possibilités de recours auprès du tribunal administratif de Toulouse.

Marjorie se réveille en sursaut : une bête contre sa main. Des poils. *Le chat ! Il avait fui mais m'a reconnue de sa famille !*
Elle entend : la pluie, sur les tuiles, pense qu'elle continue (en fait il y eut une interruption). Nuit noire. Elle se demande combien d'heures elle a dormi, s'il est encore lundi. Marjorie est... dans une étable...
Elle est sortie le matin du monastère. A pris le train jusqu'à Montauban. Puis un taxi ; arrivée à 14h35. Elle a d'abord vu un tas de sable à l'entrée, puis le portail, le portail premier achat de Stéphane propriétaire, le portail qu'il ne savait pas comment installer. Une terrasse aussi ! *Finie l'époque de l'allée en terre si souvent boueuse !...*
Un chat, un autre chat donc (Binoche), s'est enfui. *Monsieur Séchan est mort ?* Les volets fermés. Un chien aboie. *Non, ce n'est pas la voix de Gary.* Marjorie ouvre le portail, frappe à la porte. Personne. La pensée : et si Stéphane n'était plus là ?
L'idée de la boîte aux lettres... Oui, du courrier. Mais peu. Pubs. Attendre. On croit faire l'amour à 14 heures 40 et... on se retrouve à chercher des indices pour savoir si Stéphane est parti pour la journée, la semaine, le mois ou la vie.
Plus de nom sur la boîte aux lettres. Montée d'angoisses. Et si Stéphane avait vendu ? Monsieur Séchan, Gary, remplacés, le jardin envahi de mauvaises herbes... Et bing, la pluie. Marjorie trempée en moins de trois minutes. Marjorie qui manque de lucidité, reste ainsi sous les grosses gouttes. C'est en voyant son sac véritablement mitraillé, déjà traversé, qu'elle réagit. Et l'emmène vers l'étable « de derrière », celle sans serrure. Et toujours sans serrure !
Durant une demi-heure elle admire la pluie s'abattre sur le figuier, s'avoue que sa sérénité n'était pas à l'abri de cette intempérie (l'absence de Stéphane).
Elle se souvient alors de la serviette dans son sac, la sort, la pose par terre, s'allonge dessus, la tête sur le sac... elle sourit à la première idée : nous aurons un enfant ; et après ? ; nous vivrons comme un couple classique, submergé, ou saurons avancer dans

la voie spirituelle ? L'autre est l'empêcheur de sérénité ou l'absence de l'autre limite la sérénité à une expérience purement virtuelle ? Le désir. La chute du désir est inévitable chez l'homme quand il vit en couple ? Je suis aussi une calculatrice ? Je gère ton désir ?!... ou nous saurons en parler si... ?... Parlons-nous vraiment de tout ?... est-ce possible la communion ? Ou repliée dans un dédain hautain, ma sérénité est une forme de mur dressé devant l'humanité ? Vais-je frissonner de nouveau quand tes doigts m'effleureront ou me suis-je réfugiée sous une carapace ? Peut-on s'éloigner sans risque du monde ?... Ou tout simplement : tout sera tel que nous le souhaiterons vraiment ?... Elle entend l'oie. *Joséphine est toujours là !... donc tout va bien !* Et si Stéphane était à l'hôpital ?!... Stéphane va revenir. Marjorie s'endort.

Marjorie serre la chatte contre elle, qui apprécie, ronronne.
- *Tu t'appelles comment ? Tu connais Stéphane ?*
Elle extrapole : les scientifiques devront satisfaire la pression des consommateurs !... pour que les parents puissent offrir un cadeau de Noël tendance, ils donneront la parole aux chats. Puisqu'une opération suffira, et une modification génétique. Et les poules auront des dents... Et les êtres humains des ailes... et des yeux de chats, pour voir la nuit... Plus besoin de voiture, plus besoin de lumière... l'être humain est perfectible... mentalement mieux vaut que tout reste de son seul ressort mais physiquement... vive la science !... Le pire est redouté mais le meilleur est possible... Quelle économie d'énergie, des humains ailés !...
Combien d'heures passent ainsi ?
Aux premières lueurs, elle sort, frappe à la porte... repense au courrier : si Stéphane est rentré, il est allé au courrier...
Le catalogue carrefour est toujours là. *Je suis stupide ! J'ai été stupide ! il suffit de trouver un bâton et il doit bien y avoir au moins une lettre en dessous...* Elle est persuadée d'approcher de l'instant de vérité. Mais sous le catalogue, il n'y a rien...

Stéphane ouvre les volets de la cuisine, crie « Binoche »…
Toujours la même inquiétude quand elle ne bondit pas
immédiatement en poussant son « wein »… et Marjorie apparaît !

Marjorie avait depuis longtemps intériorisé l'inutilité d'imaginer
cet instant. Même si elle bloquait depuis des jours ses pensées
tentées par la prévision, elle l'avait plusieurs fois ressenti. Oui,
chacun serait différent. Ces mois les auraient inévitablement
marqués. L'autre, c'est toujours aussi son passé, ce qu'il a vécu
sans nous.
Elle savait tout cela. Ayant tant lu de romans, d'essais…
Il y aurait de la timidité… et effectivement !… Mais
naturellement, sous l'effet du désir de toucher, d'embrasser,
d'aimer, la barrière de cette retenue s'effondre…

{Amour}   {Amour}   {Amour}

Combien de parenthèses d'Amour dans une vie ?

[Et pourtant on raconte : certaines personnes préfèrent les
parenthèses de sexe, l'Amour leur semble un investissement trop
prenant, préjudiciable à la carrière, le compte en banque, le
sommeil, l'assiduité télévisuelle, le statut…]

Ah ! ces jours où nous avons pensé uniquement Amour. Les
canards ont même failli en mourir. Manque d'eau. Est-ce
définitivement du passé ? Déjà ? Ou serait-ce invivable,
ingérable ?
L'Amour est-ce autre chose que des parenthèses, quand débute
l'Histoire ? Avant n'aura alors été qu'un « entraînement » ?

- Mon retour perturbe ton programme !?…
- Eh oui ! Internet n'est prêt que dans ma tête. Et encore ! Je commence à en comprendre la logique. Des crétins, comme partout, prétendent détenir la vérité. Alors qu'avancer exige de s'adapter chaque jour… se diversifier…
- Faire l'amour ou modifier un programme, telle est la question !
- Réussir à vivre hors des contraintes ou vivre en victimes des pressions administratives !
- Le risque de banalisation de notre vie existe… on pourrait tenir dix ans en épuisant nos économies…

Vivre en dehors du SOCIAL durant dix ans, vivre uniquement sur nos économies, en amoureux intransigeants, nimbés dans une notion de grandeur, créant, en espérant qu'ensuite ces créations seront récompensées par un minimum suffisant ?
Ou composer ?
Utiliser l'obole de l'état providence, en la considérant comme une simple contrepartie d'un viscéral mépris de l'art ?
Intellectuellement, la première solution est plus valorisante… mais il n'y a pas débat !
Personne ne vit totalement en dehors de son époque. Sans fortune, Marcel Proust aurait pu écrire *la recherche* ?
Nombreux osent prétendre qu'en 1940 ils auraient été héros…

Vivre son époque… dans le champ du possible, sans hypothéquer l'avenir avec des notions de libertés qui ne seraient que du cabotinage…

Il n'y a pas débat… mais conscience de cette chance : pouvoir vivre en marge. Malgré tout.

En sanscrit, chemin se dit MARGA.
La marge est la voie du salut, même en littérature, même en chanson.
Mais la littérature et la chanson ne sont que des moyens d'avancer sur le chemin, se connaître.
Marginal devrait être UN COMPLIMENT.

Nous serons donc des marginaux ?
En lutte pour ne pas être aimantés par la sociabilité ?
(des marginaux exemplaires ! hippies philosophes !)

Si tu veux vivre hors-la-loi, il te faudra être honnête.
Merci Bob Dylan.

Ou magouilleurs amateurs !

> *Quand on regarde le vingt heures*
> *On le voit bien : on est que des magouilleurs amateurs.*

Les difficultés surviendront… L'insoumission s'inscrit dans l'adversité…

    (alors qu'ils promettent encore la facilité, le bonheur, ceux qui, comme leurs prédécesseurs, deviendraient dictateurs s'ils accédaient au pouvoir)

Le développement intérieur se réalise à la vitesse des escargots, et quotidiennement. Chacun à son rythme.
Comment deux êtres peuvent vivre ensemble au-delà des mois de la découverte, de la redécouverte ?

Mais rien n'est grave, même pas la mort, Stéphane. Quand sont réunis l'intégrité, la droiture, la sincérité, la soif de connaissance, l'Amour.

Marjorie, je doute. De la création. Pourquoi créer ? Peut-on encore créer quelque chose d'original, sans finalement recopier, simplement tourner autrement des réminiscences.

Alors Marjorie écrit :

La création artistique, l'inspiration, le plagiat.

Créer : écrire simplement autrement.
Comme on retient les « fables de La Fontaine » pourtant « simples adaptations » sur les traces d'Esope, lui-même vraisemblablement sur celles de *l'Histoire d'Ahiqar* (vers le VIe siècle avant le plus célèbre des J-C).
Notre avantage : une époque métamorphosée. Quelle aubaine pour les créateurs !
De Thalès à La Fontaine le monde continue sa lente dérive. Aucune de nos références majeures ne reconnaîtrait la planète !
Ecrire simplement. Et sourire aux proclamations des médiocres : ils prétendent protéger leur style des influences, quand ils justifient leur absence de lectures.
Ecrire c'est plagier ! si plagier c'est donner une autre forme !
En 1918 Antoine Pol publie un recueil de poèmes. Il passera inaperçu. En 1960, chez un bouquiniste, Georges Brassens en achète un exemplaire... et fera du texte « les passantes » un standard... en 1973... son auteur est mort.

> *Je veux dédier ce poème*
> *A toutes les femmes qu'on aime*
> *Pendant quelques instants secrets*
> *A celles qu'on connaît à peine*
> *Qu'un destin différent entraîne*
> *Et qu'on ne retrouve jamais*
>
> *...Dont les yeux, charmant paysage*
> *Font paraître court le chemin*

Qu'on est seul, peut-être, à comprendre
Et qu'on laisse pourtant descendre
Sans avoir effleuré sa main
...Chères images aperçues
...Des épisodes du chemin

...De toutes ces belles passantes
Que l'on n'a pas su retenir...

L'*Amour Masqué* de Sacha Guitry est représenté pour la première fois au théâtre Edouard VII le 15 février 1923.

« Quand tu tressailles je crois voir
toutes les belles inconnues
qui passèrent sur mon chemin
dont je n'ai pu toucher la main
et qu'hélas ! je n'ai jamais eues... »

Sacha Guitry a lu Antoine Pol ? ou les deux s'inspirèrent d'un troisième ? Peu importe. L'essentiel est dans la manière dont on assemble.

Créer c'est donner une forme.

Montaigne peut être accusé d'avoir plagié Sénèque et Plutarque. Comme Pascal de s'être servi chez lui.

Heureusement Shakespeare, Molière ou Corneille n'ont pas eu de scrupule à s'approprier les idées dont ils souhaitaient fournir une autre version.

Et passera à la postérité la plus originale. Comme pour *un seul être vous manque et la terre est dépeuplée.*

Ne pas être pressé, créer.

L'artiste aux réussites médiatiques et financières rapides a tendance à s'entourer de crétins ou sous-pseudos-intellectuels.

En observant cette cour, sa supériorité lui apparaît incontestable. Cette cour d'inféodés devient rapidement indispensable, une petite voix, régulièrement, troublant le sommeil : l'inconscient ne peut être dupe : la réussite repose sur du vent et non sur des critères artistiques.

Il consolide alors ses positions en s'affiliant de vulgaires sbires qui eux aussi profiteront de cette alliance en utilisant ce lien avec l'idole pour asseoir leur petite position, obtenir des avantages. C'est gagnant / gagnant !... socialement et financièrement, ils péroreront « artistiquement » ; artistiquement, dans tout la mesquinerie, la bassesse désormais associées à ce terme.

C'est perdant / perdant niveau art. Ces médiocres au succès rapide se ressembleront durant des décennies... même quand ils prétendront rompre avec leur image... « explorer d'autres univers »...

Ils se servent d'un succès pour paraître et non pour progresser.

Bien sûr cette cour doit être choisie parmi des « ambitieux », des encore plus lamentables mais tellement obsédés par une petite réussite, qu'ils n'hésiteront pas à rendre des services pour franchir rien qu'une marche.

Le show-biz est ainsi formé de quelques clans. Cabrel est une des têtes de pyramides.

Secteur variété kitch, naphtalinée, sclérosée, vide, gnangnante, seffisée, mielleuse, morne.

Pascal a commencé à rédiger ses *Pensées* à 35 ans. Ne sois pas déçu de te sentir encore très loin de ce à quoi tu aspires.

35 ans alors, c'est bien 50 maintenant, avec notre éducation édulcorée… en comparaison au savoir que pouvait acquérir un enfant… quand il avait la chance d'être « bien né ».

[l'excellence pour tous pourrait être l'objectif d'une nation aussi prospère]

Prendre en intégralité un auteur, c'est risquer l'étouffement sous son poids. Sauf à considérer Cabrel digne de ce vocable.

Toute la kitchitude de notre époque est résumée par le succès de ces médiocres, et surtout leur prétention à représenter la création ; car avant aussi des pantins suscitaient une forte adhésion mais personne, et surtout pas les médias, n'aurait eu l'idée de les placer plus haut qu'en simples amuseurs. En littérature aussi, le « grand public » a toujours été friand de facilité… Alexandre Jardin et Amélie Nothomb n'ont rien inventé…

Encore une fois, mieux vaut resituer dans un plus large contexte : ils passent leur vie à essayer de plaire, ne soyons pas surpris que certains y parviennent.

Marjorie dit aussi : leur ombre est impressionnante. Mais c'est une chance. La chance, c'est leur œuvre. Pouvoir s'imprégner du meilleur. Ça décourage souvent mais ça construit.

L'exclamation de Stendhal, en marge de *la Chartreuse de Parme*, « *aimes-tu mieux avoir eu trois femmes ou avoir fait ce roman ?* », renvoie aux *Lettres Persanes* de Montesquieu, une lettre de Rica, débutant par :

« *Je fus hier aux invalides. J'aimerais autant avoir fait cet établissement, si j'étais prince, que d'avoir gagné trois batailles* ».

Nouvel exemple de réutilisation d'un concept mais aussi du besoin de laisser une trace, quand il devient difficile de vivre ce qui, en plus d'être éphémère, sera totalement oublié.

En pourfendant *La Grande Pyramide* de François Mitterrand, ses détracteurs ignoraient sûrement qu'il s'inscrivait, lui aussi, dans cette quête d'éternité.

Comme une revanche face à notre perception de la nature humaine : la dépasser de l'extérieur... Et la dépasser de l'intérieur ?

Je ne critique pas ce besoin d'écrire, de laisser une trace, je l'ai aussi, parfois, mais peut-être est-ce une étape. Le François Mitterrand des dernières années a surpris, quand il confiait : *je crois aux forces de l'esprit...*

Plutôt que « surnaturel », il faudrait employer « surhabituel ». Mais les forces de l'esprit s'arrêtent quand cesse l'esprit... Il ne faut plus tarder pour espérer tirer de notre esprit son formidable potentiel. Après, il est toujours trop tard.

[Comme en Amour ; oui, si j'avais privilégié la dernière étape de ma résilience, et avais cru alors nécessaire de refuser l'Amour, j'aurais creusé un autre gouffre en moi]

Nul besoin d'un écran de télévision. Imaginer est sûrement plus concret, vrai. Tant les spectateurs doivent être figés par la mise en scène, même involontaire, une prise de vue, un angle, une présence à tel endroit, les témoignages.

Sûrement ai-je déjà vu « les tours jumelles» en photos. Si c'est le cas, je n'y avais alors accordé aucune importance. Aucune attirance pour le gigantisme. Peu importe le nombre d'étages : je suis d'à terre, de la campagne. Les êtres humains pourraient être répartis autrement que dans du béton vertical.

Mais j'imagine. Rien de spectaculaire, juste du dégoût. Après Auschwitz l'horreur est toujours possible. Détruire. Eliminer l'autre. Eliminer. La démocratie aura toujours des ennemis. La chute du nazisme ne fut que la chute d'un visage. La chute du communisme n'était que la chute d'un visage.

Les termes « arrogance américaine », « dictature financière » s'éclipseront simplement le temps de la grande émotion, dans quelques mois certains accorderont des circonstances atténuantes aux terroristes.

Un monde d'insécurités. Ou c'est à chacun d'essayer d'inventer des zones paisibles, où elles restent possibles…

Vous pouvez sourire en lâchant un méprisant « *repli frileux* » ; les solutions collectives sont d'abord individuelles. C'est seulement quand un être humain est en paix avec lui-même que son exemple peut rejaillir sur l'ensemble. Montrer l'exemple plutôt qu'élaborer de grandes théories.

Et savoir qu'on ne peut rien face aux fous ; et la haine est la pire des folies ; il faut fuir les fous.

Serais-je arrivé à ces pensées sans l'influence de Marjorie ?

Et voter pour un gouvernement apte, lucide… Voter, oui.

Quel drame ! Les grands manitous des majors en appellent aux pouvoirs publics : baissez la TVA, expédiez les pirates en prison... sinon demain l'exception culturelle française disparaîtra, sinon demain plus personne ne paiera la musique, tout le monde la téléchargera gratuitement et notre économie s'effondrera, les majors, en faillite, devront licencier, les artistes n'auront plus les moyens de créer...

Que Pascal Nègre, président d'*Universal Music France*, fasse du lobbying, certes, il fait son boulot, mais quand les braves petits artistes vont bêlant ces bonnes paroles comme si tout allait pour le mieux dans le meilleur des mondes variétisés, comme si les gros bonnets se souciaient d'autre chose que de rentabilité, ils renvoient à ces naïfs dits intellectuels enthousiastes au nom de Staline, récitant leur « bonheur du peuple »...

Ainsi Maxime Leforestier a trouvé une manière de passer à la postérité de Pascal Nègre, avec sa fable du petit commerçant : si une personne passe et vole une pomme au petit commerçant, ce n'est pas dramatique mais si chaque habitant du quartier lui vole quelque chose, il fermera rapidement boutique ; eh bien avec la musique, c'est kif-kif : si quelqu'un télécharge un MP3 illégalement, ce n'est pas grave mais si tous les internautes le font, plus personne n'achète de cd, c'est la mort assurée de tout un secteur ; adieux artistes que nous aimions tant...

L'histoire des pommes du Maxime peut s'adapter : si j'achète deux kilos de pommes et qu'en rentrant, je constate une véritable arnaque : seulement une misérable moitié d'une seule pomme est consommable sur les douze ou treize, peut-être retournerai-je une deuxième fois chez le commerçant mais si de nouveau la quasi totalité de ses pommes sont sures, véreuses ou pourries, j'arrêterai d'acheter des pommes.

Et si, à la même époque, un slogan publicitaire, à longueur de journée, m'incite à manger de pommes, j'en piquerai une de temps en temps, comme ça, pour la goûter...

Messieurs des majors : votre musique est tellement mauvaise, qu'on veut bien la passer en bruit de fond, gratuitement, mais la payer : FINI.

Vos plans marketings consacrés aux médiocres vous classent en tête des responsables de la disparition de « l'exception culturelle ».

Les créateurs ont tout à gagner d'internet : aujourd'hui les circuits sont organisés au profit d'une kyrielle d'intermédiaires, les créateurs récoltant des miettes, les pépins des pommes de Maxime. Sauf exceptions naturellement : pour que perdure le système il a besoin de figures de proue milliardaires sur lesquelles phantasment les méprisés, persuadés de vivre leur dernière année galère avant le triomphe... [milliardaires ou en donnant l'impression !]

L'artiste n'a rien à craindre d'internet (si certains proposent des musiques sans autorisation, la justice saura intervenir, ce n'est qu'un problème de législation à adapter... au niveau mondial), internet va réduire à sa plus simple expression le chemin de l'artiste au consommateur. Les créateurs toucheront alors la quasi totalité du prix payé par l'internaute. Un prix qu'il n'est pas utopique de prévoir divisé au minimum par cinq.

Le téléchargement gratuit est une conséquence de l'organisation de « la filière musique » où la créativité est méprisée, où triomphe le marketing... le jour où le téléchargement illégal ne sera plus possible, espérons que « le public » ne se laisse, de nouveau, berner par les majors et leur soupe.

Espérons qu'internet aura été utile : le déclic d'une prise de conscience. La musique n'est pas forcément médiocre !

[télécharger gratuitement est intéressant uniquement pour une minorité... les équipés en « haut débit »...]

Oui, analyse pertinente. Mais il est inutile de la proposer à un média.

Ces médias vivent en grande partie de l'argent des annonceurs. Et les intermédiaires en danger sont justement les premiers annonceurs !

Médias et intermédiaires de la filière musique se tiennent par la barbichette, feront tout pour s'approprier internet. Ça passe aussi par la censure de telles analyses.

- Que faire alors ?

- Miser uniquement sur internet. Ce texte a plus de chances de circuler via le web que d'être accepté par la presse à grand tirage.

Vous êtes auteur et/ou compositeur, éventuellement interprète. Vous débutez dans la profession, vous êtes à la recherche de collaborateurs, de contacts, d'informations sur le métier.

Dans le cadre de son action professionnelle, la Sacem prépare un numéro spécial de sa revue Notes *consacré au travail d'équipe, aux lieux de rencontre, carrefours de créateurs, « show-cases », stages, etc.*

Elle vous propose à cette occasion d'y publier une annonce gratuite, (une quinzaine de lignes au maximum), qui sera lue par l'ensemble de la profession, soit 20 000 créateurs, éditeurs, producteurs, etc...

Comment se servir d'une censure tellement stupide qu'elle est visible, incontestable ?

Certes, mieux vaut mettre au crédit de la bureaucratie, de la médiocrité, certaines erreurs, comme celles d'adresses e-mails, comme ces « nouveaux créateurs » à la présentation insérée deux fois.

Mais UN SEUL AUTEUR est nommé sans biographie dans ce *Notes* N°155 – 2001 « spécial équipes ». Page 16. Nom, prénom, adresse postale, adresse e-mail (avec erreur).

J'imagine :

- Monsieur Achard, monsieur Achard, vous avez pris une décision au sujet de cet énergumène qui glorifie internet, qui critique le niveau de la chanson et même les Rencontres de monsieur Cabrel...

Et le nom, l'adresse sont restés. S'ils m'avaient totalement écarté, la censure passait sans preuve...

Merci dame médiocrité !

Naturellement ce monsieur est injoignable pour le simple membre. Sa secrétaire est certes charmante, ne manquera pas de transmettre… et monsieur Pierre Achard rappellera… ou alors envoyez un e-mail, il vous répondra… Bien sûr !

Mais comment se servir de cette censure ? Suis-je de taille ?
- Attendre. Il suffit souvent d'attendre. Et l'occasion se présente. Etre disponible et ne pas oublier ! C'est un honneur, c'est une chance d'être ainsi censuré !

> J'suis l'censuré d'la sacem
> Le type dont on dit y'aura des problèmes
> Pas d'place pour les sociétaires
> Qui savent pas plaire
> Ils peuvent ignorer tes textes
> Ils connaissent le contexte
> Ils ont l'carnet du mépris
> Dans c'carnet y'a écrit pas vu pas pris
> Mes petites rimes qui les condamnent
> Ils en ricanent
> Paraît qu'c'est les paroliers
> Les mieux payés qui peuvent parler
>
> *J'fais pas d'tube, j'ai pas d'thunes, alors j'dois m'taire*
> *J'fais pas d'tube, j'ai pas d'thunes, on t'dit d'te taire*
>
> Des textes qui sont classes
> Des textes qui vous glacent
> J'fais pas d'tube, j'ai pas d'thunes, alors j'dois m'taire
> J'fais pas d'tube, j'ai pas d'thunes, on t'dit d'te taire
> Un petit tube un petit tube
> Un petit tube un petit tube…

Alain Souchon, ce soir, prend conscience du mal fait à la France ?

Quand Arlette chante on sent du vrai amour
Quand les autres font de faux discours

Si quelqu'un de si raisonnable, intelligent, qu'Alain Souchon glorifie Arlette...

La dictature du prolétariat, quel chroniqueur musical, et même politique, a osé « brûler Souchon », le renvoyer dans les cordes de sa médiocrité, de sa mièvrerie ? Pas un.
Souchon a donné patte blanche au trotskisme.
Et bien sûr Lionel Jospin, en ne condamnant pas ses errances dans cette mouvance, n'a pas contredit ce quasi inconscient collectif national : rien à craindre du trotskisme... donc rien à craindre des extrémistes... l'auréole d'Arlette a rejailli sur l'ensemble des ennemis de la démocratie...

Mais non, vous êtes d'indécrottables intellectuels englués dans le passé, puisque même un bourgeois, un friqué, un cador comme Souchon...

Va-t-il se suicider ce soir ? Au moins comprendre ?

Trop simple, trop facile, de se réfugier derrière la légèreté d'une chansonnette.
Nous avions voté pour le candidat du Parti Socialiste. Sans enthousiasme. Avec même une petite tristesse dans la main. Pauvre P.S.

ALAIN SOUCHON EST COUPABLE (de la débâcle de Lionel Jospin).
La radio reprenait Le Pen pavoisant à la télé et j'écrivais cette phrase en pensant nécessaire, indispensable, qu'un quotidien en fasse sa une du lendemain.
Pas naïf quand même : d'autres titres seraient plus vendeurs.

Stupide ; à la première écoute de cette chanson, stupide, s'imposa, une évidence ; je n'avais naturellement pas alors mesuré les conséquences... si je pense « stupide » tout le monde va le penser !...

Naïf quand même un peu. Ces chanteux ont une audience, un poids, une légitimité médiatique sans commune mesure avec leurs connaissances, compétences...

[Chanteux. J'utilise désormais ce néologisme de Marjorie créé sur le modèle d'auteux, auteur / honteux]

Etait-il « de bonne foi » à l'instant d'écriture ? Ou en recherche d'un sujet porteur, tentative de récupération d'une vague de sympathie pour l'extrême gauche après leur utilisation des « mouvements sociaux » ?

L'extrême gauche a toujours su utiliser la naïveté de ses ennemis (le parti communiste fut même un spécialiste inégalé... Lénine avait une formule pour qualifier les « intellectuels » européens pro-soviétiques : *les idiots utiles*).

Si Souchon avait lu ne serait-ce que quelques textes de *Lutte Ouvrière*, il aurait, quand même ?, compris le grand canyon entre le projet de dictature du prolétariat et l'apparence sympathique, flairé la supercherie ?...

Est-ce qu'Arlette en a beaucoup ri ? rit-on chez ces gens-là ?

Montrez-nous qu'un autre chemin reste possible.

Nous pourrions afficher, page d'accueil du site www.bcommebonheur.com, cet appel. Comme une manière de signifier : nous ne fuyons pas ce que vous êtes mais ce que vous êtes devenus. Votre souchonnerie.
Vos masques, retirez vos masques. Et affrontez le gouffre de vos années vides. Alors peut-être…
Même Souchon peut encore ?
Cabrel ? L'avoir rencontré, c'est en douter ! d'aucuns évoqueraient alors un miracle !

La pauvreté ici n'est quand même pas un prix si élevé ! n'en déplaise aux parangons du seuil de pauvreté ! Manger une cerise sous l'arbre, un radis tout juste déraciné, une tomate cueillie à la rosée, une fraise non pesticidée, la qualité de vie n'a pas de prix !

Vivre en dehors du mouvement d'abrutissement est donc encore possible. Ici et maintenant. Et pas uniquement quelques minutes par jour.

J'étais malheureux de n'avoir pas de souliers, alors j'ai rencontré un homme qui n'avait pas de pieds et je me suis trouvé content de mon sort.
Mong-Tseu.

- Indépendamment de notre vie : il faut tricher. Ton « gagner du temps ».
- Raffarin veut des chiffres en baisse... et le RMI risque de devenir RMA, d'activité... tu vois qu'ils m'obligeraient à me lever pour être utilisé vingt heures par semaine par un patron !
- Mais tu es écrivain ! il te suffit de réclamer un statut d'écrivain maudit !
- Moi l'écrivain maudit n'ayant jamais publié et toi la chanteuse qui ne chante plus !
- Internet donc. On y revient.
- Avec 750 francs gagnés en trois mois et qui ne seront peut-être jamais payés !

- C'est un bon début ! ne sois pas négatif ! pour toi, l'idéal serait d'obtenir une bourse du *Centre Régional des Lettres*... ça ne doit pas être compliqué... quand on voit la liste des pisseurs de lignes récompensés...
- Mais ils ont peut-être leur carte du P.S., ou font des piges pour *la Dépêche du Midi*, ou savent sourire, ou sont de Figeac, ou ont des amis...
- Alain Bénéteau. Président du *Centre Régional des Lettres*, aussi, attends, j'énumère, Commission permanente - Environnement et développement durable - Industrie (PME-PMI, grands groupes et services à l'industrie) - Recherche, transferts de technologies et enseignement supérieur.
- Où tu as trouvé tout ça ?
- Google.fr - Alain Bénéteau
- Mais je suppose qu'il faut au moins avoir écrit quelque chose.
- Tu es chanté. Tu as même obtenu une victoire de la musique au Burkina Faso.
- Même *la Dépêche du Midi* n'en a pas parlé !
- Jean-Michel Beylet... Eh oui, c'est à cause de ce type que Martin Malvy peut mépriser la culture. Il sait que leur dépêche n'ira jamais y mettre son museau... comment des électeurs

peuvent voter pour un défenseur de Golfech... mais bon, il te suffit de publier un livre !

- Marjorie nègre ?

- Tes papiers. Tes notes. Il suffit d'assembler et le tour est joué. De toute manière tu ne crois quand même pas qu'ils lisent... Le mec dont je t'ai dit, il est de par Figeac, les gnangnanteries homos, l'affecté banalité... il a eu sa bourse...

- Il l'a peut-être demandée gentiment.

- Ces gens-là ont besoin de distinguer quelques énergumènes du coin. C'est peut-être simplement pour cela. C'est tombé sur lui. Parfois les gens ne fayotent même pas, ils ont simplement le bon profil pour que des politiques puissent prétendre soutenir la culture.

- Eh oui ! Nous devons peut-être à Martin Malvy... notre rencontre !

- Là, je n'ai pas suivi.

- Peut-être qu'Astaffort souhaitait plaire au président du Conseil Régional en sélectionnant un auteur du Lot. Et mon dossier est arrivé à ce moment-là !

- Donc Martin Malvy n'aurait pas été totalement inutile à la culture !... Et ton dossier serait très présentable... avec un gros livre... au moins 400 pages.

- J'y arriverai jamais.

- Si tu n'as pas assez, tu recopies quelques paragraphes de Schopenhauer par exemple ! Là, certain, pas un politique ne viendra t'accuser de plagiat. Tu joins un CD avec le bandeau KUNDE D'OR, quand même traduit *Victoire de la musique*. Plus bio avec *rencontres d'Astaffort, Francofolies...*

- Et toi ?

- Peut-être un album ! Créneau Manset du web ! Ou « profession libérale » activité conseillère en mieux-vivre, philosophe indépendante, cogniticienne... et tout ça peut servir tes notes !

- Mes notes... ce n'est pas un roman ! C'est notre vie. Des confidences. Des réflexions.

- Notre vie ! Notre vie c'est maintenant. Le passé n'est guère plus réel que l'imagination.

- Mais il manque des cases.

- Des cases ça se remplit ! Ou alors ça se laisse pour que le lecteur les remplisse. Il te suffira de répondre ça, si un jour un journaliste t'interroge. Mais comme les journalistes ne lisent pas non plus, il suffira de bien travailler le communiqué de presse. Dans ce genre de business le communiqué de presse est la partie la plus importante. J'ai eu une copine attachée de presse pour un grand éditeur. Avec la couverture quand même.

- Je t'embauche comme assistante… et la quatrième de couverture relève de tes attributions !

- Mêlant éléments autobiographiques et fiction, Stéphane Ternoise brosse le portrait non autorisé du show-biz à la française, tout en remuant la question fondamentale « que faire de sa vie ?»… ça te va ?

- Bof !

- Je sais, mêler éléments autobiographiques et fiction, c'est la définition de tout livre !… Mais là, il s'agit d'insister pour titiller le badaud avec la perspective de choses vues, entendues.

- Et le titre ?

- *Cabrel l'arnaqueur ?*… non, quand même pas ! Il ne peut pas être le centre du livre. Il n'est qu'une grenouille hyper-trophiée…

- J'arriverai jamais à me prétendre romancier avec un tel bouquin !

- Et Justine Lévy, alors ?

- Justine Lévy ?

- La fille de sa sainteté Bernard Henri.

- Elle écrit ?

- Son deuxième roman, « *rien de grave* », l'histoire de ses déboires. Son mari l'a plaquée. Et en plus pour Carla Bruni !

- Carla Bruni de *quelqu'un m'a dit ?*

- Carla Bruni Top Model reconvertie potiche guitare-voix sous-souchonne.

- Et l'autre a raconté ça, et c'est publié ?

- Chez Stock.

- Donc tu crois que le mélange Cabrel Souchon Malvy Bénéton… c'est dans l'air du temps.

- Même notre voie Bouddhiste est dans l'air du temps !

- Alors j'ai écrit un roman sans en avoir l'air !

- Amélie Nothomb a connu la gloire après avoir raconté manger des bananes avariées. Elle vend ses 300 000 annuels.

- Alors la littérature est un cirque aussi grand que la chanson !

- Si tu n'oublies pas que tout ça c'est juste à cause des crétins de la direction du travail… peut-être qu'un jour tu prendras place dans l'art du roman… mais c'est un vrai travail… c'est même toute une vie… et quand on touche à l'art majeur, souvent on a largement dépassé l'âge de courir le cent mètres même sans haies…

- Et toi donc ?

- La voie de Marjorie !… Oui, enseigner… par internet ! Enseigner la voie de la sagesse… oui, ça m'intéresse plus qu'être chanteuse… nous trouverons bien des interprètes sur internet, des interprètes intéressés par des chansons « clés en main ».

- Ils vont te poser la même question : « est-ce rentable ? »

- Poser cette question dénote un manque flagrant de sagesse…

- Mais avec un tel livre, les portes fermées à tout créateur digne de ce nom seront en plus surveillées par une horde d'encanaillés entraînés à lâcher les pitbulls sur tout signe d'intelligence !

- *Si je m'étais le moins du monde soucié de l'approbation de mes contemporains, j'aurais supprimé vingt passages de mes écrits qui heurtent de front toutes les idées-reçues, et même ont parfois quelques chose de blessant…* ainsi s'exprimait Schopenhauer dans la préface de la deuxième édition du *monde comme volonté et comme représentation.*

- Tu m'as convaincu… je vais vraiment lire Schopenhauer.

Il ne faut rien attendre de la sacem. J'avais une copine là-bas ! La situation est figée. La sacem n'est pas une société d'auteurs au service de la chanson mais une société au pouvoir confisqué par une minorité, l'oligarchie.

« Dans toute oligarchie se dissimule un constant appétit de tyrannie » (Nietzsche)

Le Conseil d'Administration n'est pas élu par les membres mais par les « membres professionnels ».

Et pour devenir membre professionnel, la barrière des revenus est placée suffisamment haute, et durant trois années consécutives en plus, afin que puissent le devenir uniquement les auteurs et compositeurs inféodés aux majors.

Les vrais patrons de la sacem : les majors ! Ce n'est pas pour leur talent si quelques auteux et compositeux sont aujourd'hui millionnaires mais parce qu'ils furent de la bonne écurie.

Dans cinquante ans les sommités de la sacem ne signifieront plus rien dans la culture française. Mais ce sont des notables, certains ont même pour cette unique raison la légion d'honneur, au moins « le mérite »…

Internet est la chance de la chanson. Mais il faudra retenir la parabole du Souchon : ne pas s'embourgeoiser, ne pas s'affadir en échange de quelques bienveillances et honneurs.

Envoyer des maquettes aux producteurs, c'est comme prendre un billet de loto. C'est attendre quelque chose du show-biz.

N'attendre rien. Faire, monter et ne rien attendre. Si nos chansons sont bonnes elles finiront pas être remarquées.

Avant, la solution c'était la scène.

Aujourd'hui, c'est internet. Je suis convertie !

Mais pouvons-nous TOUT dire ?

Si l'honnêteté règne dans le pays, un homme peut être audacieux dans ses actes et dans ses paroles mais si l'honnêteté n'existe plus, on sera audacieux dans les actes mais prudent dans les paroles (Confucius).

La sacem : 105 000 membres, dont 90 000 auteurs et compositeurs vivants.
Pour la première fois, la lettre des sociétaires me parvient, sa diffusion passant de 15 000 à 35000. J'entre dans les critères !

> *...à peine plus d'un tiers des auteurs et compositeurs vivants (34 000) reçoivent un feuillet de répartition, les autres ne génèrent aucun droit, leurs œuvres n'étant pas interprétées dans le cadre de manifestations assujetties au droit d'auteur (...)*
> *Et parmi ceux qui reçoivent des droits, seuls 8,1 % touchent plus que le smic.*

Ma calculatrice est formelle : 2754.
2754 en vivent.
- Et si l'on retire les *industriels*, monsieur Laurent Petitgirard, nouveau président du conseil d'administration sacem, ça fait combien de créateurs dignes de ce nom ?
(et pour fonctionner la sacem « *emploie plus de 1500 personnes* »)

Grâce à Pierre Galliez, je suis des 34 000 mais pour la deuxième fois consécutive, j'ai droit sous
PAIEMENT PAR VIREMENT BANCAIRE
Sous le décompte, à :
SOLDE NON REGLE – S'AJOUTERA A VOTRE PROCHAINE REPARTITION.

Il m'avait pourtant été précisé qu'à la sacem, après le « droit d'admission de 665 francs » (en février 2000), je n'aurais plus rien à payer... Oui, ce n'est pas à payer : à chaque répartition « COTISATION SACEM » vient en déduction.
Le solde reste alors inférieur « au seuil de déclenchement du paiement » (comme ils doivent s'exprimer).
Qui a décidé de prélever une cotisation sacem à tout membre générant une répartition ?... Une cotisation permettant à la sacem de ne rien verser aux « faibles répartitions »...

Pour obtenir la même somme en cotisation, pourquoi pas plutôt un pourcentage appliqué sur l'ensemble des droits ? Qui décide ?
Le conseil d'administration, donc les membres professionnels...
Et il leur semble plus juste de ponctionner les « amateurs »...
L'idée même de cotisation sacem est indécente... une baisse des frais généraux serait préférable... et la suppression de certaines subventions...
[charges nettes de la gestion sacem: 128 millions d'euros]

Internet ? Notre chat !
Une adaptation du conte de Perrault, *le maître chat ou le chat botté*.

> *L'industrie et le savoir-faire*
> *Valent mieux que des biens acquis*

Avec habileté, ingéniosité, savoir-faire, tout est possible.
Rien n'est jamais définitivement perdu à ceux qui n'ont rien mais possèdent l'ingéniosité.
Mais attention : ne nous créons pas de faux problèmes en visant d'inutiles objectifs.

Jules Ferry et nous contre l'évêque d'Angers et Philippe Val.

Jules Ferry : l'école gratuite, laïque et obligatoire.
Mais il trouva sur son chemin l'évêque d'Angers, proclamant à l'Assemblée :
Vous allez dévaluer l'école. Comment voulez-vous qu'on accorde considération à quelque chose qui ne coûte rien ?

Plus de cent ans sont passés. Et le gratuit fait toujours débat. On croit parfois entendre la réincarnation de l'évêque d'Angers :
Le jour où toute la presse sera gratuite, la corruption et la collusion avec le pouvoir politique seront multipliés par cent...
Philippe Val, *France-Inter* (radio du service public, donc gratuite).

Alors quand le gratuit est couplé à internet !…
Qui est prêt à dépenser de l'argent à fonds perdus pour avoir son petit site personnel ? Des tarés, des maniaques, des fanatiques, des mégalomanes, des paranoïaques, des nazis, des délateurs qui trouvent là un moyen de diffuser mondialement leurs délires, ou leur haine, ou leurs obsessions.
Philippe Val, Charlie Hebdo, 17 janvier 2001.

Et non ! aveugle ! internet : la chance des créateurs. Dans un pays où les médias méprisent la création. Ton torchon ne faisant pas exception.
Alors nous serons un média : www.lewebzinegratuit.com : notre bonne parole ! Des informations. Des interviews. Chanson. Littérature. Actualité.

Montauban, septembre 2002, médiathèque municipale Antonin Perbosc : *CHORUS (les cahiers de la chanson)* en évidence dans la salle musique.

Un liseré jaune agressif et « quatre guignols » en couverture pour ce NUMÉRO SPECIAL DIXIEME ANNIVERSAIRE.

Non, ce ne sont pas les effigies en latex réalisées spécialement pour la cause par les guignols de l'info ! Il faut considérer cette photo de groupe comme un hommage aux cadors de la chanson française selon CHORUS.

Au premier plan, assis, Alain Souchon rabougri, veste ou manteau noir, à la droite d'un Cabrel le devançant d'une épaule, offrant un effet d'optique plutôt cocasse...

Derrière les dupond dupont de la chanson, Yves Simon et Jean-Jacques Goldman, debout, légèrement courbés, ainsi au même plan que Souchon, rendant la tête de l'Astaffortuné digne d'un... nain de jardin !...

Lecture en diagonale, banalités, banalités et...

Chorus : *Vous avez cité Arlette Laguiller qui doit certainement un surcroît de popularité à la chanson qu'Alain lui a consacré...*

Alain Souchon : *Arlette Laguiller c'est un personnage infiniment sympathique si elle fait 2,5%, c'est folklorique, étonnant, mais là...*

Jean-Jacques Goldman : *« infiniment sympathique » ? Tu as vu sa position au second tour ?*

Alain Souchon : *Mais oui, justement, ce n'est pas possible. Alors, c'est fini, cette chanson-là, je ne la chanterai plus. C'est dommage, car ce côté folklorique me plaisait beaucoup, mais aujourd'hui Arlette est devenue quelqu'un de dure, de terrible, ça ne va pas du tout...*

Le lectorat de Chorus a-t-il le potentiel intellectuel de décoder l'étendue de la médiocrité ainsi avouée, l'absence d'analyse politique, la stupidité même ?... Les journalistes Chorus semblent du niveau de leurs idoles...

Ne plus chanter cet hymne… mais quand même pas reverser les droits aux héritiers des victimes du communisme, sous sa forme trotskiste ou autre…

Plus loin :

Alain Souchon : … *Des bains de sang, voilà ce qu'elle veut. C'est triste.*

Triste, il a gros chagrin Souchonnet… T'as dix ans oui, dix ans de conscience politique…

1992-2002. Si *Chorus* avait souhaité distinguer la qualité et non simplement encenser ses soutiens les plus connus, qui aurait été à la une ?

Gérard Manset et Renaud ?

Titre : *Les plus grands. Malheureusement.*

[Ce titre, un journaliste de Chorus pourrait-il y déceler un écho au Gide commentant Victor Hugo, plus grand poète français, malheureusement ?]

Et l'ombre de Jacques Brel sortant de scène.

Un doigt dressé de Gainsbourg ?

Dossier : deux artistes francophones vivants pourraient réaliser un album best-off de titres ayant une chance de résister à l'usure des modes et à l'essoufflement de la promotion. Art populaire trop souvent populiste. Art majeur ? Comme tout art, il recèle une possibilité d'atteindre au grandiose et au majeur. La partie majeure d'un art est toujours l'exception, la marge.

Pour ces journaleux-là, nul doute, Vincent Delerm sera « un digne héritier » !…

Vincent Delerm pas moi

Pas besoin de tendre la main
Quand on est l'fils d'un écrivain
Qui a des relations et tout ça
Vincent Delerm pas moi

J'imagine leurs soirées d'rupins
Avec les commentaires crétins
« Je suis un jeune indépendant
Comme les gens sont charmants »

Y'en a pas fait d'bouquin mon père
De ses dernières gorgées de bières
Ça fait une sacrée différence
Du piston à l'indifférence

Moi j'essaye de prendre ma revanche
Alors que t'es dans les bonnes manches
Tu fais clin d'œil à tes parents
C'est piteux mais ça se comprend

J'vais pas jouer au mec envieux
J'fais juste dans l'irrévérencieux
Comme devraient l'être les médias
Mais faut plaire au papa

Ai-je pu changer votre regard
Sur ce milieu de loups d' renards
Les gosses de stars ont toutes leurs chances
Evidemment, ils font d'l'audience

Y'en a pas fait d'bouquin mon père
De ses dernières gorgées de bières
Ça fait une sacrée différence
Du piston à l'indifférence

Moi j'essaye de prendre ma revanche
Alors que t'es dans les bonnes manches
Tu fais clin d'œil à tes parents
C'est piteux mais ça se comprend

Y'en a pas fait d'bouquin mon père
De ses dernières gorgées de bières
Ça fait une sacrée différence
Du piston à l'indifférence

Moi j'essaye de prendre ma revanche
Alors que t'es dans les bonnes manches
Tu fais clin d'œil à tes parents
C'est piteux mais ça se comprend

Pas besoin de tendre la main
Quand on est l'fils d'un écrivain
Qui a des relations et tout ça
Vincent Delerm pas moi

Vincent Delerm pas moi
Vincent Delerm pas moi
Vincent Delerm pas moi…

Parodie
Titre de l'œuvre originale :
Fanny Ardant et moi
(Vincent Delerm)

Renaud, l'exemple d'une réussite sans concession ?
Et si Coluche n'avait pas poussé le bouchon de l'amitié jusqu'à
marteler sur Radio Monte-Carlo : *le p'tit Renaud, c'est bien… ?*

Renaud eut les leçons de piano, comme ses frères et sœurs.

*Renaud Séchan, né en 1952, est issu de la petite-bourgeoisie
parisienne et protestante. Son père, professeur et traducteur
d'allemand, a également connu son heure de gloire en qualité de
romancier…*
Germinal, l'aventure d'un film, Pierre Assouline.

*Notre père, Olivier Séchan, fut l'un des meilleurs écrivains de sa
génération, et son œuvre fut récompensée par* le prix des Deux-
Margots *(les corps ont soif, 1942) par* le prix Cazes *(les chemins
de nulle part, 1946) et par* le grand prix du roman d'aventures
(vous qui n'avez jamais été tués, 1951).
Renaud bouquin d'enfer, Thierry Séchan.

Un oncle aussi, Edmond Séchan, chef opérateur et réalisateur de
courts-métrages (un oscar à Hollywood).

Et l'histoire Mitterrand. Augurant bien plus que le « *Tonton laisse
pas béton* » publié dans *Le Matin* fin 1987 : Madeleine Séchan,
tante de Renaud, médecin, héberge régulièrement les amants
François Mitterrand et madame Pingeot… elle met au monde
Mazarine en Avignon.
Thierry Séchan, le frère donc, se targue d'avoir été condisciple et
ami de Gilbert Mitterrand, fils légitime, au lycée Louis-le-Grand,
de 1965 à 1967.

Renaud, quand même, sans concession ? pourquoi dans son
premier album « *monsieur Franco* » s'est liquéfié en « *petite fille
des sombres rues* »… out le refrain : *monsieur Franco, j'le crie
bien haut, t'es un salaud ?* Demande de la production.

Quand même ? Renaud doit beaucoup à Brassens... comme Brassens devait tant à Félix Leclerc... héritier donc, oui... ce qui est tout naturel, logique... mais il convient de dépasser ses maîtres... choisis parmi les plus grands... sinon l'histoire est sans scrupule...

Quand même oui : *Morgane de Toi, Pierrot, En cloque, Hexagone...*

Alors ne nous gonflez pas avec vos « vous voyez... ». Et nos maîtres sont philosophes, littéraires. Et même plus guides que maîtres...

Commentaires Marjorie :

> Oui, n'hésite pas : sois parfois fondamentalement injuste !
> Comme avec Léo Ferré !
> *C'est à trop voir les êtres sous leur vraie lumière qu'un jour ou l'autre nous prend l'envie de les larguer* résume quand même bien nos vies !
> Et « *la vie d'artiste* », tu ne peux pas le passer à la trappe.
> Et « *la musique se vend comme du savon à barbe* » de *La préface* ?
> Parfois, il nous faut aussi être injuste ? Face aux piranhas c'est inévitable ?

Crier au génie de Gainsbourg, quelle offense pour Bach, Balzac, Léonard de Vinci... Dire qu'en plus l'adulation atteint son sommet pour sa période « art zéro »...
Des blessures que la gloire et l'Amour n'ont pu cicatriser... Résilience inachevée. Gainsbourg n'a pas été le peintre ni le compositeur rêvé... il a pris une revanche sur la vie, le mépris... mais comme il devait souffrir les derniers mois, quand le nuage se dissipait...
Gainsbourg : le Van Gogh de la musique ! Crétins.
Gainsbourg est devenu Gainsbarre et a joué des citrons. Les paroles des chansons ne méritent sûrement guère mieux.
S'il a un côté Van Gogh, c'est celui du suicidé de la société :
Je serai Courbet ou je ne serai rien. Oui Lucien, tu aurais dû essayer, bien plus, d'atteindre ce niveau...
La peinture m'a marqué. J'avais trouvé là un art majeur qui m'équilibrait intellectuellement. La chanson et la gloire m'ont déséquilibré. J'étais heureux quand je peignais, je m'en veux tant d'avoir eu la lâcheté d'abandonner...

Saurait-on tirer notre révérence si quelques succès ?...
Charles Trénet et Balthus sont morts le même jour. Mais l'un des plus grands peintres du XXe siècle s'envola dans l'indifférence. L'intérêt de nos contemporains... heureusement... on s'en fout !...
Fernando Pessoa, Franz Kafka n'ont rien reçu de leurs contemporains...

Uniquement : pouvoir avancer vers la plénitude.

Les textes de Gainsbourg, c'est du haut niveau
Souchon, 2002, sur France-Inter.
(pour toi, Souchonnet)

On ne s'adresse jamais aux sages.
Le sage a dépassé nos réflexions… mais quelques marcheurs lucides sur le chemin, le chemin du perfectionnement, peuvent puiser dans une analyse actuelle le déclic vers des œuvres majeures…

Etre passeur vers les œuvres majeures. S'il faut un rôle social !

La philosophie est une thérapie de la raison, de l'intelligence.

Seule une vie soumise à l'examen est digne d'être vécue.
Epictète se plaçait dans la lignée de Socrate.

De cette lignée ?
Mais que veut dire « être philosophe » quand pour « en vivre », il faut soit en enseigner une version édulcorée dans un cadre rigide, soit fréquenter les plateaux télés et produire à la chaîne…

> *Sur l'échelle de Schopenhauer*
> *Les premiers échelons font peur*
> *Mais pour l'air de la liberté*
> *Il est nécessaire de monter*
> *Sur l'échelle de Schopenhauer*
> *Se connaître un peu mieux*
> *Avant d'être vieux*
> *Se connaître un peu*
> *Que peut-on rêver de mieux ?*

« Jeter l'éponge ?». Même dans ce simple récit. Encore plus dans « l'ambition folle » de bouleverser le monde musical grâce à internet ! (possibilité et non utopie ; même par inadvertance !... l'innovateur a rarement pleine conscience des forces déclenchées).

Ou se contenter d'échouer, jouer au « looser lunaire », trop intègre pour un milieu de requins ?...

Se contenter d'échouer ? Ces tentations sont de l'aventure ! On peut faire semblant vis-à-vis d'institutions, faire semblant d'affronter les règles en vigueur, faire semblant d'un face à face, d'un combat pour réussir...

Mais l'art : c'est la vie. Nous sommes ce que nous pensons. Ce que nous créons.

Le reste... s'amuser un peu quand même!

A la demande des CLI, l'ADDA est chargée d'examiner les projets portés par les artistes et artisans d'art dans le cadre de leur contrat d'insertion.

CLI ? Que peut bien signifier CLI, une société de sigles dont la signification n'est plus précisée.

DOSSIER DE PRESENTATION DU PROJET ARTISTIQUE

Formation initiale, Formations professionnelles, parcours professionnels...

Formations professionnelles [sourire... je vais les choquer ces gens-là !] :
Stendhal, Tolstoï, Oscar Wilde, Sigmund Freud, Balzac, Marcel Proust, Arthur Schopenhauer, Platon, Siddharta, Epicure, Sénèque, Jacques Brel, Lao Tseu...

PRESENTATION DE LA DEMARCHE ARTISTIQUE
Vous pouvez également fournir tout document présentant vos réalisations (photos, cassettes, partitions, écrits...) :
    CHANSON (récompense au Burkina Faso, rencontres
        d'Astaffort, Francofolies de La Rochelle)
    ROMAN (sortie 2004)
    THEATRE (sortie 2006)
    ESSAIS (sorties 2005, 2007)
    INTERNET (créer un nouveau média)
Votre vénérable directeur doit me renvoyer, depuis des années, le CD de SAMI RAMA – Afriquii Bii (l'histoire retiendra : l'artiste phare du Burkina Faso aurait pu effectuer sa première scène française à Cahors, aux « rencontres percutantes » mais un bureaucrate incompétent a privé la ville de cette opportunité).

PRESENTATION DU PROJET D'INSERTION PROFESSIONNELLE.

Vivre de mes créations. Edition livres, production CD, internet.
Malgré une époque, un pays, où LA CULTURE est méprisée, où le budget dit culturel est phagocyté par des installés, des intermédiaires, des requins, des copains, des coquins, des bureaucrates et « du social » (le tout est culture qui permet d'étouffer la culture).

DEMARCHES EFFECTUEES A CE JOUR
Avez-vous eu l'occasion de présenter vos réalisations au public ?
France-Inter, France-Culture, concerts (par interprètes interposés).
Internet : internet est l'avenir de la création (mais internet est subventionné uniquement pour les installés, créant ainsi une intolérable distorsion de concurrence).

Avez-vous déjà essayé d'obtenir un statut ?
Si oui, avez-vous rencontré des problèmes ?
Travailleur indépendant. Puisque pour la CGT, le Médef, le gouvernement, l'opposition, le statut d'intermittent est inaccessible à l'auteur (pour ces sommités le spectacle n'a pas besoin d'auteurs !... il y a suffisamment de morts pour ne pas se coltiner des créateurs !... ainsi la France est en voie de sous-développement culturel).

Avez-vous déjà essayé de rencontrer d'autres artistes, des professionnels... pour avoir des conseils, des informations, échanger sur les réalités de votre pratique artistique... ?
Si oui, qu'en avez-vous retiré sur les réalités de votre pratique ?

Cette question fleure bon le pays communiste ! Et à la sortie monsieur Gérard Amigues remet la liste des sujets « conseillés » ?
Comme, par exemple Claude Lévi-Strauss, je crois préférable de côtoyer les œuvres aux créateurs. Quant aux intermédiaires, aux conseilleurs : ils sont les parasites de la culture.

Milan Kundera l'a écrit : il faut fuir les agélastes (et je l'ai constaté en côtoyant ce qu'on appelle des sommités).

Sur le sujet, étudiez aussi Sacha Guitry.

Rappel : ma première participation à un CD fut récompensée par une victoire de la musique au Burkina Faso. Côtoyer des bureaucrates incompétents est comme regarder la télé : une perte de temps...

BESOINS IDENTIFIES A CE JOUR :

Qu'est-ce qui, selon vous, favoriserait le développement de votre projet artistique ?

Cases à cocher :

Aide à la formalisation du projet

Aide à la réalisation du projet (3000 € Edition ; 4500 € Musique ; 3000 € communication)

Aide à la recherche d'informations

Aide à la recherche de contacts

Aide à la recherche de financements (naturellement !)

Aide à la recherche de lieux d'exposition

Aide à la protection des œuvres

Aide à l'acquisition d'un statut professionnel adéquat

Aide à la création d'activité

Aide à la création d'une association

Aide à l'acquisition de matériel

Pour réaliser votre projet, pensez-vous avoir besoin d'une formation complémentaire ?

La formation artistique est continue, par la confrontation aux œuvres. Une citation d'André Malraux résume cette idée (mais André Malraux ne doit pas être au programme de votre formation... un scoop pour certains : Jack Lang n'a pas inventé la culture).

Souhaitez-vous bénéficier d'un accompagnement spécifique de l'ADDA pour réaliser votre projet artistique ?

Artistique et accompagnement sont antinomiques. Je vous conseille de poser autrement la question, genre :

Souhaitez-vous le remplacement de l'ADDA par un fonds de soutien artistique ? (mais géré par qui ? le créateur n'a pas le choix : il doit vivre de peu... et attendre un malentendu ; la rencontre d'un public pour un véritable créateur est toujours un malentendu).

Un p'tit plaisir d'impertinence.

Qui fondamentalement ne change rien à la France.

Si Souchon utilisait son audience au service du bon sens… Mais Alain Souchon n'est pas l'Abbé Pierre ! Avec Souchon, l'Abbé Pierre réduirait en poussières bien des barrières. Mais Souchon souchonne. Et quel intérêt de leur balancer mes réflexions ? Des doutes. Ce livre pourrait apparaître comme une forme de combat. Et m'aspirer, m'engloutir. Il n'est pourtant qu'un constat. Rien. Rien ne changera.

L'ADDA demain sera encore l'ADDA. Ses parasites. Leurs notes de frais. Sangsues de la Culture d'une époque lancée droit dans le mur. Ecrire pour l'Histoire : je n'étais pas dupe ?

- Alors, ça s'est passé comment ?

- Elle s'est énervée ! « Vous ne pourriez pas répondre simplement aux questions. Je n'ai pas à lire vos commentaires ». Elle n'aime pas ce qu'elle appelle mon humour ! elle considère mes réparties comme des agressions. Lui conseiller de lire Schopenhauer et Sénèque, ça frise l'insulte pour cette pauvre fille.

Pour pousser le bouchon un peu plus loin, je lui ai cité du Houellebecq. Ça la scandalise, ces gens qui écrivent que dans les bureaux on ne fait rien. Car elle, si sur son contrat il est bien noté 35 heures, elle ne s'arrête pas parce qu'il est 5 heures ! elle a failli exploser à mon « parce que vous êtes nouvelle » !

Elle transmettra le dossier à une commission susceptible de me convoquer, avant de décider si mon projet est vivable ou si je dois être basculé au RMA. Elle n'a pas apprécié mon : « je ne vois pas qui à l'ADDA pourrait avoir la compétence, la légitimité de décider si mon activité est vivable ».

Naturellement, il vaut mieux rencontrer une nouvelle, motivée mais incapable de comprendre l'engrenage de sa fonction, finalement « pas méchante », qu'une vielle pie d'abord là pour faire du chiffre, suppôt d'un gouvernement en quête de statistiques électoralement présentables.

Oui, nous ne sommes pas du même monde. Oui : rien, rien ne changera. Mais il serait fou de vouloir changer leur monde ! Nos mondes sont inconciliables, irréconciliables même. Des êtres peuvent passer d'un monde à l'autre mais sans rien changer au monde à l'agonie.

Même là, même contraints, c'est pour de faux, c'est du semblant. Ces bureaucrates ont du pouvoir mais n'ont aucun pouvoir sur des réfractaires comme nous !

Dans les pays communistes, les un-minimum-lucides-et-dignes, devaient vivre chaque seconde ainsi.

Une partie de la France répond à la structure communiste, bureaucratique. Ah, si ces gens-là étaient soutenus par un régime totalitaire !

Toute revendication est une acceptation du pouvoir. L'art est hors pouvoir. On peut s'engager comme citoyen mais surtout pas dans un syndicat artistique ! Il n'y a pas d'artistes syndiqués, juste des syndicalistes dans un créneau médiatique. S'engager comme citoyen fut un temps indispensable. Aujourd'hui nous pouvons vivre autrement. Nous pouvons dire NON sans pancarte ni slogan. Sans réclamer à l'autre monde son consentement.

Encore aujourd'hui, en Chine, n'importe qui peut se retrouver quatre ans en rééducation par le travail sur simple décision administrative.

30% d'extrémistes aujourd'hui : dramatique. Mais la France vit depuis longtemps sur la corde raide. Le Parti Communiste fut à 30%.

Heureusement : nous avons eu François Mitterrand !

[la gauche remporte les élections régionales et cantonales… et décide, dans son opposition au gouvernement, que les départements par elle détenus… n'appliqueront pas le RMA]

Vouloir avoir est l'erreur… impardonnable… tout citoyen de réflexion en conviendrait (peut-être) mais ETRE et FAIRE sont-ils incompatibles, complémentaires, liés, imbriqués ?

Faire des choses.
Composer. Ecrire.
Le dilemme n'est pas entre ETRE et AVOIR.
Mais
ETRE ou / et FAIRE.

Ne rien attendre des autres. ETRE et FAIRE nécessitent des états solitaires.

Etre. Faire. Donner. Créer.
Seul ou à deux, si.

Sérénité + Amour : Sérénamour.
Faire + Etre = Fêtre
Etre + Faire + Sérénité + Amour…
Sérénité + Faire + Etre + Amour : séréfêtramour.

La séréfêtramour : comme un code !

VIVRE, être libre.
Seul ou à deux, si.
Indépendance, clairvoyance…

Sans la sérénité tout sera inévitablement qu'ersatz.

(au sens administratif : je ne fais rien, je ne suis rien ; situation d'échec ; drame d'une scolarité arrêtée en seconde ; reste vague sur les raisons ; propos parfois incohérents ou déconnectés de la réalité ; refuse l'assistance d'un suivi social ; refuse de se confier, de rencontrer un psychologue ; dans le cadre de la protection des assurés en situation précaire, une enquête est diligentée afin d'établir si la bénéficiaire n'est pas sous l'emprise d'une secte)

Une vie en dehors de l'époque.

Une vie comme aurait pu la vivre chaque habitant de cette maison. Si un peu de notre prospérité, la prospérité de notre époque, lui était tombée du ciel.

Une vie loin du progrès. Mais avec la possibilité de se servir au bon râtelier.

1796. L'assemblage de ces pierres a deux siècles. Huit générations seulement, finalement.

Où vivaient les humains avant ces maisons en pierres ?

Combien ont vécu dans « la grotte » ?

Combien sont morts d'une infection consécutive à une simple écharde ? Combien de la tuberculose ?

Prendre le meilleur du progrès : la médecine, les conserves (combien ont eu faim ici ?), internet (pouvoir vivre le monde sans s'y engluer), les bibliothèques, la poste, l'électricité.

Notre mode de vie nous protège.

Oui, en payer le modeste prix de cette liberté, et la partager.

Tout ce qui peut désormais nous arriver était inespéré par la môme de seize ans partant sac au dos, par le cadre de 25 ans.

Mais tellement ont gâché l'inespéré : restons vigilants !... La vie est si souvent une mort anticipée après un tel gâchis (une aventure significative : une voisine : elle fréquentait un de ces types friqués de la « bonne bourgeoisie » ; il voulait la voir avec une « femme magnifique » ; c'était pour son érection... elle m'a raconté après, quand il s'est endormi, l'acte décisif de sa vie, quand « la raison a pris le dessus sur l'amour »... elle voulait alors changer d'activité professionnelle... elle a ainsi brisé un amour harmonie / communion... depuis trois fois par an elle s'octroyait une parenthèse de sexe... je suis partie... sans même lui expliquer l'absurdité d'opposer cœur et raison... inutile de briser ses petites certitudes béquilles... c'est toujours la raison... même non raisonnable... il faut alors en payer le prix, anxiété, angoisses, nervosité, irritabilité, dégoût...)

Spiritualité et littérature, et non spiritualité contre littérature.
Marjorie élargit sa voie de la sérénité, je crois en la littérature. Et la sérénité de Marjorie est contagieuse. Mes « célèbres angoisses métaphysiques » s'estompent. Les stoïciens me font du bien !
Voies similaires ?... quand l'art est développement de notre propre personnalité, la littérature a besoin de méditations.
Comme les notes de Marjorie en témoignent : la méditation connaît ses phases d'écriture.
J'écris pour l'œuvre, Marjorie pour fixer des réflexions. Est-ce si différent ?

Spiritualité et littérature sont compatibles à long terme ? vont fusionner ?... Marjorisérénité penchée sur ce récit.

Après ce récit, saurais-je effleurer la vraie littérature ?

Un simple livre pour de mauvaises raisons. Et ensuite ?

Ou alors : par ce témoignage, toucher à l'essentiel. Comme le suggère Marjorisérénité ?
Il était encore possible de vivre ainsi à l'orée du troisième millénaire... Aucune statistique ne répertoriait vraiment ces individus. Englobés dans les « nouveaux pauvres ».
Aucun « travailleur social » n'avait su les « isoler ».

Il est vrai que même France-Inter continue à donner la parole à Francis Cabrel ! (mai 2004, sortie album)
Je suis toujours aussi motivé par ça [les chansons]
Cabrel, « naturellement », fan de Delerm :
Vincent Delerm, qui m'étonne et qui m'éblouit, qui a vraiment son petit monde dans lequel je me sens très bien...
A part ça ? le rugby.
C'est un peu brutal c'est vrai, je je le concède. Mais bon, c'est comme, c'est comme le moyen âge quoi. Chacun défend son territoire, essaye d'envahir celui de, de l'opposant, c'est un peu archaïque comme truc. Mais moi, j'aime bien, c'est simple.

Je pose les mains sur le ventre de Marjorie. Un enfant y vit. Une fille.

- Vous n'allez quand même pas endoctriner cet enfant !
- Eh oui, notre fille subira notre influence. Pire ou mieux que celle de bureaucrates ? Des bien-payés auraient la prétention d'être catégoriques !

Sur un îlot protégé mais non épargné. Nous ne pouvons éviter que nous parviennent les rejets de Golfech, les émanations des villes ! Maudit vent ! Les ruisseaux sont perdus pour la vie.
Un monde disparaît. Sa disparition passe quasi inaperçue. Les véritables enjeux sont camouflés par le brouhaha. L'irréversible se commet tandis que pinaillent des téléspectateurs. Démocratie d'émotions.
Les auxiliaires du grand saccage ont imposé leurs produits en conservant les noms tomates, pommes, oranges, fraises, veau, cochon, poulet, poissons…

Tu vas grandir dans ce monde-là. Mais nous ne pouvons être complices du saccage.
Alors vos accusations, votre condamnation de nos petites magouilles…

Désolé moutons
J'aime pas vos bergers

Nous savons aussi qu'un défi plus personnel nous attend : avancer ensemble.

Dans vingt ans nos remarques seront rangées dans le tiroir des stéréotypes début troisième millénaire : ils cherchaient une spiritualité personnelle, une spiritualité rationnelle, une transcendance faite de références mais débarrassée des endoctrinements où s'étaient engouffrées et perdues des générations persuadées de saisir ainsi l'essentiel (comme dans la caverne chère à Platon).

Ils vivaient donc en marge.

Dédaignés comme « membres d'une secte » par des groupes installés – une secte à deux !… -, « hérétiques » pour la majorité des mouvances religieuses, pire encore chez les fondamentalistes. Quant aux show-bizeurs ils préféraient ne pas aborder le sujet, internet ayant transformé ces marginaux en symboles de l'indépendance.

Alain Souchon et Francis Cabrel ? un conseiller en communication leur aurait vendu la merveilleuse idée d'un album en duo… malheureusement, voulant briller, il aurait conclu son exposé d'un « je n'ai d'estime que pour ceux qui me résistent mais je ne peux pas les supporter… De Gaulle ».

Selon une source habituellement bien informée, le premier aurait répondu « non fini, c'est fini, j'ai compris, imaginez qu'il se présente aux prochaines élections, et je passe pour un con », son comparse :

« Seep Maier et Fabien Barthez sont les plus grands ».

Seront entendus : individualistes ; réactionnaires ; illuminés ; dangereux ; du « Houellebecq au petit monastère »…

- Et ça vous mène où tout ça ?

- Le chemin est le but du chemin. Comme le sens de la vie est la vie ; la forêt pousse mais le téléspectateur signe un chèque pour que l'arbre mort ne soit pas abattu.

Ou alors cette *Recherche* sera intolérable et ce livre aura été englué, le site www.bcommebonheur.com aura été récupéré par un groupe pharmaceutique.

Gariotte Puits Limogne en Quercy

Se retrouver dans une gariotte à la Saint Valentin ?

Théâtre

Le théâtre est devenu mon genre préféré…

Scène du Quercy selon la bergère

410

Trois femmes et un amour

Trois personnages : Fanny, Anne et Karine. Et l'envie de confronter leur amour pour Théo. Et si Anne et Fanny pouvaient être jouées par la même actrice ? Les des pièces se sont écrites en même temps. Mais qu'Anne et Fanny se croisent on non mène autrement l'intrigue. Deux pièces donc. Des titres différents pour s'y retrouver dans les représentations.

Trois femmes et un amour

Comédie féminine en trois actes

Trois comédiennes

Histoire :

Fanny, Anne et Karine ont un point commun : elles ont connu
amoureusement l'écrivain, auteur de chansons, auteur pour le
théâtre Théo avant sa célébrité et il a utilisé leurs histoires dans
ses textes.
Il doit recevoir, des mains du président de la République, la
médaille des arts et des lettres. Les trois muses ont été invitées et
se retrouvent dans un salon d'attente du ministère de la Culture.

Trois personnages :

Fanny, 43 ans
Anne 40 ans
Karine 45 ans.

Acte 1

Scène 1

Une discussion très amicale entre Fanny et Anne, installées dans de confortables fauteuils. Elles sont habillées d'une manière décontractée et même cool.

Fanny : - Tu vois, si j'étais restée dans le bouddhisme, je n'aurais jamais découvert le rebirth.

Anne : - Mais tu n'as pas l'impression que le rebirth n'est qu'une variante de principes bouddhistes, un remake à la sauce occidentale ?

Fanny : - La respiration consciente, c'est bien autre chose que le zen.

Anne: - Pour l'instant, tout ce que tu m'as expliqué, j'ai l'impression de termes différents pour la même chose. Mais il est vrai que derrière la notion de zen on met tout et n'importe quoi ici.

Fanny : Peut-être que pour toi, qui vis au cœur du bouddhisme, tu retrouves des similitudes mais ce que j'ai connu ici était très superficiel.

Anne : - Entre Lille et Dharamsala, on peut comprendre que la vie soit différente, donc les motivations aussi.

Entre Karine, très pomponnée.

Karine : - Oh ! bonjour mesdames… je crois qu'on se connaît de vue sans jamais s'être rencontrées.

Anne et Fanny se lèvent. Karine s'approche.

Fanny : - Bonjour chère Karine (*elles s'embrassent*).
Karine : - Bonjour Fanny.
Anne : Bonjour Karine (*elles s'embrassent*).
Karine : - Bonjour Anne.
Fanny : - Alors, tu es venue !
Karine : - Même s'il a prétendu dans les médias avoir ignoré mon invitation, je crois qu'il souhaite que l'on se reparle (*Anne sourit et Karine s'en aperçoit*). Ce n'est pas ton avis ?

Anne : Si tu es venue avec l'intention de lui parler, tu lui parleras sûrement .

Karine : - C'est bizarre, j'ai l'impression de vous connaître... Théo a tellement mis de nos vies dans ses romans et pièces de théâtre.

Fanny : - C'est toujours surprenant, la manière dont il traduit les choses. Tu te reconnais, toi, Anne, dans ton personnage ?

Anne : Tu sais bien que mon personnage est un peu spécial, il m'a quand même cru morte durant ses vingt premiers livres. On s'est amusés, encore cette nuit, à relire certains des passages me concernant. Et c'est sûrement la force du roman de parfois tomber juste.

Karine : - Tu... tu veux dire que tu étais avec Théo cette nuit ?

Anne, *en souriant* : Depuis quelques semaines nous sommes assez proches.

Karine : - Tu veux dire que c'est la grande histoire d'Amour jadis et naguère fantasmée, celle que vous auriez vécue s'il ne t'avait pas crue morte ?

Anne : Non... c'est sûrement... Théo m'avait bien conseillé une extrême prudence face aux questions des journalistes, c'est un bon entraînement... c'est sûrement une conséquence de mon incapacité à mentir depuis ma sortie du brouillard. On s'était promis « c'est notre secret »... il sait que je repars, il sait que ma vie est là-bas et que la sienne est ici, enfin, en Occident.

Karine : - Je ne crois pourtant pas s'il soit un homme occidental classique.

Anne : Tu veux dire ?

Karine : - Quand je l'ai vraiment connu, il vivait quand même comme un... sauvage. Oui, il faut dire le mot, dans un de ces taudis. Si vous aviez connu sa maison ! Quand j'ai vu les photos des journalistes qui t'ont retrouvée, dans ton abri à même le sol, ça m'a fait penser que vous devriez bien vous entendre, sur ce point-là.

Anne : Les conditions matérielles n'ont rien à voir là dedans.

Silence

Fanny : - Ça t'avait vraiment choqué alors !

Karine : Pour une fois, il n'a pas exagéré. Il était même en dessous de la vérité. J'avais eu un haut le cœur, une envie de fuir. Je m'étais déjà interrogée en lisant sa pièce de théâtre où il décrivait l'arrivée d'un jeune couple dans un bordel monstre, je redoutais que le décor soit du vécu... Mais là... Comment peut-on vivre ainsi ?

Fanny : - On vit partout.

Karine, *à Anne* : - Tu vis vraiment comme sur les photos parues dans les journaux ?

Anne : Au village, là-bas, oui, comme tout le monde. Quand tu as des responsabilités, même simplement de Lama, quand tu montres la voie, tu ne vas pas vivre autrement que le reste de la population. Personne n'en aurait envie.

Karine : - Mais pourquoi tu ne restes pas en France alors ? Tu pourrais y enseigner. En plus tu as la nationalité française. Et Théo maintenant a les moyens de t'offrir une maison décente.

Anne : - Théo ne m'a pas proposé de maison ! Il sait. Comme il sait que je reviendrai parfois.

Karine : - Et tu crois qu'il ira te voir ?

Anne : - Il en a naturellement l'envie. Mais même venir à Paris, pour lui, c'est le bout du monde. Il a trouvé son équilibre dans le Quercy. Comme je l'ai trouvé là-bas, comme Fanny à Madrid, je crois.

Fanny : - Madrid, je ne sais pas si c'est un endroit aussi important que les vôtres. J'y vis depuis vingt ans, j'y ai un appartement mais, tu sais, je ne peux jamais y rester plus de deux ou trois ans consécutivement. Y'a eu l'Asie, y'a eu l'Afrique... c'est peut-être que je n'ai pas encore trouvé ce point d'équilibre. Ou que l'endroit où je vis n'est pas Essentiel pour moi. Mais c'est vrai que Théo s'y sent bien dans ce Quercy.

Karine, *à Anne* : - Tu y es allée ?... pour voir...

Anne : - Juste six jours.

Fanny : - Et ça doit toujours être le bordel monstre qui a tant effrayé Karine !

Anne : - C'est bien. Tu aimes bien y vivre aussi, d'après Théo.

Fanny : - Il t'a raconté !

Anne : - Ça ne me choque pas que vous preniez du plaisir si vous en avez l'envie.

Karine : - Ah car toi et Théo aussi !

Fanny : - Tu l'apprendras sûrement dans l'un de ses prochains livres, mais, pour nous, ce n'est qu'une manière d'avancer dans la connaissance du Tantra.

Karine : - Tu crois au Tantra ?

Fanny : - L'amour Tantra consiste à irriguer le cerveau puis l'ensemble du corps avec la jouissance sexuelle.

Karine : - Si un jour je croise un homme dont le but n'est pas d'éjaculer, je me pencherai sur le sujet.

Fanny : - Tu en as croisé un mais tu... (*en souriant*)

Karine : - Ce n'est pas parce que ma vie sexuelle a été jetée en pâture, qu'il faut ne retenir que cela, et de toute manière j'assume, je refuse certaines choses. Donc le pays croit que je suis la seule de nous trois à avoir fait l'amour avec lui... et je suis uniquement la seule à l'avoir aimé avant qu'il soit connu.

Fanny, *en souriant* : - Tu peux résumer ainsi ! Tu prépares un livre de souvenirs ?

Karine : - Ne te moque pas de moi... Anne... puisque nous sommes entre nous... Tu as vraiment eu le sida ?

Anne : - Tu prépares vraiment un livre !

Karine : - Non mais j'ai du mal à croire qu'on puisse en guérir.

Anne : - On ne guérit pas du sida. Un jour peut-être il existera un médicament ou même mieux un vaccin... j'aide la recherche quand c'est possible, je suis à son service. Parfois un être réussit, en puisant en lui des forces qu'il ne pouvait pas imaginer avoir. Les scientifiques n'ont rien décelé en moi pouvant expliquer ce qui s'est passé. Le virus était là, plusieurs prises de sang l'ont confirmé et je me sentais vraiment très mal, au bout du rouleau, quand je suis partie.

Karine : - Et avec quoi t'ont-ils sauvée ?

Anne : - De la compassion. Des plantes aussi. Toutes ont depuis été analysées par les scientifiques, sans résultat.

Karine : - Un miracle !

Anne : - J'étais à l'agonie et aujourd'hui, il reste uniquement des anticorps. Ce qui prouve qu'il y a bien eu. Mais ces anticorps malheureusement n'aident pas la recherche.

Karine : - Et pourtant tu ne crois toujours pas en Dieu, le miséricordieux !

Anne : - Je crois en la force de l'esprit. Je crois au présent. Je n'ai pas d'explications sur tout et ça me convient de vivre dans cette incertitude.

Karine : - Pourtant, ce n'était pas un hasard si dans ton état tu es partie en Asie, tu as ressenti un appel.

Anne, *souriant avec une certaine tristesse* : - L'appel… comme tous les junkies te le diront, l'appel de la dope pour trois fois rien et pas coupée, y'a pas de quoi mythifier mon histoire, tu sais. J'étais une jeune paumée qui a cru pouvoir se shooter juste pour le fun. Et naturellement, j'ai plongé comme les autres. Déstabilisée, submergée et coulée en quelques semaines. On croit souvent pouvoir jouer avec le feu sans se brûler.

Karine : - Et tu es vraiment sortie de la drogue ?

Anne, *en souriant* : - Une ex-junkie est toujours une junkie !

Karine : - On dit que l'on ne s'en sort jamais des drogues dures.

Anne : - Disons donc simplement, que je ne consomme plus depuis lors et que je n'en ai plus l'envie.

Karine : - Avec Théo… vous allez avoir un enfant ?

Anne : - Le bouddhisme, même pour un Lama, n'exige pas d'abstinence sexuelle ! Je ne sais pas si c'est une conséquence de ce qui m'est arrivé ou si ce fut toujours ainsi… comme le sujet t'intéresse… je n'ai pas pris de pilule du lendemain… mais il serait étonnant qu'à mon âge mon corps se décide pour la première fois à fabriquer un enfant.

Karine : - Je peux te poser la même question, Fanny ?

Fanny : - Je crois vraiment que tu veux écrire quelque chose, toi ! C'est un sujet qui fait vendre, maintenant, nos vies ! J'ai un stérilet, donc jamais de pilule du lendemain !

Karine : - Je crois qu'elle me suivra toute ma vie, cette pilule du lendemain du 24 décembre.

Fanny : - Je n'ai jamais voulu d'enfant. Je ne suis pas sur terre pour me sacrifier mais pour atteindre la plénitude. (*en souriant à Anne :*) Je veux bien te donner un ovule fécondable si ça t'intéresse mais je n'irai pas plus loin.

Anne : - Si on cherche une mère porteuse, on fera appel à toi !

Fanny : - Je te donne l'ovule et tu te débrouilles ! Je veux bien qu'il me la féconde mais tu m'imagines arrêté neuf mois avec une présence à l'intérieur, et garder les stigmates dans mon corps.

Anne : - Je comprends tes réticences.

Karine : - Vous n'êtes pas des femmes ! Porter les enfants, les élever, c'est notre rôle donné par Dieu.

Le téléphone de Karine sonne.

Karine, *décroche :* - Oui ma puce… Je t'avais demandé de ne pas m'appeler, je te raconterai tout… Non, ce n'est pas encore commencé… Non, ni lui ni le Président… Je suis avec Fanny et Anne, nous parlons de notre sujet préféré… Allez, je t'embrasse ma puce…

Karine : - C'était ma fille.

Fanny : - Juliette, toujours amoureuse de Théo !

Karine : - Elle n'a que 17 ans ! Qui t'a dit qu'elle serait amoureuse de Théo ?

Fanny : - Mon petit doigt !

Karine : - Elle ne l'a rencontré qu'une fois, au salon du livre…

Le téléphone de la pièce sonne.

Karine : - Décidément, c'est la minute des téléphones. Vous croyez qu'on doit décrocher ? Fanny, c'est toi la plus près !

Acte 2

Les mêmes.

Fanny, *décrochant* : - Oui… Ah bon !… Donc tout ce qui était prévu s'arrête !… C'est une manière de nous signifier de quitter les lieux ?… Pourriez-vous nous en dire plus ?… Merci d'avoir pris la peine de nous prévenir, monsieur le conseiller… Nous vous souhaitons aussi une agréable journée… si possible. (*elle raccroche*)

Karine : - Alors, si j'ai bien compris, ça nous concerne toutes…
Fanny : - Il n'y aura pas de remise de médaille.
Anne, *en souriant* : - Finalement il la refuse ?
Karine : - Tu le savais ?
Anne : - Nous avions évoqué cette possibilité. Mais il trouvait préférable d'accepter en expliquant pourquoi plutôt que de refuser en expliquant pourquoi… Nous n'étions pas d'accord.
Karine : - Alors il la refuse !
Fanny : - Et il s'est passé quelque chose de grave à la tête de l'état.
Anne : - C'est-à-dire ?
Fanny : - Nous l'apprendrons par les médias mais mieux vaut, en tant que proches de Théo, que nous quittions discrètement ce ministère… C'est ce qu'il m'a conseillé, monsieur le conseiller.
Anne : - Quelle connerie il a bien pu faire ?
Karine : - Tu crois qu'il a fait une connerie ?

> *Le portable d'Anne sonne. Elle le prend et à la manière dont elle regarde le numéro qui s'affiche, en se mettant à l'écart, on comprend qu'il s'agit de Théo.*

Anne, *à voix basse mais audible* : - Amour… Oui, on vient juste d'être prévenues… Le conseiller a informé Fanny qu'il s'est passé un truc grave mais on n'en sait pas plus… Quoi !? (*elle porte sa main gauche à la tête… le plus discrètement possible Karine s'approche*) Théo… tu sais bien… On en a parlé… Je viendrai parfois… Tu viendras aussi… Théo, je ne choisis pas entre ces deux choix… Nous savons ce qui est possible et ce qui ne l'est pas… Ce fut merveilleux mais tu sais que ma vie… Tu sais que ça me fait mal… Théo… Elle et toi, vous jouez… Stop Théo, je ne joue pas ! Tu viens de t'isoler pour me proposer « soit on vit ensemble soit je pars à New York avec elle » et pendant ce temps-là, tu crois pas qu'elle téléphone au président pour lui balancer « soit tu acceptes je ne sais pas quoi, soit je pars à New York avec lui »… Vous êtes deux grands enfants, Théo… Déjà hier soir, ses moqueries sur son mari n'étaient pas toujours de meilleur goût, même sous le masque de la chansonnette… Un peu immatures… Je te connais quand même… Mais tu te rends compte : tu as déclenché une affaire d'état juste pour me dire que tu m'aimes plus que tout… Théo, je sais pas… je ne sais plus… Si tu avais voulu te faire un coup de pub gigantesque, tu n'aurais pas trouvé mieux ! Les téléphones portables ont dû bien fonctionner ! Je suppose que tu dois déjà tourner en boucle sur le net, arrivant main dans la main avec la première dame de France… Je ne sais pas moi… C'est toi le romancier !… Racontez que vous allez réaliser un album ensemble, que vous preniez des photos pour la pochette !… Oui, j'arrive mais ça ne veut pas dire OUI pour tout… Je t'Aime… *(Anne raccroche)*

Anne, *regardant Fanny et Karine :* - Je vous laisse… Je ne sais pas si vous avez entendu… Je vous résume, qu'au moins ce ne soit pas les médias qui le fassent : Théo et madame la première dame de France étaient sur le point de prendre l'avion pour New York… Elle quittait donc l'Elysée et Théo me fait le coup du « *on vit ensemble ou je pars avec elle.* »

Karine : - Et tu vas donc le rejoindre ?

Anne : - Nous allons parler… Tu vois, une femme bouddhiste peut aussi être emportée par ses sentiments… Allez… les médias vous raconteront une version officielle… *(elle part rapidement, comme électrisée)* Kiss les filles…

Karine : - Mais c'est énorme, tu te rends compte Fanny !

Fanny : - Théo fait de sa vie un roman. Je lui ai toujours reproché

420

d'être trop sentimental, qu'il a tort de croire en l'Amour, de se laisser emporter par l'idéalisation, d'encore croire au couple.

Karine : - Tu ne crois qu'au sexe ?

Fanny : - Mais non, avec Théo on a trouvé un équilibre, on fait l'Amour en plein don de soi. J'ai rarement atteint avec un homme un tel degré de confiance réciproque et d'abandon de soi. Mais il a fallu la construire, cette relation. Quand on s'est retrouvés sur le net, comme tu le sais ça, on s'est d'abord échangé un mail de temps en temps puis c'est devenu plus fréquent. Je suis venue le voir. Et même si tu crois que c'est purement sexuel, car nous avons fait l'amour sur le parking de l'aéroport, ce n'est pas le cas. Tu sais qu'à 20 ans, lui et moi on était restés une heure nos bouches à pas plus qu'un jet de sarbacane comme chantait l'autre, et qu'on ne s'était pas embrassés.

Karine : - Tu l'aimes ?

Fanny : - Bien sûr.

Karine : - Alors, ça te fait mal qu'il envisage ainsi de former un couple avec Anne.

Fanny : - Pour moi, non, ça ne change rien, finalement. C'est pour lui que ça me fait mal.

Karine, *avec un méchant petit sourire* : - Tu es certaine ?

Fanny : - Pour moi, ça ne change rien, j'irai le voir quand je voudrai et plutôt que de faire l'amour à deux on le fera peut-être à trois, ce qui sera au moins aussi agréable.

Karine : - Oh ! Tu...

Fanny : - Pourquoi, pas toi ?

Karine : - Oh ! Comment peux-tu m'imaginer... J'aime les hommes...

Fanny : - Vous n'y comprenez rien avec vos "j'aime."

Karine : - Soit pas désagréable. J'ai autant de raisons que toi d'être blessée. Je pensais pourtant que s'il m'avait invitée c'était une manière de renouer.

Fanny : - Maintenant que tu le croyais vivant dans le grand luxe !

Karine : - Tu es vraiment irritée.

Fanny : - Tu sais, il l'a apprise par les journaux, ton invitation par le ministère.

Karine : - C'est ta version et... (*son téléphone sonne, elle le prend, regarde le numéro*) tiens, qui ça peut bien être ? (*décrochant*) Karine, oui j'écoute... Monsieur le président (*elle part dans le même coin que le fit Anne quelques instants plus tôt*)... Oui monsieur le président... Vous avez raison monsieur le président... Je pense effectivement que vous n'auriez jamais dû lui proposer cet honneur... vous savez (*très joyeuse*) que je suis votre fidèle soutien... La fidélité est aussi pour moi le fondement de toute relation... La capacité de s'engager à long terme ne doit pas être présente dans toutes les âmes... Oui, Dieu en a voulu ainsi pour voir comment nous allons réagir... Oh ! Mais bien sûr monsieur le Président... Je vous attends monsieur le Président... (*elle raccroche tout sourire, dans un rêve ; Fanny l'observe simplement ; silence*)

Karine, *soudain* : - Waouh ! Devine ce qu'il m'arrive.

Fanny : - Je ne suis pas voyante.

Karine : - Tu n'as rien entendu ?

Fanny : - Je n'ai pas pour habitude d'écouter les conversations... mais j'ai saisi quelques mots quand tu semblais enthousiaste et surtout qu'ils revenaient souvent.

Karine : - Le président de la République m'invite en week-end.

Fanny, *en souriant* : - A Venise ? Ou Disney Land ?

Karine, *très fière* : - Au fort de Briançon ! Tu te rends compte, la demeure des Présidents. Tu te rends compte ! S'il me proposait de devenir première dame de France ?

Fanny : - Un président peut rester célibataire.

Karine : - Pas en France ! (*son téléphone sonne de nouveau, elle le regarde, à Fanny :*) Ma fille.

Acte 3

Les mêmes. Suite.

Karine, *au téléphone* : - Mon Amour… Comment je te fais honte ?… Oui, j'ai une merveilleuse nouvelle à t'annoncer… Mais comment le saurais-tu ?… Et pourquoi te ferais-je honte ? (*à Fanny :*) Je n'y comprends rien ! Ah les enfants ! (*à sa fille :*) Je disais à Fanny… Tu connais Fanny !… Quoi l'amante de Théo ! Qui t'a raconté cela ?… Comment ?… Que je lui passe le bonjour ?… (*à Fanny :*) Tu as le bonjour de ma fille. Vous vous connaissez ?

Fanny, *souriante et un peu gênée* : - On s'est croisées… je crois… (*plus fort :*) Bonjour ma grande. (*se met la main à la bouche comme si elle en avait déjà trop dit*)

Karine : - Tu ne m'avais pas signalé connaître Fanny… Comment ! Excuse-toi ma fille ! (à *Fanny :*) Je ne lui avais pas dit qu'elle a la mère la plus conne du monde. Fanny, tu te rends compte ce qu'elle ose balancer à sa mère !… (*Fanny hausse les épaules d'impuissance*) Bon, alors, on reprend calmement : tu veux parler à Fanny ?… Comment, que je lui avoue que ça te manque ? Mais qu'est-ce que tu racontes, tu as fumé ? Ma fille est folle. Si tu ne t'excuses pas immédiatement, tu es privée de sorties jusqu'en fin d'année… Comment, tu t'en fous, maintenant que Théo part à New York… (*Fanny sent venir le drame et se tord les cheveux de la main droite*) Comment, je suis vraiment conne ! Alors vas-y, dis-moi tout… Oui je te laisse parler sans t'interrompre et sans crier… Non je n'ai pas bu, tu sais bien que je ne bois jamais… Vas-y… Comment ? Tu es l'amante de Théo ! (*Karine tombe dans le canapé… A Fanny :*) Ma fille de 17 ans est l'amante de Théo, 45.

Fanny : - C'est de son âge !

Karine : - Quoi c'est de son âge ? J'ai embrassé mon premier homme à 20 ans et ce fut mon futur mari, le père de ma fille chérie… (*au téléphone*) Non je ne t'ai pas interrompue, je racontais à Fanny… et je suppose que Fanny était au courant… (à *Fanny :*) Tu savais Fanny ?

Fanny : - Forcément !

Karine : - Forcément ! (*au téléphone :*) Forcément ! Qu'elle me répond Fanny, et elle n'a rien fait pour vous en empêcher… Comment c'est votre vie et ça ne me regarde pas ! Tu es mineure… Mais si je t'écoute, vas-y… Bien : je passe le week-end au fort de Briançon… Pas Brias ma fille, Briançon, la demeure historique des présidents de la République… Mais comment le saurais-tu ? (à *Fanny :*) Ma fille voudrait que je devine comment elle sait que je pars pour le fort de Briançon… (*au téléphone :*) Une dépêche AFP ?… Oui, il faudra appeler ton cher père pour qu'il te prenne ce week-end… (*A Fanny :*) Elle me demande comment elle sait ?

Fanny : - Réponds-lui qu'elle peut passer le week-end avec moi.

Karine, *au téléphone* : - Tu peux passer le week-end avec Fanny… Oui je te le promets… Oui, quoiqu'il arrive… Pourquoi me demandes-tu de jurer ? Oui, bien sûr la sortie au musée est annulée… forcément… Oui je te le promets… Oui, devant Fanny, elle est là à côté de moi… Oui, sur la tête de mamie… Voilà, ça te va… Je sais bien que tu as deux portables mais je ne vois pas le rapport… (*A Fanny :*) Théo ne part plus à New York, ils viennent de l'annoncer sur censures.tv (*au téléphone :*) Oui je t'écoute mon amour, mais je voulais que Fanny sache qu'on parle de tout ça sur le net et que tu suis tout en direct… (*Karine pâlit, retient ses larmes*) Comment ? Non… Ce n'est pas possible… Oh ! non… Oui j'ai promis, fais ce que tu veux… Ce n'est vraiment pas ma journée… Pardon ma fille de m'être mise en colère… Tu me pardonnes ?… Tu sais, il n'y a que toi qui comptes dans ma vie… Je t'embrasse ma fille… Je t'aime ma Juliette… Comment ?… et sa femme est revenue, ce ne serait qu'une mise en scène pour annoncer le prochain album de madame la première dame avec des paroles de Théo… C'est bien ce que tu viens de me dire, mon Amour… (*de plus en plus abattue*) Fanny, tu veux bien me pincer.

Fanny, *perplexe, s'approche :* - Voilà.

424

Karine : - Merci Fanny. (*au téléphone :*) Fanny vient de me pincer, ce n'est malheureusement pas un cauchemar. Ma fille demande à quelle heure tu passes la prendre.

Fanny : - 18 heures.

Karine, *au téléphone* : - Lui dire quoi ? Te prendre, quoi tu en mouilles d'envie ? (*Fanny se cache les yeux de la main droite*) Ah c'est à comprendre au sens figuré… Oui ma fille, il faut prendre soin de ta pauvre mère, je suis une vieille femme… Je crois bien avoir pris 20 ans aujourd'hui… oui j'attends… Un rebondissement ?… Tu en es certaine ?… Tu n'as que 17 ans ma fille, ce n'est pas grave… à ce soir ma fille, je t'aime… (*elle raccroche*)

Karine : - Ce n'était pas le Président de la République mais un imitateur. Je suis passée en direct sur censures.tv, la célèbre TV sans censure que ma fille suivait sur son deuxième portable.

Fanny : - Pauvre pitchounette !

Karine : - Tu veux dire, d'avoir une mère comme moi.

Fanny : - Ses copines vont lui en faire voir. On est cruelle, quand on a dix-sept ans.

Karine : - Et mes parents, qu'est-ce qu'ils vont encore penser de moi ?

Fanny : - Déjà qu'ils…

Karine : - Oui, m'avaient traitée de… quand j'ai quitté mon mari…

Fanny : - Pauvre Karine !

Karine : - On venait juste de se réconcilier, avec mes parents. Et le président a retrouvé sa femme et tout s'est terminé par le champagne à l'Elysée. Avec Théo arrivant main dans la main avec sa nouvelle compagne… Tu as deviné qui ?…

Fanny : - Hé oui !

Karine : - Et ils vont se marier, oui, Théo et Sarah !

Fanny : - Se marier ! Mais comme moi il a toujours considéré cette institution stupide, bourgeoise, misogyne.

Karine : - Ils vont se marier, ma puce en avait des larmes dans la voix. Cette Sarah l'a déclaré aux micros qui se tendaient à leur arrivée à l'Elysée.

Fanny : - L'Amour est plus fort que tout.

Karine : - Ça dépend pour qui.

Rideau - Fin

Demande d'autorisation pour représentation sur
http://www.ternoise.fr

Stéphane Ternoise

Amour, sud et chansons

Comédie en trois actes

Un homme, une femme et deux voix enregistrées (qui peuvent être celles de la comédiennes et du comédien, avec un accent nordiste pour la première, gays pour l'autre).

Sujet :

ELLE et LUI ont quitté Douai (nord de la France) pour le sud-ouest (région de Montcuq en Quercy), un février de la fin du deuxième millénaire.

Personnages :

Elle : vingt-cinq ans, cheveux longs, physique top model.
Haut de pyjama impeccable, avec tee-shirts en dessous.
Bas : survêtement neuf, chaussettes.
Ne veut pas travailler et ne veut pas s'ennuyer. Fautes de français fréquentes.

Lui : trente ans, cheveux mi-longs ébouriffés ; banal. Pas moche mais banal. Pas rasé d'au moins huit jours. Vieille veste de pyjama (un trou bien apparent au coude droit), au-dessus d'autres vestes de pyjama et tee-shirts.
Bas : survêtement « ancien. »
Sent le négligé. Veut être écrivain, écrit des textes de chansons (jamais chantés), a été sélectionné aux « Rencontres d'Astaffort », semaine de rencontres musicales organisées par un chanteur populaire, Francis Cabrel.

Deux rôles secondaires (au téléphone uniquement, enregistrés avant les représentations) :

Première voix au téléphone : connaissance de LUI. Compositeur connu aux *Francofolies* de La Rochelle (festival de chansons), ayant participé aux rencontres d'Astaffort lors d'une précédente cession. La trentaine. Riche et efféminé.

Deuxième voix au téléphone : sœur de LUI. Trente-sept ans. Secrétaire, « bonne à tout faire » d'une PME.

Références à :
Maman est folle : mère d'ELLE.
La vieille : une voisine, quatre-vingt-cinq ans, veuve, cancanière.
Le vieux : un voisin, quatre-vingt ans, veuf, raconte « le pays » aux « jeunes. »
Goldorak : patron de la sœur de LUI.

Acte 1

La chambre, d'une maison en pierres, « dans le sud », le sud-ouest, le Quercy, région de Montcuq.

Au milieu, un lit (deux matelas posés par terre). A sa droite une étagère « pin des Landes », remplie de classeurs, livres et peluches. A sa gauche, un bureau (une planche sur deux tréteaux) avec un amas de papiers en désordre.

Entre le bureau et le « lit » : un téléphone (avec touche haut-parleur et touche « discrétion » - à maintenir enfoncée pour parler sans être entendu du correspondant tout en continuant à l'entendre), un balai, une lampe électrique (une femme et un homme enlacés)...

Traînent aussi par terre : un pistolet avec à l'intérieur une cartouche de joint mastic, une perceuse, des publicités, des cartons, certains ouverts (dépassent, des serviettes, des fringues, des plats), d'autres empilés et fermés de gros scotchs marrons, et tout ce qui sera évoqué...

Les murs : à droite, pierres crépies (peinture écaillée d'au moins trente ans), une fenêtre masquée par une couverture maintenue avec deux grosses lattes en bois ; fond et gauche : isorel marron très laid... ; gauche : une porte, en isorel, peinte en bleu écaillé.

Une ampoule (très forte) au-dessus du lit.

Le plafond : entre chaque poutre, du lambris. Aux raccords : du sparadrap, des boulettes de journaux et du joint mastic blanc du meilleur effet !

A côté de la fenêtre : un radiateur électrique, neuf... Mais bruyant.

Ce décor « idéal » peut être remplacé par une création reflétant la même impression d'arrivée récente et d'habitat rudimentaire.

Dans « le lit » : ELLE et LUI à sa gauche, allongés, emmitouflés (grosses écharpes) sous de nombreuses couvertures.

Tandis que se lève le rideau :

Elle : - Aïe ! *(très plaintif)* Oh ! Mon Dieu !

Lui : - Ouille !

Elle : - Ton côté ?

Lui : - Mon dos.

Il essaye de se redresser, de s'asseoir, et le fait en marmonnant régulièrement « ouille. »

Elle : - Tu vas pas dormir ?

Lui : - Je crois que je vais lire un peu.

Elle : - Encore !

Lui : - Tu crois qu'on est en état de faire l'amour !

Elle : - On pourrait essayer quand même… Même si tu bouges pas, c'est mieux que rien…

Lui : - Tu veux vraiment que je reste bloqué ?

Elle : - Bin non… Parfois j'ai l'impression que tes bouquins comptent plus que moi.

Lui : - Tu avais pourtant tendrement et judicieusement proclamé : « *Je vais essayer de dormir !* »

Elle : - Je croyais être bien sur le dos… Oh ! mon Dieu… Je vais essayer de me mettre sur le côté.

Lui : - Qu'est-ce qui t'a pris de vouloir soulever ce tronc, il pèse au moins cent quatorze kilos.

Elle : - J'ai pas envie de mourir de froid…

Lui : - Tu aurais pu ramener des brindilles… Ça chauffe aussi.

Elle : - Tu parles ! Avec une cheminée qui fume tout le temps… Etre obligé de laisser la porte ouverte pour pas être asphyxié !… On n'arrivera jamais à chauffer…

Lui : - Surtout maintenant qu'on est deux éclopés.

Elle : - Qu'est-ce qu'on va faire ?

Lui : - Attendre l'été.

Elle : - Toi tu t'en fous, tu pourrais même vivre dans une pièce, une fois que tu as un livre, ton stylo et du papier, on dirait que plus rien compte pour toi.

Lui : - C'est ma chance et tu le présentes comme un drame !

Elle : - Je croyais quand même pas que tu étais comme ça.

Lui : - Je te l'ai pourtant annoncé le premier soir : « *jeune retraité, ma vie oscille désormais entre lire et écrire… »*

Elle : - Je croyais que c'était juste une belle phrase pour me séduire.

Lui : - Parfois les êtes humains parlent comme ils pensent.

Elle : - Ça t'embête si je te parle ?... Tu préfères lire ?

Lui : - Finalement, je vais essayer de dormir. Plutôt que de te plaindre, va éteindre !

Elle : - Oh, non, je me lève plus.

Lui, *souriant* : - J'en suis certain : tu vas bientôt te lever.

Elle : - T'es dégueulasse ! J'y pensais plus. Maintenant j'ai vraiment envie... C'est pas drôle.

Lui : - Toi, tu ne m'avais pas prévenu que tu dois visiter quinze fois les toilettes avant de t'endormir.

Elle : - C'est comme ça une fille... Dans la famille.

Lui : - Va, et n'oublie pas de fermer la lumière quand tu reviendras.

> *Elle se lève, difficilement, enfile son bonnet, un gros manteau, posés juste à côté du lit, et sort... Chaque pas est un « léger » craquement du plancher qui se poursuit dans le couloir... Ainsi chaque retour sera de même précédé.*

Lui : - Qu'est-ce qu'ils font ensemble ces deux-là ? Je me demande si souvent ça !...

Si on nous voyait !... Le diagnostic serait catégorique : ils ne s'aiment pas ! Ou : « des vieux ! »

Si je voyais un couple comme ça, je conclurais, « ça va pas durer. » Ou non : « le pire, c'est que ça peut durer comme ça toute une vie ! » Dans ce cas-là, oui, comme ça doit être long une vie !

Si je reprends un livre, elle va encore faire la gueule. Alors on va papoter.

Papoter pour quoi dire ! Mon Dieu ! Si on nous entendait... On se gausserait bien : « ils sont comme les autres ; vraiment pas plus intelligents que nous ! ; même lui, malgré qu'il veut se donner des airs, avec sa patine de culture !... » C'est peut-être pour cela que les gens passeraient une soirée à nous regarder... A moins qu'ils espèrent du tragique, « il va sûrement finir par l'étrangler ! »

Ou un drame : « on va voir du sang ; au moins une scène ! »

A moins qu'ils espèrent encore, en la voyant si belle, ma compagne... « on va les voir... » Les voir quoi, ils penseraient ? Oseraient-ils employer l'expression « faire l'Amour » ?

Aimer, regarder dans la même direction, pas toujours, mon cher St-Exupéry ! On regardait vers le sud...

Maintenant qu'on y est, je sais plus quoi faire de mes yeux...

Mais il faudrait être un monstre pour lui balancer, « *retourne dans ton nord, retourne à Douai* », la quitter après l'avoir emmenée à neuf cents kilomètres.

(*souriant*) Retourne chez ta mère !

Voilà je suis enchaîné ! La liberté... Choisir ses chaînes, ouais !

Comment je parle ! Mais non, elle ne deviendra pas forcément comme sa mère.

J'ai encore l'illusion de pouvoir la cultiver, l'extraire de son conditionnement, la transformer... C'est peut-être ça l'amour !

Il arrive un moment où tout bascule... Devenir vraiment adulte

Etre comme furent les parents... Encore maintenant ! Ça ne dure qu'un temps, ressembler plus à la société qu'aux parents !

Comment il résume ? Ah oui, « *les structures mentales familiales finalement triomphent...* »

Ah ! Il lui faudrait une force qu'elle n'a sûrement pas, pour ne pas ressembler, finalement, à sa mèèèère...

Elle était en guerre contre sa mère...

Mais la force de s'opposer aux valeurs, de conquérir les siennes...

Pourtant, je suis amoureux. Sincère ! Je lui pardonne... Pas tout quand même. C'est demain, dans quelques mois, que seuls les scrupules, la mauvaise conscience...

Et la peur de la solitude. Alors que je sais la pire des solitudes, celle d'être avec quelqu'un qui ne s'intéresse à rien de ce qui nous passionne.

Même Zola. Même Houellebecq ! Même Jacques Brel !

Mais seul pas possible d'avoir un enfant ! En tout cas pour moi

On rêve d'avoir un enfant en se jurant, je ferai mieux que mes parents, alors il faut bien quelqu'un... Avoir un enfant... Pour qu'au moins quelque chose continue après...

Elle ou une autre… Affreux misogyne va ! Paraît que Jacques Brel s'est confié ainsi, en partant pour les Marquises, *elle ou une autre…*

Avoir un enfant pour au moins réussir quelque chose ! L'Amour, on verra plus tard !

Mais non, je l'aime… Impossible d'arrêter de me faire un film de ma propre vie.. Je dois quand même être écrivain !… Allez… On s'aime bien quand même (*il sourit*)

Faut que j'arrête de me croire dans un roman ! Ou plutôt, ne pas oublier : l'hérédité n'est pas la seule maîtresse du destin ; l'environnement est un élément fondamental… Je peux la sauver |

> *Elle rentre… Il allume la lampe à sa gauche, elle éteint la lumière centrale…*

Lui : - Y'a du boulot !

Elle : - Ah ! Tu penses à t'y mettre.

Lui, *souriant* : - Tu crois vraiment qu'il est urgent de s'y mettre ?

Elle : - Tu vois, je suis même allée dans la cuisine (*elle lui donne une confiserie*). Aïe !… J'espère que ça va passer. C'est affreux quand je m'assois.

Lui : - Tu vas aller revoir « la mort lente » demain ?

Elle : - La vieille a l'air de pas dire n'importe quoi, il est connu pour ça.

Lui : - Tu vas te laisser triturer les os, retourner la tête, te laisser manipuler par lui…

Elle : - Je l'ai bien laissé me faire une prise de sang.

Lui : - Et ton abcès ?

Elle : - Je le sens même plus, c'est juste quand je l'accroche.

Lui, *imitant le docteur* : - « C'est pas grave ! » (*voix âgée « sud ouest»… mais avec un accent du nord*)

Elle : - Imitateur, c'est un beau métier ! Ça doit bien payer.

Lui : - Je voudrais bien savoir combien de ceux à qui il a dit « c'est pas grave », y sont passés ?

Elle : - Quel pays ! Un seul docteur… En plus avec une barbe aussi longue que tes cheveux !

Lui : - Mais non, l'autre est malade. Un docteur a la grippe et l'autre, personne n'ose diagnostiquer son état !

Elle : - Tu crois que c'est un homéopathe ? C'est bizarre toutes ses plantes partout...

Lui : - Il ne m'aurait pas donné de médicaments, si je n'en avais pas réclamés.

Elle : - Tu as exagéré... Il t'a regardé tout drôle...

Lui : - J'aurais pas été surpris s'il avait sorti un couteau pour me faire une saignée... Fallait bien que je lui demande ! Je croyais que c'était une sangsue dans son bocal sur son bureau.

Elle : - Arrête, fais-moi pas rire, ça fait vraiment trop mal... Dans quel pays on est tombé ! C'est ça le sud ! Il s'est bien foutu de nous le notaire en nous chantant Nino Ferrer... La Louisiane, l'Italie, tu parles !... Un frigo ! Nino, frigo, Nino, nigaud, toi qui cherches toujours des rimes !

Lui : - Tu peux même ajouter gogos.

Elle : - Arnaud aussi !

Lui : - C'est quoi le rapport entre ton cousin Arnaud le poivrot et le Nino devenu milliardaire grâce aux gogos ?

Elle : - Je te trouve des rimes, c'est à toi de faire les phrases.

Lui : - Tu es déjà allée en Louisiane fin février ?

Elle : - Cherche-lui pas des excuses !

Lui : - On a déjà le chien, il manque plus que le chat, une tortue, des poissons rouges...

Elle : - Mais tu aurais peut-être dû le laisser faire... Ça fait huit jours et tu as toujours le dos en compote.

Lui : - C'est un problème de ligaments moi, pas des dorsales.

Elle : - Qu'est-ce tu en sais ?... Tu n'es pas médecin...

Lui : - Je serais pas surpris qu'on ait fait les mêmes études.

Elle : - La vieille m'a dit, il est docteur parce que son père l'était, c'est comme le notaire.

Lui : - Tu crois qu'il a vraiment soixante-seize ans ?

Elle : - Les médecins, c'est comme les notaires, faut qu'ils meurent pour laisser la place aux jeunes, qu'elle a dit la vieille !

Lui : - Alors tu vas le laisser te tordre la tête et le dos ?

Elle : - Oh demain ça ira mieux… Il faut bien sinon comment on va se chauffer ?

Lui : - On vivra ici… Je te colle un sparadrap sur la bouche et je lis !

Elle : - Tu vois, je me suis pas énervée, j'ai compris que c'est pour rire.

Lui : - Tout le monde peut se tromper !

Elle : - Acheter cent cinquante hectares habitables pour vivre dans douze !…

Lui : - Cent cinquante hectares habitables, même le notaire ne les a pas ! Cent cinquante mètres carrés c'est déjà bien !

Elle : - Tu vois, pour une fois que j'utilise un mot savant pour te faire plaisir, ça ne te va pas !

Lui : - Les mots ont un sens !

Elle : - Pourquoi ta mère parle toujours en hectares, alors ?

Lui : - Les terres cultivables, en hectares, les maisons, en mètres carrés.

Elle : - Vous êtes compliqués ! Je sens du vent... (*elle lève le bras droit, ce vent vient donc du grenier*)

Lui : - Moi aussi… Je crois bien que je vais encore me réveiller avec des migraines.

Elle : - Le chauffage est à fond ?

Lui : - Tu ne l'entends pas !

Elle : - Je finis par plus l'entendre.

Lui : - Tu as de la chance.

Elle : - J'ai été élevée dans le bruit moi… Faudra aller le reporter.

Lui : - Faudra…

Elle : - Quarante kilomètres pour faire des courses. Quel pays !

Lui : - Quoi ? Tu te plains encore !

Elle : - Une fille ça se plaint.

Lui : - Tu le savais avant… On l'a choisie ensemble…

Elle : - En été oui. Je me rendais pas compte. Et puis tu as dit, ça me portera bonheur d'habiter dans le pays de Nino Ferrer.

Lui : - Tu lui en veux !

Elle : - On chante pas des conneries comme ça ! Il aurait dû dire « mais en février il fait froid. »

Lui : - Ça rime pas.

Elle : - Eh alors ! Froid rime avec doigts. Il fait froid et j'ai mal aux doigts. Si un jour je dois travailler, j'écrirai des chansons aussi. J'en ai des choses à dire avec une mère pareille !

Lui : - Tu raconteras pourquoi nous avons acheté !

Elle : - Et puis tu es l'homme, tu aurais dû t'apercevoir qu'ils vendaient en été parce qu'on peut vivre qu'en été par ici... C'est mort en plus !

Lui : - Le bruit te manque déjà ?

Elle : - Au moins à Douai, on voyait des gens.

Lui : - Tu leur parlais ?

Elle : - Non, mais... Oh tu pourrais vivre dans un désert toi !

Lui : - Ah !

Elle : - Et tu avais pas dit qu'on allait déménager en février.

Lui : - C'est donc de ma faute si en février il fait le même temps qu'à Douai, Noeux-les-Mines et Wallers ?

Elle : - Faut que je me mette sur le côté... Mais de toute façon j'irai pas voir l'autre... En plus c'est un roux... *Maman est folle* a toujours dit qu'un roux ça peut pas être docteur...

Lui : - Tu vas quand même pas le prendre en grippe !

Elle, *riant* : - C'est de toi ?

Lui : - Ça changerait quoi ? L'essentiel c'est ce qu'on pense, ce que l'on dit, ce que l'on fait. Pas forcément d'être le premier à le dire, le penser ou le faire.

Elle : - Tu peux pas parler comme tout le monde !

Lui : - Oui madame, bien madame.

Elle : - Arrête ! Je sais jamais si tu plaisantes ou si c'est sérieux ce que tu dis.

Lui : - Et tu ne le sauras peut-être jamais !

Elle le fixe d'un regard de gallinacés

Elle : - Si tu es dans cet état, jeudi tu vas quand même pas aller à Astaffort ?

Lui : - Astaffort, paraît qu'on y aime les hommes forts !

(*chantonnant en Jacques Brel déraillant*)

Puis y'a Cabrel,
Qui a pu s'acheter un peigne
Avec ses premiers cachets
Puis y'a Richard
Avec sa grosse Jaguar
Faut vous dire madame, que chez ces gens-là, on...

(*reprenant sa voix habituelle*) Qu'est-ce qu'on fait chez ces gens-là ? On compte ?

Elle : - Tu verras bien... Mais arrête de te moquer, sinon tu vas pas pouvoir t'empêcher là-bas... Tu crois que tu as été sélectionné parce que tu as noté que tu venais vivre par ici ?

Lui : - Tu trouves vraiment mes chansons pas terribles ?

Elle : - Ça ressemble pas à du Cabrel. Pourquoi tu écris pas des chansons d'amour ?

Lui : - Ah !

Elle : - *Magouilleurs amateurs*, je vois personne chanter ça. En tout cas, Cabrel c'est pas le messie par ici, ils lui en veulent tous de rien avoir fait pour empêcher la centrale nucléaire.

Lui : - Faudra que je lui demande pourquoi... Mais je crois savoir.

Elle : - Le vieux t'a raconté ?

Lui : - Tu as déjà vu Cabrel dans une cause qui peut le fâcher avec quelqu'un ? Quand il défend une cause c'est qu'elle est consensuelle et lui permet de se faire de la pub.

Elle : - Tu crois qu'il est comme ça !

Lui : - L'inspecteur mène l'enquête.

Elle : - Je suis sûre que tu fais le fier ici mais là-bas tu vas être impressionné !

Lui : - On les nique les tristes figures.

Elle : - Je suis sûre que tu aimerais bien être à sa place... Ça te ferait quoi d'être une star ?

Lui : - Et toi, ça te ferait quoi d'être avec une star ?

Elle : - Moi, je te connais avant.

Lui : - Moi aussi, je me connais avant…

Elle : - Oui, mais les filles qui te draguent…

Lui : - Pas que les filles !… Les sourires… Avoir une cour… S'entourer de crétins… Ça donne parfois l'impression d'être intelligent… Tu crois que je deviendrais comme ça ?

Elle : - Je sais pas moi. Pourquoi tu réponds jamais aux questions ?

Lui : - Mais si j'y ai répondu…

Elle : - *Maman est folle* a raison, faut laisser dire les hommes.

Lui : - Si *maman est folle* a bavé… Au fait !… Elle le sait comment vous l'appelez ?

Elle : - Une fois le frangin entre dans ma chambre, je faisais mes devoirs, et il dit *maman est folle,* elle repique sa crise. J'ai pas eu le temps de l'arrêter : elle était dans la salle de bains, elle est arrivée en bondissant, un vrai kangourou, elle a poussé le frangin contre l'armoire, en hurlant « *qu'est-ce que tu viens de dire, comment t'appelles ta mère* », elle avait vraiment des yeux de folle… Tu devineras jamais comment j'ai sauvé la situation. Le frangin m'a acheté une barrette le samedi… Devine ce que j'ai dit…

Lui : - Tiens v'la le tube de colle.

Elle : - Je t'ai déjà raconté ?

Lui : - Mais non, qu'est-ce qui rime avec folle, tu avais le tube de colle devant les yeux… Et tu t'es crue géniale, divine, carrément phénoménale !

Elle : - Le frangin m'a dit qu'il y aurait jamais pensé.

Lui : - Oui mais ton frère… Il a fait comptabilité…

Elle : - Moi aussi…

Lui : - C'est qu'il faut croire aux miracles… Car on les nique les tristes figures.

Elle : - Tu crois vraiment qu'on va réussir, qu'on va « les niquer les tristes figures » ?

Lui : - Ah ! Tu vois, tu retiens les expressions d'un film, et ça te fait une référence, ça te fait tilt quand je la replace… Tu peux en faire autant avec un livre.

Elle : - Un livre, un livre, c'est compliqué. Il y a toujours des mots que je comprends pas... Mais tu crois vraiment qu'on va « les niquer les tristes figures » ?

Lui : - Quoi ? Tu en doutes ?

Elle : - Et si les gens nous dénoncent ?

Lui : - Les gens... Qui a la conscience suffisamment tranquille ici, au point d'inviter les volatiles à venir renifler le quartier...

Elle : - Tu veux dire ?

Lui : - Que tous travaillent au noir... Et d'ailleurs, tu n'es pas la seule à être logée à titre gratuit...

Elle : - La prochaine fois, je viendrai parler avec le vieux... Il sait plus de nouvelles que la vieille... Tu as encore su des nouvelles...

Lui : - Finalement, tu aurais aimé vivre dans un coron.

Elle : - Au moins y'avait de l'animation. Donc on n'est pas les seuls, on est comme tout le monde par ici ?

Lui : - Ils magouillent par amour du fric, moi par soif de liberté, de connaissances.

Elle : - Tu crois qu'ils sont comme nous au *« Boéron »* ?

Lui : - Comme nous, comme nous... Eux ? Des glandeurs sans grandeur, comme il existe des révoltés sans cause... Ils ne font rien, fument des joints et croient vivre...

Elle : - Je croyais que ce matin le vieux allait te demander ce que tu fais comme métier... C'est pour ça que je suis partie.

Lui : - Assureur !... On appelle toujours monsieur le Président un ancien Président... Alors tant qu'il le faudra je me ferai appeler monsieur l'assureur... Monsieur l'assureur de l'assurance, c'est bien comme situation sociale...

Elle : - Et si l'ANPE te trouve une place ?

Lui : - Dès que je serai chanté, ils me classeront auteur de chansons...

Elle : - Alors c'est vrai, tu retravailleras jamais ?

Lui : - Tu vas finir par penser comme ta mère, que c'est pas un travail de lire et d'écrire.

Elle : - Tu sais ce qu'elle a dit, que soit tu te remettrais à travailler, soit on va crever de faim.

Lui : - Vive le sud !

Elle : - Mais moi j'ai peur qu'ils essayent de me faire travailler. Surtout maintenant que je touche le RMI. Déjà à Douai, ils voulaient que je fasse une formation. Je crois que je vais être convoquée.

Lui : - Et au boulot ! Un contrat emploi formaté ! La plus belle des caissières, pour sourire aux portefeuilles sur pattes.

Elle : - Ah ! Non ! Je veux pas travailler… Faut que tu me fasses rapidement un enfant… Puis tu m'en feras un tous les trois ans, trois fois quatre, douze, plus vingt-cinq, trente-sept. Et à trente-sept ans avec quatre enfants ils n'oseront quand même pas me faire travailler.

Lui : - On voit que tu as fait comptabilité !

Elle : - Moque-toi… Je veux pas être esclave moi, je veux pas devenir comme le frangin, *maman est folle* ou ta frangine… Tu m'as même dit que j'ai raison… En plus quand on travaille on est stressé, et c'est ça qui rend malade (*il sourit, sourire Bouddhiste, et joint les mains*).

Elle, *levant les yeux* : - Ça gratte.

> *On entend effectivement du bruit dans « le grenier », comme une meute de souris en goguette.*

Lui : - Tu as bougé mes boules quies ?

Elle : - Je touche plus à tes affaires je t'ai dit… J'ai compris… Tu aurais pu faire un vieux célibataire…

Lui : - Ah, enfin, les voilà (*il les a retrouvées sous son oreiller*)

Elle : - Tu vois, c'est pas moi *qui les a mises* là.

Lui : - C'est pas toi qui as fait le lit ?

Elle : - Oh si c'est ça je le ferai plus, de toute façon c'est une niche, on peut dormir comme dans une niche…

> *Il la regarde d'une expression « mon Dieu ! », levant les épaules, la tête en arrière, plissant le front.*

Elle : - Tu es parti en disant : « *au moins je pourrai dormir sans boules quies !* »

Lui : - Ça te fait rire… Même avec des boules quies elles me réveillent ! Comment tu arrives à dormir ?

Elle : - Je les entends plus !

Lui : - Tu ressembles à ma frangine… Pourtant elle a pas grandi au bord d'une route nationale… Tu ne deviendrais pas sourde ?

Elle : - Elle rigolerait bien si elle nous voyait dormir avec un peignoir sur la tête… Tu vas lui dire qu'on a attrapé sept souris aujourd'hui.

Lui : - C'est le record ?

Elle : - Le record c'est neuf.

Lui : - Tu vois, tu t'es trouvé une occupation !

Elle : - Et même que je note vraiment tout sur le calendrier dans la « cuisine. »

Lui : - Tu notes quoi d'autre ?

Elle : - La température du matin dans « la cuisine. »

Lui : - C'est tout ?

Elle : - Les œufs, les coups de téléphone, le temps, un bâton quand je déprime, une croix les jours où on fait l'amour.

Lui : - Tu as plus de bâtons ou de croix ?

Elle : - Tu iras voir… Si tu n'as pas peur d'attraper froid dans « ma cuisine. »

Lui : - Il vaudra cher ce calendrier quand je serai célèbre… La misère du poète.

Elle : - Je le garde !

Lui : - Déjà ! Alors, si je deviens célèbre tu vas te chercher un nègre pour raconter ma vie…

Elle : - Pourquoi, tu comptes me laisser comme une vieille chaussette ?

Lui : - Pour une starlette de la jet-set !…

Elle : - Pour moi les deux degrés dans la cuisine et pour une pouffiasse la vie de château… Ce serait dégueulasse.

Lui : - J'ai lutté avec lui !

Elle : - Ça veut dire quoi ? Pourquoi quand on parle sérieux faut toujours que tu termines par une phrase qui veut rien dire… Tu m'as jamais dit que tu veux te marier avec moi…

Lui : - Je croyais que tu étais contre le mariage…

Elle, *gênée* : - Oui, mais… Oh, pas aujourd'hui, le jour où on aura des enfants… Puisque tu veux des enfants de moi… Ah, zut ! Faut que je retourne aux toilettes.

Elle se lève… Et sort.

Lui : - C'est quand même fantastique le progrès ! La touche haut-parleur du téléphone est la plus grande invention depuis… la crème de marrons (*il se marre*)

Elle répondrait encore : ça veut dire quoi ? Je ne l'ai même pas fait exprès d'entendre les conseils de *maman est folle* : (*imitant*)

« Tu le regretteras qu'il l'a pas mis à vos deux noms la maison. Tu verras, le jour où ça ira plus, tu te retrouveras sous les ponts, tu le regretteras, et tu viendras pas pleurer ici, rien, t'auras rien. Tu m'as pas écoutée… Tu le regretteras.

Au moins tu aurais la moitié de la maison, c'est déjà quelque chose. Dépêche-toi de te faire faire un gosse puisqu'il en veut un, et mets lui la bague au doigt… Ecoute au moins mes conseils. T'as qu'à arrêter la pilule sans lui dire. Tu diras que tu l'avais oubliée pendant trois jours, tu seras pas la première, et un homme ça croit tout c'qu'on lui dit.

Et il va retravailler au moins, sa lubie est passée ?… »

Elle n'a quand même pas tardé pour me demander de retravailler et de l'épouser !

Ma lubie !… C'est vraiment pas la vie rêvée !

Lire et écrire… Ça devrait pourtant être le bonheur…

Pas de patron, pas de gros cons… Si au moins je pouvais l'hypnotiser durant la journée ! Puisqu'elle ne fait rien et ne s'intéresse à rien ! Au moins je pourrais lire et écrire en paix.

(*souriant*) Laissez moi lire et écrire en paix ! Parce qu'à la radio passait « *trouver quelqu'un.* »

(*il récite*) « *Trouver quelqu'un, quelqu'un de très très bien, au moins quelqu'un pour être bien.* »

J'y ai vu un signe du destin ! Et je me suis dit (*il récite*), « *je tiendrai sa main, du soir au matin, et ce sera le nirvana.* »

Le sud, l'Amour, des pêches, des abricots, du melon !

Parfois ça frise le gâtisme mon romantisme !

Qui ose écrire des chansons pareilles ! Mais qui chantera (*il récite avec emphase*)

> *Après les jours câlins. L'amour c'est triste ce que ça devient. Quand on n'a pas au moins. Une passion en commun.*

Faut que je le note, je vais finir par l'oublier, ça peut faire une chanson (*il prend par terre une feuille et un stylo, et note*).

> *Elle rentre…*

Elle : - Tu m'écris un mot doux ?… Oh, non, c'est l'horreur, demain je vais voir ton vétérinaire… Pourquoi tu m'as pas répondu « mais non, quand je serai une star, il n'y aura toujours que toi dans mon cœur, ma chérie adorée d'amour tout plein » ?

Lui : - Je ne l'ai pas dit ?

Elle : - Dis-le au moins.

Lui : - J'aurais l'impression de me répéter.

> *Aussi pour changer de sujet, il prend le balai à côté du lit et frappe dans le lambris.*

Elle : - Frappe pas si fort, tu vas passer au travers… En plus ça sert à rien. (*on entend comme des pas au-dessus*)

Lui : - Ecoute.

Elle : - Mais non, on est encore allé voir hier… C'est des souris.

Lui : - Ce sont des souris et on dirait des pas.

Elle : - Ouuuuuh !

Lui : - Arrête !

Elle : - Je te croyais pas trouillard comme ça.

Lui : - Comment des souris peuvent faire un boucan pareil ?

Elle : - Ou c'est un loir, qu'il a dit ton voisin préféré. (*il regarde en direction du téléphone*). Tu regardes si j'ai pas bougé ton couteau ?

Lui : - Tu as le tien ?

Elle : - Si *maman est folle* nous voyait ! Ou ta sœur ! Ou ta mèèère !

Lui : - Elle arrive vraiment dans un mois, *maman est folle ?*

Elle : - Eh oui !

Lui : - Faut que tu lui dises, c'est pas possible.

Elle : - Elle veut voir dans quel taudis tu as emmené sa fille chérie d'amour adorée pas tout plein.

Lui : - Elle peut attendre juillet... Au moins il fera beau, je vous laisserai magnifier le bon vieux temps du rock and casseroles et j'irai à la chasse aux papillons.

Elle : - Il fera peut-être beau dans un mois... Elle m'a encore dit aujourd'hui qu'il faut qu'elle voit ça.

Lui : - C'est tout ce qu'elle a bavé ?

Elle : - Bin oui, pour elle tu m'as forcée. Tu m'as droguée, on ne part pas comme ça avec un inconnu à l'autre bout du pays.

Lui, *souriant* : - Pas tout à fait un inconnu...

Elle : - Se connaître depuis un an, c'est pas se connaître qu'elle a dit ma grand-mère... En son temps après six mois on osait à peine s'embrasser...

Lui : - Alors Zola a tout inventé dans *Germinal*... Et ton oncle n'est pas né trois mois avant son mariage, à ta mère-grand ?

Elle : - Oh, je te dirai plus rien !

Lui : - Dans ces cas-là, on criait, hosanna au plus haut des cieux, un miracle...

Elle : - Enfin, pour *maman est folle*, c'est moi la folle... Elle trouve qu'après m'avoir emmené si loin, faut se marier, parce que les cousins croient que j'ai fugué...

Lui : - Tu veux dire un grand mariage avec même les cousins invités !

Elle : - Faudrait d'abord gagner au loto.

Lui : - Tu commences à croire que je t'ai hypnotisée.

Elle : - Je suis romantique moi, je suis une fille moi, j'ai besoin d'entendre des mots d'amour, sinon je me pose des questions.

Lui : - C'est bien de se poser des questions.

Elle : - Mais tu réponds jamais.

Lui : - Je n'ai pas dit de me poser des questions, mais de se poser des questions...

Elle : - Mais j'ai pas les réponses, moi.

Lui : - Les seules questions importantes sont celles dont les réponses sont en nous.

Elle : - Tu vois, dès qu'on parle sérieux, faut que tu dises un truc on dirait le prof de philo.

Lui : - C'est normal pour un « gourou. »

Elle : - *Maman est folle* m'a demandé si tu as pas des amis qui sont venus… Elle croit vraiment que tu es le gourou d'une secte. Elle peut pas croire qu'on est parti comme ça par ici parce qu'on a vu la maison en juillet. Tu vois qu'elle s'inquiète pour sa fille chérie…

Lui : - Gourou, parce qu'à vingt-cinq ans j'ai choisi de quitter le monde de l'absurde, le monde de la besogne, pour enfin me nourrir l'esprit, vivre en osmose avec mon intérieur.

Elle retrouve son regard de gallinacés.

Elle : - Parle pas comme ça quand elle sera là, sinon elle va vraiment te croire d'une secte.

Lui : - Gare au gourou ou ou ou ou !

Elle : - Oh non, fais-moi pas rire, j'ai trop mal… Et j'ai trop froid.

Lui : - Tu veux une niôle, c'est ça !

Elle : - On va finir poivrots si on boit à chaque fois qu'on a froid.

Lui : - On fera notre cure de désintoxication en été.

Il prend, derrière le téléphone, la bouteille et les deux verres…

Elle : - Si pépé me voyait boire du Cognac, j'aurais honte.

Lui : - Pourquoi, parce que tes cousins sont des alcoolos ?

Elle : - Et toi, tu n'as pas peur de finir comme ton père ?

Lui : - Quelqu'un qui boit parce qu'il ne peut pas apprivoiser ses fantômes est un malade qui refuse de se faire soigner ; quelqu'un qui boit pour ouvrir les vannes de l'imagination n'a rien compris à la création ; mais quelqu'un qui boit parce qu'il a froid, mérite le respect du public.

Elle : - Donc ça va, je bois parce que j'ai froid…

Lui : - Je ne suis pas ton psy !

Elle : - Arrête avec tes psys... Tu crois vraiment que je devrais vraiment en voir un ? Arrête, tu me fais peur.

Lui : - Dans vraiment il y a *ment* et comme tu l'as dit deux fois, ça fait *maman*.

Elle : - Vraiment ?

Lui : - *Maman ment* ! Tant que tu n'auras pas assumé que ta mère te déteste et que ton père s'en fout de toi...

Elle : - Tu as l'art de tout dramatiser.

Lui : - Il faut être dramatique ou comique !

Elle : - Je préfère croire que ma mère préfère mon frère et que mon père a refait sa vie.

Lui : - Tu le croiras sûrement un jour !... Crois comme tu peux ! On ne refait jamais sa vie, elle continue, tout simplement.

Ils trinquent... et boivent cul sec.

Elle : - Oh ! Ça pique !... Mais toi, comment tu as fait pour pas devenir fou avec un père pareil ?

Lui : - Ce qui ne te tue pas te rend plus fort. Nietzsche... Je suis encore loin de la paix intérieure... Je suis sur le chemin... Je n'ai pas encore atteint la racine profonde qui entrave ma liberté intérieure...

Elle retrouve son regard de gallinacés.

Elle : - Est-ce que tu m'aimes vraiment ?

Il la regarde d'un air « tu poses toujours les mêmes questions. »

Elle : - Bon, de toute façon tu répondras pas... Je retourne aux toilettes.

Lui : - Qui va aux toilettes perd ma réponse !

Elle : - Alors ?... Oh non ! Faut que j'y aille.

Elle se lève... Et sort.

Lui : - Est-ce que je l'aime ? Sincèrement ! *(il éteint la lampe)* Déjà ça de fait ! Les faits, rien que les faits, dites je le jure *(il se marre)*. Faut que j'arrête de me croire sur scène, je vais finir

446

complètement mythomane… Ah ! Devenir fou pour ne pas voir la fin du film… Bon, les faits mon psy : Petit un : je voulais partir dans le sud.

Petit deux : mais partir seul ça fait peur.

Petit trois : elle aurait vendu son âme pour quitter *maman est folle*.

Petit quatre : je veux un enfant.

Petit cinq : elle veut un enfant.

Mon tout : pas étonnant que nous ayons trouvé un terrain d'entente !… Qu'on proclame « amour »…

Mais après l'amour y'a les jours !…

Quand on n'aime pas vraiment, on devrait au moins ne pas perdre l'instant.

Travailler, travailler, y'a que ça, travailler à la connaissance, à se connaître vraiment… En restant vigilant au cas où quand même !

Vigilant pour ne pas rater le regard passionné, ce regard où l'on se reconnaîtrait sans s'être jamais vu ! Comme dans une chanson !

Je suis un grand romantique malgré mes airs de vieux misogyne attardé !

Les connes me traitent de misogyne, les femmes doivent comprendre ! Et elle seule me verra comme je suis !

Il me faut travailler, m'imprégner des philosophes, des romanciers… Sinon j'aurai une vie de con !

Elle rentre…

Lui : - Déjà !

Elle : - C'était une fausse alerte…

Lui : - Qui précède toujours une double attaque !

Elle : - Arrête hein, je bouge plus. Tu pourrais allumer au moins, avec tous tes cartons je vais encore me casser la gueule.

Lui : - Mes cartons !

Elle va à tâtons… Puis s'allonge.

Elle : - T'as pas allumé !

Lui : - Je sais que tu te plains… Mais tu connais le chemin… Tiens je pourrais peut-être en faire une chanson… Elle se plaint mais elle connaît le chemin.

Elle : - T'arrêtes pas de penser à tes chansons ! C'est énervant à force ! Je t'ai manqué au moins ?

Lui : - On dort !

Elle : - T'es pas romantique. Dis-moi au moins à quoi tu pensais.

Lui : - Je comptais les points.

Elle : - Les points ?

Lui : - Perdus et gagnés.

Elle : - Tu mets quoi dans les gagnés ?

Lui : - Ne plus voir ta mère.

Elle : - Et la tienne !

Lui : - Pas en deuxième !

Elle : - Tu as trouvé un deuxième !

Lui : - Le sud en été c'est le paradis.

Elle : - Si on tient jusque là.

Lui : - Hrrra, t'es négative !

Elle : - J'ai toujours été comme ça.

> *Il joint les mains en signe d'abattement... Elle ne le voit pas, forcément...*

Elle : - J'ai peur de m'ennuyer, tu sais, sans télé.

Lui : - On ne s'ennuie jamais quand on fait de grandes choses.

Elle : - Tu avais préparé ta phrase.

Lui : - Mais non, je l'ai empruntée à Balzac.

Elle : - C'est pas du jeu ! Tu prends les phrases des autres, comment tu veux que je sache ce que tu penses ?

Lui : - Balzac a exprimé clairement ce qui est un peu confus dans ma tête, pourquoi je me priverais. Ça sert aussi à ça les écrivains : donner des mots à nos pensées.

Elle : - Et c'est quoi, des grandes choses ?

Lui : - Il y a huit jours, faire de la poterie te tentait. Devenir la potière de Montcuq, c'est peut-être ta grande chose.

Elle : - Tu vois, tu te moques. Je te dirai plus rien.

Lui : - C'est sûr que la littérature est au-dessus de la poterie... Mais la poterie, c'est mieux que l'ennui... Peu importe le domaine finalement, l'essentiel étant de se dépasser...

Elle : - Se dépasser ?

Lui : - Dépasser notre humaine condition, tendre vers un absolu.

Elle : - C'est trop compliqué pour moi... Tu es déçu de pas avoir rencontré une intellectuelle ?

Lui : - Tu ne m'as pas déjà posé la même question hier ?... On dort...

Le rideau se ferme

Elle : - Tu m'embrasses encore quand même ?

Lui : - Tu crois que je vais réussir à me tourner ?... Ouille !

Ils s'embrassent.

Elle : - Tu essayes quand même de me faire l'amour.

Rideau

Acte 2

Même décor. Le lendemain matin.
Le téléphone sonne. Le rideau se lève. Lumières éteintes.

Lui, *la voix pâteuse* : - Ouais.

Lui, *la voix pâteuse* : - Ouais.

Lui, *soudain réveillé* : - Quoi dix heures ! Dis pas n'importe quoi.

> *Il tâtonne, allume la lampe à sa gauche, prend sa montre à côté, s'appuie contre le mur…*

Lui : - Ah ouais, tu as raison.
Elle, *doucement* : - Qui c'est ?
Lui, *tout en mimant la guitare avec la main gauche* : - C'est à cause de ces satanées souris, elles nous ont empêchés de dormir.
Elle, *doucement* : - Mets le son.
Lui, *doucement* : - Hrra.
Elle, *doucement* : - Pour une fois que je peux rire, allez.

> *Il appuie sur la touche haut-parleur*

La voix au téléphone : - …me remémore chez mamie, gamin toujours j'étais persuadé d'entendre quelqu'un marcher au grenier, ça se passait à sa résidence secondaire en Touraine ; alors le vieux Charles, son domestique, paix à sa gracieuse âme, venait dans la chambre tant que je m'endorme… On jouait comme des fous… Il m'a tout appris… Enfin, l'essentiel.
Lui : - Et tu as travaillé les textes ?
La voix au téléphone : - Je ne te téléphone nullement au sujet des textes, mais pour te donner mes derniers conseils… Tu sais comme j'ai parlé de toi de manière élogieuse… Donc ne va surtout pas te répandre en bêtises, surtout pas une critique sur les chanteurs que tu déplores du caniveau… Ce sont peut-être eux qui demain nous chanteront, tu sais comme il est primordial d'être bien vu. La réputation c'est essentiel. Et tout le reste, comme je t'ai déjà expliqué… Tu es en forme ?

Lui : - A part le dos, la tête et le côté, ça va !

La voix au téléphone : - Et ta copine, elle va bien ?

Lui : - Elle t'entend, si tu veux la saluer...

La voix au téléphone : - Je vous salue chère mademoiselle...

Elle, *se retenant de rire* : - Je vous salue cher monsieur.

La voix au téléphone : - Bon alors j'évite de verser dans la grivoiserie !... Tu as préparé tes textes, parce que tu sais, ah, non ! Je ne t'ai pas encore informé, oh ! Où ai-je la tête parfois, bon, il te reste le temps. Il faut à tout prix que tu arrives avec des chansons toutes prêtes, c'est la légende ça de proclamer que les auteurs écrivent des chansons à Astaffort... Y'a tellement d'autres choses à faire. Si tu joues le jeu tu vas te retrouver avec un seul petit texte chanté le samedi soir. Pour réussir il convient de bien faire semblant d'écrire... Mais je suppose, tu avais deviné.

Lui : - Bin, non... Comment pourrais-je savoir ce que les interprètes vont vouloir.

La voix au téléphone : - Mais mon chou, l'interprète ne sait jamais ce qu'il veut, il faut lui mettre dans la bouche et après il s'exclame « c'est bon. »

Elle, *doucement* : - Tu vas pas dire, il est un peu olé olé...

Lui, *en appuyant sur la touche discrétion* : - Il aime bien se donner un genre... Le genre show-biz quoi !... Bises bises bisous... Le snobisme du show-biz... C'est vraiment super cette touche, je peux le traiter de compositeur de merde et il va approuver !

Elle : - Et le jour où la touche marchera plus ?...

Lui : - Imagine que ce soit ta mère de l'autre côté !

La voix au téléphone : - Alors, tu as tout enregistré ?

> *Durant les dialogues entre ELLE et LUI, on entend la voix au téléphone sans comprendre.*

Lui, *abandonnant la douche discrétion* : - Naturellement, c'est pourri, mais on les nique les tristes figures !

La voix au téléphone : - Ah zut, the big big boss, fais pas de bêtises hein, bisou... Je vous tiens informé dès la validation du dossier, au revoir cher ami.

Lui : - Tchao !

Elle : - Ils sont tous comme ça les compositeurs ?

Lui : - Va plutôt préparer mon chocolat !

Elle : - Puis je t'ai déjà dit que j'aime pas quand tu dis tchao.

Lui : - Je sais… Ça te rappelle ton ex !

Elle, *troublée* : - Comment tu sais ?… Je te l'ai jamais dit… La garce, *maman est folle*, pour essayer de me faire du tort… Elle t'a dit quoi d'autre ?

Lui : - Mais non, pour une fois *maman est folle* n'y est pour rien.

Elle : - Comment tu saurais alors ?

Lui : - Les mots, en eux-mêmes, n'ont aucune raison d'être détestés. Si quelqu'un déteste un mot, la raison se trouve dans son passé.

Elle, *chagrinée mais admirative* : - T'es vraiment trop intelligent, c'est pas du jeu. Alors va falloir que je me méfie de ce que je dis avec toi…

Lui : - Pourquoi, tu as tant de choses à cacher ?

Elle, *troublée* : - Non… Mais toi tu ne me parles jamais de ton passé et tu voudrais tout savoir du mien, c'est pas du jeu ! Moi aussi je devine des choses… Je suis la plus belle fille que tu as connu… Et comme toi tu es le plus intelligent, faut vite qu'on se dépêche de faire des enfants… Tu te rends compte, ma beauté et ton intelligence…

Lui : - Et si c'était le contraire !

Elle : - Quoi le contraire ?

Lui : - Ton intelligence…

Elle : - Ah, t'es pas marrant ! En plus aujourd'hui c'est ton jour de faire le petit-déj…

Lui : - Quoi ! J'ai le dos en compote, le cou en marmelade, la tête en tambour et le côté qui s'dilate… Et tu ne m'apporterais pas mon petit-déjeuner !

Elle : - Il caille dans la cuisine…

Lui : - Pas plus que hier, je suis certain… Dans six mois tu seras habituée… Mon amour.

Elle : - Mais dès que ton dos va mieux, c'est mon tour de m'allonger et d'attendre en prenant un bouquin.

Lui : - Qu'est-ce que tu ferais avec un bouquin ?

Elle : - Comme toi !

Lui : - Tu sais... (*il se retient... mais ne peut pas se retenir !*) Y'a rien à colorier !

Elle : - Dès le matin faut que c'est ma fête.

Lui : - C'est pour te réchauffer.

Elle : - Tu as de la chance que j'ai faim.

Elle se lève, prend son manteau, les gros gants de laine...

Lui : - Mais tu t'es levée sans crier aïe !

Elle : - Ah oui ! J'y pensais même plus !

Les jambes bien droites, elle touche ses pieds avec les doigts, d'un geste très sportif.

Elle : - J'ai connu un mec qui me faisait faire des abdos dès qu'il me trouvait un gramme de graisse... Qu'est-ce qui me prend de te dire ça, tu vas encore me le ressortir un jour en te moquant (*elle ouvre la porte*).

Lui : - Bon voyage.

Elle : - Pacha va !

Lui : - Mets bien le chocolat et le sucre dans le lait avant de faire chauffer...

Elle : - Je sais, chef... C'est vrai que tu aimes bien commander...

Lui : - Oui mon amour.

Elle : - Ah ! Tu sais enfin que c'est comme ça qu'il faut me répondre... Mais on dirait ton compositeur ! (*elle sort*)

Lui, *haussant la voix* : - Et pense à faire quelques abdos...

Elle rouvre la porte, lui tire la langue et repart en courant.

Lui : - On pourrait nous croire amoureux ce matin. Peut-être même qu'avec dix-neuf degrés nous aurions fait l'amour !
Mais j'ai encore rêvé d'elle ! L'Amour ! J'ai peut-être tort de m'obstiner à le rêver avec une majuscule. Les autres se font bien une raison ! Et sans cet idéal, on peut peut-être se faire une vie bien gentille.
Mais quand on a vécu une fois l'Amour... Il me reste au moins

ça, j'ai vécu une fois l'Amour… Deux névrosés s'Aimaient…

Trop névrosés pour comprendre ce qui nous arrivait. On croyait retrouver facilement ça ailleurs… Et nous n'avons presque rien vécu ! Les cons !

Mais si je me laisse enfermer entre deux choix extrêmes, seul ou le grand Amour, je vais finir mes jours entre mille bouquins ! Et en plus sans enfant...

C'est terrible : elle veut un enfant, je veux un enfant. Ce sera le même enfant. Et quelque part, je ne me sens pas le droit de te refuser de naître…

Alors, après, après j'aurai peut-être la force… L'enfant sera là… J'aurai réalisé l'un de mes rêves… De toute manière, grandir entre des parents en guerre froide tiède ou chaude, ou grandir en voyant rarement papa, ta névrose ne sera pas pire en me voyant peu…

Après, oui, peut-être, comme le devoir accompli, la finalité de l'existence se limitant si souvent à la reproduction de l'espèce, je pourrai essayer de te chercher…

La femme belle. Rebelle. Spirituelle. Intellectuelle. Intègre…

(*de plus en plus rêveur*) Dans un salon de thé nous irons papoter. Je t'offrirai des roses. (*souriant*) Tu me confieras ta névrose… Je ne peux pas rester sérieux ! Mais bon, avec roses, faut bien trouver une rime ! Avec offrir je rime plaisir !

Mais quand ?… M'aimera-t-elle?…

M'appelleras-tu « l'homme de ma vie » ?…

Mozart, la femme qu'il aima lui préféra un crétin. Alors que Dieu me protége, moi qui ne connais même pas le solfège !…

Je serai dans quel état si tu me préfères un crétin ?…

(*il sourit… jaune*) Et ce ne serait pas la première fois !

Ah ! Ne jamais connaître le goût de tes lèvres, de ta peau… (*lyrique*) Ne jamais Aimer dans la joie de vivre, ne jamais partager le bonheur d'être né, ne jamais dépasser la platitude d'une habitude par effroi de la solitude… (*dépité*) Toujours parler sans être compris…

Belle, rebelle, spirituelle, intellectuelle, intègre…

Les critères !

Mais quel prénom ?

Puisqu'elles ont débuté les longues années de patience…
Avec intègre… ne rime que vinaigre !…
Avec intellectuelle…
(*songeur*) intellectuelle, intellectuelle, spirituelle, spirituelle…

Elle ouvre la porte, passe la tête.

Elle : - Alors, le pacha, tu rêvasses pendant que je me gèle. J'ai donné à manger à ton chien.

Lui : - Puisqu'il t'a dit merci, j'aurais l'impression d'être sa voix dans un dessin animé.

Elle : - Pfou… Ça chauffe.

Lui : - Laisse pas sauver… Pour une fois !

Elle : - Je venais juste voir si tu ne t'ennuies pas… Tu pourrais me dire, viens m'embrasser mon amour… Même pas !

Lui, *parodique* : - Oh, kiss me, my love !

Elle lui lance le pain.

Elle : - Trois tartines. Je referme bien la porte pour surtout que tu n'attrapes pas froid… Regarde mon nez ! (*elle referme la porte*)

Lui, *plus fort* : - Laisse pas sauver… Ma Pinocchio chérie…

Il prend le plateau à côté du lit, un couteau, coupe le pain, prend le pot de chocolat, l'ouvre… Tout en poursuivant ses réflexions… Au point de délaisser régulièrement le pain…

Finalement, la langue française prétendue si riche est bien pauvre côté cœur. Je t'aime pour une amourette. Je t'aime pour une femme de quelques années faute d'absolu. Je ne mens même pas quand je répète « moi aussi », ou quand dans l'enthousiasme jaillit un « je t'aime. »

J'aime comme on aime si souvent. Je t'Aime, comment j'oserai te le dire…

(*pause en extase : il voit LE BONHEUR*)

(*toujours en extase : Il te faut un prénom ! ou un visage !*)

(*toujours en extase : « Quelquefois j'ai vu ce que les hommes ont cru voir »*)

(*légèrement dépité : Le voir le voir… mais le vivre !*)

(*retour en extase : il voit de nouveau LE BONHEUR*)

Elle arrive doucement, le regarde, surprise.

Elle : - Ça va ?

Lui, *surpris* : - Oui !... Pourquoi ?

Elle : - Tu avais les yeux du frangin quand il a fumé deux joints (*elle pose le plateau sur le lit*).

Lui : - Y'en a il leur faut ça !

Elle : - Tu pourrais dire merci.

Lui, *mécanique, encore dans ses visions* : - Merci mon amour.

Elle : - Quoi ! Tu n'as même pas fait mes trois tartines !

Lui : - Mange déjà les deux premières !

Elle : - Ah zut ! J'ai oublié le sucre pour mon café, parce que moi je le mets pas directement ! Tu vas pas lire au moins aujourd'hui en déjeunant... Oublie pas ma troisième tartine, ou je te dévore... (*elle se lève et sort, toujours de très bonne humeur*)

Lui : - Lire. Lire. Tant de romanciers. Tant de philosophes. A découvrir. A lire et relire. Qu'il serait inexcusable de perdre du temps. Avec quelqu'un de vraiment trop différent.

Je sais et pourtant je vais continuer... Bon elle n'a pas que des défauts, je vais peut-être m'habituer... Les femmes aiment et les hommes s'habituent... Oui mais moi je suis un écrivain !

Elle va arriver et me trouver triste. « Qu'est-ce qui se passe, tu en fais une tête, tu as des idées noires ? »

On sait toujours ! Enfin on pressant souvent. Mais on espère se tromper ! Force de dire non à la fatalité ou lâcheté de ne pas savoir prendre une décision brutale... Un peu des deux... La vie quoi !

Elle rentre...

Elle : - Qu'est-ce qui se passe, tu en fais une tête, tu as des idées noires ? Vous avez des idées noires, comme dit monsieur Lemort... Tu sais que *maman est folle* va le voir que quand elle veut des arrêts de travail (*il croque dans sa première tartine, et le petit-déjeuner débute*), c'est le seul docteur qui donne tout le temps des arrêts de travail, parce qu'avec un nom pareil il sait que les gens qui se sentent malades ils vont jamais le voir.

Lui : - Il aurait le droit de changer de nom… Comme l'a eu madame La Raie.

Elle : - Pourquoi elle a eu le droit de changer de nom ? La Raie, c'est pas un nom vilain.

Lui : - Sauf que tout le monde souriait en lui disant bonjour !

Elle : - Là je comprends pas… Et là je suis sûre que personne à ma place comprendrait… Madame La Raie… Tu demanderas à Cabrel, je suis sûre que madame La Raie il trouve que c'est pas un nom plus con que monsieur Souchon… Mais dis pourquoi au lieu de rire… Ça doit encore être tordu.

Lui : - Tu vois qu'il ne me raconte pas que des conneries le vieux ! Madame La Raie… de Montcuq.

Elle, *qui manque s'étrangler avec son café* : - C'est pas vrai ! Tu viens de l'inventer !

Lui : - C'est ce que tout le monde croira dans cinquante ans. Alors tu peux le croire dès maintenant.

Elle : - J'ai rêvé que *maman est folle* venait habiter par ici.

Lui : - Je croyais qu'elle avait demandé sa mutation à Nice.

Elle : - Oui mais elle l'a eue par ici pour rapprochement familial… C'est qu'un rêve hein ?… Ça va pas arriver vraiment… Tu crois que les rêves sont primonotoires (sic) ?…

Lui : - Ah !

Elle : - Tu vois, je connais quand même des mots savants.

Lui : - Mais pour que tout le monde comprenne tu devrais quand même dire prémonitoire.

Elle : - Ah non ! C'est primonotoire, alors là j'en suis sûre ! Primo et notoire l'un derrière l'autre, c'est facile à retenir. Je l'ai vu dans un magazine sur les rêves.

Lui : - Regarde quand même dans le dictionnaire… (*il se penche et attrape un dictionnaire*)

Elle : - Ah non ! Pas maintenant… En plus c'est mauvais de lire en mangeant… Alors, tu crois que parfois les rêves ça arrive ?

Lui : - Ah ! (*rêveur*) Parfois ce serait bien…

Elle : - Ah ! On serait riche, ce serait super, on aurait le chauffage central, on irait en vacances aux Baléares, on aurait une grosse voiture, un caméscope, des chevaux... Quoi d'autre encore, mon amour ?...

Lui, *éploré, il la regarde* : - Un frigidaire, une armoire à cuillères, une lampe solaire, un portail mécanique, et une belle-mère en hôpital psychiatrique !

Elle : - De toute manière, elle quittera jamais Douai, c'est pour se donner un genre qu'elle demande sa mutation, elle sait qu'elle l'aura pas, elle a même pas sa carte du syndicat.

Lui : -Tu en connais des gens du nord qui ne rêvent pas du sud ?

Elle : - Ta sœur !

Lui : - C'est l'exception.

Elle : - Oui mais ils partent pas, ou quand ils partent ils ont de l'argent, ils prennent leur retraite à Menton.

Lui : - Tu aurais préféré bosser comme des fous pour à la retraite partir promener nos rhumatismes entre les crottes de chiens ?

Elle : - *Maman est folle* t'a déjà répondu « c'est les hommes qui bossent »... Si tu avais travaillé cinq ans de plus, on aurait au moins eu une maison où on sent pas le vent passer partout.

Lui : - Tu vas finir par me maudire !

Elle : - Heureusement que je t'aime. Tu peux te moquer de moi, mais y'en a pas deux des filles aussi belles que moi qui accepteraient de vivre dans le froid.

Lui : - Mon héroïne ! Tu dev-

Le téléphone sonne.

Lui : - Quand on parle de la folle !... Elle pense à sa fille préférée durant sa pause (*il lui passe le téléphone*).

Elle : - Allô !

Elle : - J'ai apporté son petit-déjeuner au lit à monsieur et on déjeune.

Lui, *doucement* : - Mets le haut-parleur au moins.

Elle : - Hier soir on n'a pas pu s'endormir à cause des souris.

Lui, *doucement* : - Insiste bien sur les souris.

Elle : - Bon je mets le son et je te passe ton frère qui me disait d'insister sur les souris pour que ma mère voit pas où ton frère a emmené sa fille chérie (*elle appuie sur la touche haut-parleur et lui passe le téléphone*).

La voix au téléphone : - Alors le retraité. Vous avez la belle vie, on n'a pas de soucis dans le sud, être encore couché à cette heure-ci ! C'est la belle vie, moi ça fait bientôt trois heures que je suis au boulot. Là Goldorak est parti à la banque alors j'ai un peu de temps. J'appelle sur la ligne du fax, c'est la seule maintenant qui est pas en facture détaillée, ça lui permet de téléphoner aux Etats-Unis sur les frais de la société, parce que je vous ai pas dit il a une nouvelle gonzesse, Goldorak, encore une mannequin, Angélique, qu'elle s'appelle. Avec les sous ! Là elle est partie pour *(il pose le téléphone sur le lit, entre eux)* un défilé en Virginie. Mais vous avez moins froid au moins ? Ah, je croyais que j'allais devoir raccrocher car le magasinier vient de passer mais il est pas rentré. Faut dire il est déjà venu deux fois prendre du café aujourd'hui. Tu sais pas que ce matin Goldorak a cassé du sucre sur le dos de la femme de ménage, il la traite de fainéante parce qu'elle est sortie de l'hôpital depuis huit jours et elle est encore en congés maladie, alors que depuis quinze ans elle a pas posé une seule fois, alors qu'elle va...

Elle, *appuyant sur la touche discrétion* : - Tu devrais lui dire à ta sœur que tu t'en fous de ses histoires... Mais moi j'aime bien, au moins elle emploie pas des mots compliqués, elle parle de la vie de tous les jours, elle est simple elle au moins.

Lui : - Tu devrais être lesbienne.

Elle : - Y'a pas que le sexe dans la vie.

Lui, *souriant* : - Même dans la tienne !

Elle : - Tu t'en plains pas toujours !

La voix au téléphone, *fort* : - Vous êtes plus là ?

Lui, *il écarte son doigt de la touche discrétion* : - Tu n'as pas posé de question.

La voix au téléphone : - Mais tu pourrais dire oui, commenter au moins.

Lui : - Alors tu es décidée à venir quand Goldorak aura l'extrême bonté de t'accorder des congés ?

La voix au téléphone : - Oui, bin, je sais pas encore quand je pourrai les prendre, je lui ai dit que j'aimerais bien le savoir rapidement cette année parce que cette année je compte partir dans le sud et que pour réserver il faut que je le sache rapidement, tu sais pas ce qu'il a osé me répondre ? Il a osé me répondre que j'y ai droit mais que lui n'est pas obligé de me donner la date avant de savoir quand ça l'arrangera. Tu vois le con. Si je devais réserver je pourrais pas réserver. Là y'aura de la place pour les vieilles ?

Lui : - Et la reine de la ruche, elle va venir ?

La voix au téléphone : - Elle dit qu'elle est trop vieille pour un voyage comme ça, que c'est aux jeunes de revenir. Elle dit que vous deviez pas partir, que vous lui avez pas demandé son avis. Elle dit. Elle dit. Je lui dis de se calmer car sa tension elle monte. Ah ! Elle a pas encore pris ses billets de train. Elle dit qu'on va se perdre, elle dit qu'on va se faire attaquer ou jeter par une porte du train.

Elle, *appuyant sur la touche discrétion* : - C'est marrant, tu vois elle a lu moins de bouquins que toi et tu arrives pas à en placer une.

Lui : - Tu crois que l'important c'est de parler ?

Elle : - C'est toujours elle qui a le dernier mot. C'est une femme, une femme faut que ça ait le dernier mot.

Lui : - Alors qu'on peut tout se dire d'un regard !

Elle : - Qu'est-ce que tu veux encore dire ?

Lui : - Ecoute le téléphone (*elle abandonne la touche discrétion et écoute*).

La voix au téléphone : - ...on leur a dit que tu vas voir Cabrel, on leur a dit comme tu as dit de dire, un des huit auteurs francophones retenus par Francis Cabrel, ça les a impressionnés, ils ont demandé s'il allait te chanter, on leur a dit qu'on espère, ton cousin a dit qu'il veut un autographe.

Lui : - Qu'est-ce qu'il va faire avec mon autographe ?

La voix au téléphone : - Comme si ! De Cabrel.

Lui : - Tu lui répondras que Cabrel sait pas écrire, il a un nègre.

La voix au téléphone : - Oh faut s'attendre à tout, le showbizness c'est la décadence, je sais pas dans quel milieu t'es embarqué, je sais pas ce qui t'a pris d'écrire des chansons, enfin, si ça rapporte des sous on en verra peut-être la couleur.

Elle : - Moi j'espère en voir de la couleur…

La voix au téléphone : - Qu'est-ce qu'elle dit à côté, elle se moque encore de moi ?

Elle : - Pour une fois que je me moque pas, c'est ton frère qui se moque tout le temps des autres, mais maintenant je fais comme tu m'as dit, je fais plus attention, c'est un homme hein, je te disais que j'espère en voir la couleur moi, des sous de ses chansons.

La voix au téléphone : - Il faut tenir la caisse.

Elle : - Ah zut ! Faut que j'aille aux toilettes… Je vais aux toilettes et je reviens (*elle se lève…*).

La voix au téléphone : - Ah ! Le magasinier ! Ah il m'embête ! Je vais pas refaire du café à cette heure-ci… Bon je vous laisse… Oui, vous recevrez la livraison dans la

Lui : - Bonne nuit (*il raccroche*).

> *Lui la regarde avec interrogation, elle hausse les épaules…*

Lui : - Mon Dieu ! Vieillir ! Vieillir ! Dire qu'elle aussi, elle a eu quinze ans ! Elle a eu vingt ans. Elle a dû rêver. Vieillir. Vieillir. Pas avancer vers la connaissance mais se dégrader doucement, s'étioler, s'effilocher, s'éteindre, rapetisser, s'amenuiser…
Non, il n'y a pas de fatalité ! Ce monde n'est pas le monde. Ç'aurait été tellement différent si… Si au moins un rêve était devenu réalité… Mais à quoi bon me torturer !… (*il pense visiblement à quelqu'un*) Si tu n'étais pas déjà junkie. « Je t'aime mais je t'ai connu trop tard. » Vingt-deux ans et déjà condamnée à seulement danser avec moi, obéir, s'allonger pour obtenir sa dose… Putain de drogue. Ah ! Où es-tu ? Qu'es-tu devenue ?
Si tu n'avais pas cru que deux années t'attachaient à ce type ! Ce type, type forcément, me préférer à des souvenirs… M'allumer et refuser de t'enflammer !… Ah ! Si enfin tu t'enflammais ! Nous

serions les deux torches sous le porche du temple que tu contemples…

Si tu ne militais pas, ma pauvre Bovary ! Parce que tu souffres d'un manque de racines, reprendre la dialectique revendicative des leaders régionalistes ! Les langues régionales comme racine d'un peuple… Endoctrinée au communautarisme. Enfin, tu es en analyse… Tout n'est peut-être pas perdu… Mais te souviendras-tu de moi quand tu auras fait la paix avec les ombres de ton passé ?…

Un coup de fil et j'accours ! Ou plutôt je t'accueille les bras ouverts !

Tu parles d'un amour dans le sud ! Mais non, ce n'est pas retourner en arrière… Mes pauvres Bovary, mes passantes, oui vous êtes trois pauvres Bovary mes jolies passantes… Qui pourrait le croire, quand je pense à quelqu'un, c'est sans un grand souvenir… Juste des mots, des sentiments, aucun contact physique…

Quand tout est resté au stade du possible, ça laisse une chance pour l'avenir… Je ferai le deuil… Sauf de Toi ! Si tu es vraiment rebelle et spirituelle… J'ai toujours cru trouver l'intelligence dans la beauté !

Sinon je ferai le deuil de toi aussi ! Na !

Elle me tuerait, me mordrait au moins ! Si elle savait que je préfère faire l'amour dans le noir pour penser à Toi…

L'Amour, est-ce que je cherche vraiment l'Amour ?… Ou est-ce qu'une compagnie me suffit, une petite histoire banale, bancale, dans laquelle je n'ai pas à m'investir affectivement, en gardant quelques fantasmes avec les passantes…

Trop de blessures non cicatrisées ? Avec le temps… On aime différemment ! Je cherche l'Amour ou matière à écrire ? Des perturbations, des frustrations… Quand j'aurai trois cents textes de chansons, je pourrai voir la vie autrement !

Allez ! Au travail. Plus vite j'aurai réalisé mon œuvre, plus vite je pourrai vivre l'Amour ! Et j'écrirai des romans, paisible, de huit à douze… Ou alors après trois cents chansons direct en analyse !

Elle rentre… Revient s'asseoir sur le lit, dos au mur.

Lui : - Tu vas faire une analyse ?

Elle : - J'en ai fait une… *(elle pâlit, voix tremblotante)* Pourquoi, tu m'as trompée ?

Lui : - Quoi ?

Elle : - On a fait une prise de sang avant d'arrêter les préservatifs. On n'avait pas le sida. *(il sourit)* Pourquoi tu veux que je refasse une analyse ? Pour les gammas le vieux a contrôlé, c'est bon…

Lui : - Pas une analyse de sang ni d'urine, une analyse, une vraie analyse, psychiatrique.

Elle : - Arrête, déjà hier soir tu m'as dit ça, je suis pas folle.

Lui : - Pourquoi, ta mère en a fait une ?

Elle : - Tu sais pas qu'un jour elle a été avec un psychiatre et qu'il lui a dit « tu devrais faire une analyse. » Ah oui, il avait dit une analyse aussi, elle en a été malade pendant huit jours… Mais chut surtout, son gros le sait pas, c'est quand il est resté bloqué dix jours en Italie… Mais pourquoi tu me demandes ça ?

Lui : - Juste pour savoir ton opinion sur l'analyse.

Elle : - Pourquoi, tu crois vraiment qu'il faut que j'en fasse une… Oh non, je pourrais pas aller raconter des conneries comme ça à un vieux barbu… Ils sont vraiment tous fous les psychiatres, ça c'est ma prof de français qui l'a dit… Mais pourquoi tu me parles encore de ça ? J'ai dit une connerie ?

Lui : - Tu trouves qu'on ne parle pas et dès que je te demande ton avis, tu t'inquiètes.

Elle : - Jamais personne m'a posé des questions pareilles.

Lui : - C'est normal !

Elle : - Ah ! Tu vois, alors pose-moi des questions intéressantes.

Lui : - Quelle est ta couleur préférée ?

Elle : - Jaune et bleu… Aussi rouge. Les couleurs vives.

Lui : - Si tu changeais une chose à ton apparence ?

Elle : - Pourquoi tu demandes ça, qu'est-ce qui te plaît déjà plus en moi ?

Lui : - Donc tu ne changes rien.

Elle : - Je grossirais. Ah non, tu aimes les minces !

Lui : - Quel est le trait principal de ton caractère ?

Elle : - Pourquoi tu demandes ça... Arrête, j'ai l'impression de répondre à des questions.

Lui, *souriant* : - Quel est le trait principal de ton caractère ?

Elle : - L'égoïsme... D'après *maman est folle*... Mais c'est pas vrai, hein mon chéri ? C'est la gentillesse. Hein, je suis gentille. Trop même !

Lui : - Ta devise ?

Elle : - Je n'ai pas de devise... C'est quoi une devise ? Arrête de me poser des questions compliquées.

Lui, *didactique* : - Une devise, une phrase qui résume ta pensée de la vie, par exemple reprendre Henri Michaux « *L'être humain est toujours très en deçà de ce qu'il pourrait être* » (*elle le regarde d'un air « qu'est-ce que ça veut dire ? »*). Mais ça peut être plus simple. Pour les Dupond Dupont on peut considérer que leur devise c'est la formule « *Je dirais même plus...* »

Elle : - Non, j'ai pas de devise... On est pas obligé d'en avoir ?

Lui, *souriant* : - Quelle est la qualité que vous préférez chez un homme ?

Elle : - Arrête, j'ai l'impression d'être à la télé.

Lui : - Ça pourrait pourtant continuer ainsi, une vie à se poser des questions, à trouver des réponses, une vie ainsi, c'est une belle vie, non ?

Elle : - Parfois je me demande si tu es sérieux, si je dois rire ou croire ce que tu dis.

Lui : - Et alors ?

Elle : - Je sais pas moi, tu me poses de ces questions.

Lui : - Je crois que je vais lire un peu !

Elle : - Et le feu ?... Ah, je sais, tu as mal au dos.

Lui : - Et tu sais que quand j'ai bu un chocolat, il me faut une heure de digestion.

Elle : - Tu n'as qu'à boire du café comme tout le monde.

Lui, *fredonnant* : - J'aime ses bas couleur chocolat...

Elle : - Attends, quand il fera beau, tu vas rejointer.

Lui : - Rejointer… Rejointer ! Et ma formation ?

Elle : - Ta formation ! Même moi je saurais faire des joints… N'importe quoi une formation pour des joints !

Lui : - Ma formation d'écrivain.

Elle : - Ecrivain, y'a pas d'école pour ça, si tu es écrivain tu écris, sinon c'est que tu n'es pas écrivain !

Lui : - Tu veux dire que pour toi je ne suis pas écrivain car un écrivain n'a pas à lire mais seulement à écrire ?

Elle : - A la télé on dit toujours qu'un écrivain a écrit un livre, on dit pas qu'il en a lu un. D'ailleurs, un jour quelqu'un a dit que la majorité des livres, personne les lisait. Un écrivain est comme tout le monde, il lit quand il n'a vraiment rien d'autre à faire.

Lui : - C'est-à-dire ?

Elle : - Je sais pas… Quand il prend le train.

Lui : - Tu plaisantes ?

Elle : - Pourquoi, j'ai dit une connerie, on lit pas dans un train ?… Depuis que je te connais tu dis que tu es écrivain mais j'ai jamais vu un livre !

Lui : - Et toutes les pages que je t'ai montrées ?

Elle : - Je t'ai déjà dit que c'est trop compliqué… Si tu veux que je te lise, il faut écrire simplement… C'est comme tes chansons, les gens veulent des trucs simples, un livre si faut chercher un mot dans le dictionnaire… De toute façon j'ai pas de dictionnaire.

Lui : - Tu n'as jamais eu de dictionnaire ?

Elle : - A quoi ça sert ? Là je suis d'accord avec *maman est folle*. Quand la prof de français avait noté d'acheter un dictionnaire, le soir elle m'avait dit « *De toute façon si tu regardes une définition, le lendemain tu t'en souviendras plus* »

Lui : - Mon Dieu *(il joint les mains, sourire Bouddhiste)* !

Elle : - Moque-toi de moi, mais tu verras, à Astaffort, tu vas pas rencontrer des intellectuels. Les chanteurs, ça a pas fait d'études, c'est des gens comme nous. Cabrel il vendait des chaussures, il a pas fait d'études.

Lui : - Ça s'entend.

Elle : - Je suis sûre que tu oseras pas lui dire ça... Ah, pis arrête de regarder le plafond, j'ai toujours l'impression que tu penses à une autre.

Lui : - Va falloir que tu t'habitues, c'est comme ça un écrivain.

Elle : - Arrête de te croire écrivain, tu n'as pas d'éditeur... Pourquoi tu n'envoies pas au moins tes papiers à des éditeurs ?

Lui : - Des éditeurs ? Mais ça sert à quoi un éditeur ? Si tu es connu tu n'as pas besoin d'éditeur, et si tu n'es pas connu tu ne les intéresses pas, alors je vois pas pourquoi je perdrais du temps avec des éditeurs. L'éditeur est la sangsue de l'écrivain.

Elle : - Si tu n'as pas d'éditeur tu n'auras pas de bouquin, toi qui es logique, tu aurais dû y penser.

Lui : - Je serai mon propre éditeur.

Elle : - Là tu rêves... Ça doit coûter une fortune...

Lui : - Mais non, c'est simple comme tout. Auteur-éditeur. L'auto-édition, la voie de la liberté, ni Dieu ni maître, aucun intermédiaire, du créateur au lecteur. L'auto-édition est l'avenir de l'édition.

Elle : - Arrête, ils ont tous des éditeurs les écrivains.

Lui : - Moi je serai mon propre éditeur... Quand je serai connu grâce à la chanson.

Elle : - Parfois, je crois que tu rêves ! Et comment tu feras pour vendre ?

Lui : - J'irai dans la rue. Jean-Paul Sartre vendait bien *la cause du peuple* dans la rue.

Elle : - Peut-être, mais tu as vu, il est pas connu.

Lui : - Jean-Paul Sartre, pas connu !

Elle : - Il passe jamais à la télé (*effondré, il la regarde*).

Lui : - L'existentialisme, tu connais ?

Elle : - Pourquoi tu emploies toujours des mots compliqués ? (*il joint les mains, sourire Bouddhiste*)

Elle : - J'ai dit une connerie ? Il est connu ton Jean-Paul Partre ? Oh ! Je suis pas une intellectuelle moi (*énervement*)... T'es compliqué comme mec... Finalement tu as des cheveux longs mais t'es pas cool, on t'a déjà dit que t'es un faux baba cool ?

Lui : - C'est mieux qu'un vrai qui fume des joints.

Elle : - Et t'es pas un hardeux non plus... Alors, pourquoi tu as des cheveux longs ? Oui, tu m'as jamais dit, t'es pas baba cool et t'es pas hardeux, alors pourquoi tu as des cheveux longs ?

Lui : - Et toi, pourquoi tu as les cheveux longs ?

Elle : - Je suis une fille, moi... Je crois pourtant que tu as remarqué.

Lui : - Alors, un mec, avoir des cheveux longs, c'est forcément un signe communautaire identitaire !

Elle : - Tu es reparti dans tes mots compliqués... Je crois que tu le fais exprès pour que je comprenne pas.

Lui : - C'est juste que je me préfère avec des cheveux longs.

Elle : - Tu vois que quand tu veux, tu peux le dire simplement. Je suis sûre qu'on va finir par se comprendre (*triomphante*). Alors je te pose une autre question ! Tu dis que tu es écrivain, alors pourquoi tu écris des chansons ?

Lui : - Ah !

Elle : - Ah, non ! Donne-moi une vraie réponse. Et simplement.

Lui : - C'est un entraînement.

Elle : - Explique mieux.

Lui : - Avant d'arriver à la forme aboutie qu'est le roman, pour laquelle la maîtrise totale des idées et du langage sont indispensables, plutôt que de ne rien faire, j'écris des chansons.

Elle : - Je t'ai laissé dire... Mais tu recommences déjà ! Ça va être long avant que tu comprennes qu'il faut parler simplement ! Oh, pis finalement, écris des chansons tant que tu veux, une fois que ça rapporte des sous et que tu me fais bien l'amour...

Lui : - Alors j'ai le droit de lire ce matin ?

Elle : - Et moi, je fais quoi ?

Lui : - Tu ouvres la fenêtre, tu vas allumer le feu, promener le chien... Ou tu prends un bouquin !

Elle : - Oh j'ouvre pas la fenêtre. C'est trop chiant le soir à remettre.

Lui : - Alors je vais rester toute la journée à la lumière électrique !

Elle : - Tu vas quand même te lever ?

Lui : - Pour aller aux toilettes.

Elle : - Oh non ! Je t'ai déjà dit de pas parler de ça... Faut que j'y aille (*elle se lève... et sort*).

Lui : - Est-ce qu'un jour je vais rire à ce qu'elle rit ? Est-ce qu'un jour elle sera totalement triomphante, aura vaincu celui qui avait toujours des mots compliqués ? (*fataliste*) Et j'écrirai des chansons à la con ! Celles qui ramènent du pognon.

*Il prend un livre, la biographie « Bonjour, monsieur Zola »,
d'Armand Lanoux, ouvre et lit ; on sent qu'il ne lit pas ce
passage pour la première fois.*

« *Après l'idéal impossible du* « chapeau rose », *après la réalité
toute matérielle de Gabrielle, Zola rencontrait la femme de sa
vie* » (*il pose le livre*)

(*abattu*) Mais Zola avait quarante-huit ans ! Attendre la gloire, atteindre cent kilos, cent quatorze de tour de bidoche !...

(*combatif*) Non, je vais marcher, marcher, marcher, et je te rencontrerai.

(*triomphant*) Et tu m'aimeras !... Mais avant, la chanson ! Allez, qu'est-ce qui pourrait faire une bonne chanson pour jeudi ? (*il prend un amas de papiers et feuillette*)

Rideau

Acte 3

Même décor (seulement des cartons déplacés)
Le premier lundi après les « rencontres d'Astaffort. »
Le téléphone sonne. Le rideau se lève. Lumières éteintes.

Lui, *la voix pâteuse* : - Ouais.

Lui, *la voix pâteuse* : - Ouais.

Lui, *soudain réveillé* : - Quoi onze heures ! Dis pas n'importe quoi.

> *Il tâtonne, allume la lampe à sa gauche, prend sa montre à côté, se redresse...*

Lui : - Ah ouais, t'as raison.
Elle, *doucement* : - Qui c'est ?
Lui, *tout en mimant la guitare de la main droite* : - C'est à cause de ces satanées souris, elles nous ont empêchés de dormir.
Elle, *doucement* : - Mets le son.
Lui, *doucement* : - Hrra.
Elle, *doucement* : - Pour une fois que je peux rire, allez.

> *Il appuie sur la touche haut-parleur.*

La voix au téléphone : - ...suppose, hier, tu as essayé de me joindre, mais je prenais du bon temps chez des amis, il faudra que je te les présente, et j'avais oublié de brancher le répondeur, tu as embrassé toute l'équipe de ma part...
Lui : - Tu es certain d'être bien vu ?
La voix au téléphone : - Quoi, quelqu'un t'a sorti des vacheries sur moi ?
Lui : - Pas plus que sur les autres ! Les anciens sont des anciens, les sélectionnés sont des artistes, les anciens de simples numéros !

La voix au téléphone : - Arrête ! Tantôt au téléphone, ils étaient charmants...

Lui : - Quand tu leur as dit qu'ils pouvaient loger chez toi dès qu'ils passent à Paris et que tu avais un copain qui pouvait leur faire une fausse note d'hôtel..

La voix au téléphone : - Joue pas les idéalistes, tu sais comment ça fonctionne, allez, raconte.

Lui : - Super, trois textes interprétés…

La voix au téléphone : - Des textes emmenés suivant mes conseils ?

Lui : - Bin… Oui.

La voix au téléphone : - Tu vois mes conseils, tu me dois une fière chandelle ! Tu vois si tu suis tout le temps mes conseils, on va faire une sacrée équipe nous deux…

Lui, *en appuyant sur la touche discrétion* : - Il m'énerve !

Elle : - Envoie-le promener, maintenant que tu connais Cabrel, tu n'as plus besoin de lui. En plus il ne sait pas jouer de guitare. Qu'est-ce que tu en as à faire d'un pianiste !

Lui : - Mais ça fait du bien d'entendre « c'est génial » !

Elle, *riant* : - C'est génial mon chou !

La voix au téléphone, *plus fort* : - Pourquoi ne réponds-tu pas ?

Lui, *retirant le doigt de la touche discrétion* : - Ah ! Tu es encore là, ça fait une minute qu'on n'entend plus rien, on croyait que tu avais dû poser le téléphone pour faire la bise à ton boss, j'allais raccrocher… Mais avant faut que je te dise… Tu as du boulot… Et urgent… Une interprète veut des musiques sur douze de mes textes.

Elle, *appuyant sur la touche discrétion* : - Tu me l'as pas dit, ça…

Lui, *retirant son doigt de la touche discrétion* : - Hrra.

La voix au téléphone : - Elle a un physique ?

Lui : - Voix, physique, blonde, dix-neuf ans, mince, un regard de braise, un vrai cristal de baccarat, tout pour cartonner…

La voix au téléphone : - Tu lui as dit que tu connais un super compositeur.

Lui : - Qui travaille super vite et va lui proposer douze musiques dans un mois.

La voix au téléphone : - Je ne sais pas si je vais avoir le temps, tu sais… Je suis très pris par le boulot… Mais oui, naturellement, je vais essayer, lesquels elle préfère ?

Lui : - Je t'envoie tout par la poste, y'a des textes que tu ne connais pas, ils seront sur l'album.

La voix au téléphone : - Elle veut faire un album, super !

Lui : - Et de la scène.

La voix au téléphone : - Elle habite où ?

Lui, *après avoir hésité* : - Toulouse.

La voix au téléphone : - Bon, je vais faire le maximum… Tu n'as mis personne d'autre sur le coup ?

Lui : - Attends, on a bien dit qu'on forme un duo. Tu es à 100% sur mes textes…

La voix au téléphone, *après une hésitation* : - Ouais, ouais… Je te demandais juste comme ça pour dire de parler… Ah zut ! Big big boss, qu'est-ce qu'il me veut encore… Allez bisous, on se voit à La Rochelle en juillet de toute manière…

Lui : - Tchao… Et au boulot ! (*il raccroche*)

Elle : - Tu recommences ! Plus de tchao, s'il te plaît… Allez bisous… Je suis sûre qu'il en est…

Lui : - Même ton frère tu te le demandes, alors !

Elle : - Oui, mais mon frère c'est différent, c'est toi qui me l'as dit, il a été trop couvé par *maman est folle*…

Lui : - Peut-être qu'il a aussi eu sa *maman est folle*… Après tout s'il veut rencontrer ton frère !

Elle : - Tu as déjà été avec un mec ?

Lui : - Comme si !

Elle : - Ah, parce que passer après un mec, ça je pourrais pas… *C'est génial !*… En tout cas on en dira pas autant de ses musiques, c'est tout le temps la même chose.

Lui : - Mais bon, si ça fait un CD, il faut bien un début, avoir quelque chose à montrer, pouvoir dire la musique est classique, la voix pas terrible…

Elle : - Surtout si c'est la vieille qui chante.

Lui : - Mais non, elle s'amuse, elle est trop occupée avec son mari, ses enfants et le karaoké.

Elle : - Alors, qui va les chanter ?

Lui : - Quand ça sera prêt, comme il a du fric, on trouvera bien une interprète.

Elle : - C'est qui, dix-neuf ans, blonde, cristal de j'sais plus quoi, un physique ?

Lui : - Toutes les grandes réussites artistiques passent par le bluff. Il me croit, il va bosser. Il va bosser, mes textes auront des musiques, seront de vraies chansons. Et pendant ce temps je vais écrire des textes pour les autres. Ils veulent du gnangnan, ils vont en avoir. Dès qu'on va à Cahors j'achète un dictionnaire de rimes ! Je peux faire aussi gnangnan qu'eux !

Elle : - Gnangnan, tu veux dire des belles chansons d'amour ?

Lui : - Cent, pas une de plus ! Je serai le stakhanoviste de la chanson !

Elle : - Recommence pas avec tes mots compliqués... Si je te connaissais pas d'avant je croirais que c'est Cabrel qui t'a tourné la tête.

Lui : - Stakhanoviste, il doit penser que c'est l'avant-centre d'une équipe Russe !

Elle : - En tout cas je vois que tu es un sacré baratineur quand tu t'y mets, il a tout gobé ! J'espère que tu n'es pas comme ça en amour ! Enfin, je te donne pas tort, parce qu'avec lui tu es mal parti ! Tu crois qu'il va le sortir son fric ? En plus il m'a l'air radin.

Lui : - L'important c'est d'avancer, avoir des projets !

Elle : - Et si ça marche pas tout de suite, tu vas pas te décourager ?

Lui : - Personne ne m'attend. C'est à moi de m'imposer. Personne n'attend personne. Ceux qui progressent sont ceux qui continuent... Continuer malgré l'échec, c'est là le secret, toujours viser plus haut... L'histoire ne retient que les exceptions. Il faut être l'exception... Le talent, dans la chanson, c'est du travail et de l'obstination. Mais je vais écrire un succès, t'inquiète pas, c'est décidé !

Elle : - Ça rapporte combien un succès ?

Lui : - Un château chauffé !

Elle : - Je croyais que tu t'en foutais de l'argent !

Lui : - L'argent oui… La mesquinerie d'amasser miette par miette, mais celui qui peut faire le grand saut, pourquoi s'en priver ?

Elle : - Mais ce que tu viens de me dire là, tu crois que tu es le seul à le penser ?

Lui : - Qui d'autre verrait ainsi la vérité ? Et ceux qui réussissent préfèrent la maquiller pour garder le secret, préfèrent s'autoproclamer « un peu médium », comme si leurs gnangnanteries venaient d'une autre galaxie ! Ils sont tous accros à la télévision, ils écoutent même religieusement le baratin des attachées de presse.

Elle : - Alors tout le monde peut réussir à écrire des chansons ?

Lui : - Faut quand même pas exagérer ! Mais celui qui veut porter un masque sera condamné à le porter, sauf s'il est assez fort pour un jour dire « stop. »

Elle : - Là j'ai pas suivi.

Lui : - Je t'expliquerai un jour… Allez, va au froid, je t'expliquerai devant des tartines. Et crois en moi !

Elle, *convaincue* : - Oui mon amour.

Elle se lève… Bonnet, écharpe, pull… Et sort

Lui : - Un masque ! Porter un masque… Révéler la théorie du masque… Mais pas au point de confier la vérité quand même !
La vérité… La vérité, tu parles, qui oserait avouer la vérité ?
Qui oserait avouer tout ce qu'il faut faire pour avoir trois chansons retenues le samedi soir…
Mais celui qui ne joue pas le jeu n'en a qu'une… Alors !…
Connard de compositeur va… Parce qu'il est ingénieur, parce que ses parents croulent sous le fric, il se croit compositeur, parce qu'il arrose des crétins on lui sourit… Et on me sourit !
Qui peut être dupe de ça ?…
Mais il faut révolutionner ce monde…
Ah internet, si je m'y connaissais en informatique, c'est sûrement la solution… Sinon c'est trop verrouillé…
Avoir cent chansons, être connu, et après donner un coup de pied dans la fourmilière, ils ne m'auront pas… Ils croient m'avoir…
Avec leurs magouilles jusqu'aux…

Je devrais peut-être me mettre à l'informatique…

J'arrive trop tard ou trop tôt… Celui qui saura utiliser internet… Les crétins ne vont pas le rater… Celui-là, je lui tire mon chapeau s'il arrive à percer dans la chanson sans faire la pute…

Bon il me faut cent textes chantés… Peu importe le niveau, peu importe qui ! Je suis Rastignac aux pieds d'Astaffort. Après je ferai comme je voudrai, je fixerai les règles. Il me faut payer le prix de ma liberté… La liberté ! Ah !… (*il rêvasse*)

Elle ouvre la porte, passe la tête.

Elle : - Alors, et ces chansons gnangnantes, je les attends !

Elle lui lance le pain.

Elle : - Trois tartines… Regarde mon nez ! Gelée que je suis. Les mois se suivent et se ressemblent.

Elle referme la porte.

Lui : - Les années aussi, parfois ! Mais courage ! Le succès n'a jamais été aussi près !

Il prend le plateau à côté du lit, un couteau… Tout en poursuivant ses réflexions…

J'ai encore rêvé d'elle ! Elle est belle, rebelle, spirituelle, intellectuelle. Mais si elle n'était pas intègre, jamais je ne l'aurais aimée au point de lui susurrer : je veux être l'homme de ta vie. Bon, ça rime pas ! Mais je trouverai sûrement la rime avant la femme.

Il rêvasse…
Elle arrive doucement, le regarde, surprise.

Elle : - Ça va ?

Lui, *surpris* : - Oui !… Pourquoi ?

Elle : - J'avais oublié que chaque matin je te retrouve dans cet état… A quoi tu penses ?

Lui : - Tu crois que ça s'écrit tout seul des chansons !

Elle pose le plateau sur le lit.

Elle : - Tu pourrais dire merci.

Lui, *mécanique, encore dans ses visions* : - Merci mon amour.

Elle : - Neuf jours sans personne pour faire mes tartines, ça m'a manqué !

Il croque dans sa première tartine, et le petit-déjeuner débute.

Elle : - Et toi, ça t'a manqué qu'on t'apporte pas ton p'tit déj au lit ?

Lui : - Mais on me l'apportait !

Elle : - Dix-neuf ans, un physique ! Arrête, sinon je vais me poser des questions. Tu sais que j'ai confiance en toi… Mais faut pas me dire des conneries sinon ça va tourner dans ma tête et je vais finir par croire que tu m'as trompée.

Lui : - Pourquoi tu déjeunes pas simplement, en profitant de l'instant. Carpe Diem ! Profite de l'instant présent.

Elle : - Oh, tu es vraiment trop calme ! Tu as toujours été comme ça ?

Lui : - Je plains celles et ceux qui croient les chansons à la con

Elle : - Qu'est-ce que tu veux dire ?

Lui : - Celles et ceux qui pensent, par exemple, que ça ne change pas un homme !

Elle : - *Maman est folle,* elle a dit, c'est bien vrai ça, un homme, ça change pas, c'est jamais mature.

Lui : - Mais personne ne t'oblige à la croire !

Elle prend une publicité à côté du « lit », la lui tend, la pose finalement entre eux.

Elle : - Tiens, tu t'es fait avoir avec ta perceuse, là elle est moitié prix.

Lui : - Mais c'est pas la même qualité.

Elle : - Tu t'y connais en perceuses, maintenant ?

Lui : - Non, mais j'aime pas l'idée de m'être fait avoir !

Elle : - Tu vas te laver après ?

Lui : - Tu rigoles !

Elle : - Moi je me suis lavée hier…

Lui : - C'est cher pour ce que c'est, mais on a au moins le

chauffage à Astaffort... J'ai pris de l'avance pour trois mois ! Chaque jour deux douches.

Elle : - Ah, le rêve ! Tu vas le dire à ta sœur, trois dans la salle de bains.

Lui : - Trois dans la salle de bains !... Tu as invité les vieux quand j'étais chez Francis ?

Elle : - Arrête, trois degrés... Et puis dis pas chez Francis comme si tu étais son pote !

Lui : - Je l'ai vu sans maquillage tu sais ! Et j'ai mangé à sa droite de la viande de supermarché. C'est pas Jean-Paul Sartre ! Même avec des lunettes.

Elle : - Me parle plus de celui-là, tu vois j'ai retenu son nom ! Tu aimerais pas qu'elle vienne vivre par ici ta sœur ?

Lui : - Parle pas de malheur !

Elle : - Pourquoi ? Elle est gentille ta sœur.

Lui : - Il faut fuir la famille et les gens tristes.

Elle : - Alors on se retrouve tout seul.

Lui : - Parfois on a la chance d'être deux. Si on rencontre l'âme sœur. « *Les âmes sœurs finissent par se trouver quand elles savent s'attendre* » a écrit Théophile Gautier. (*il plane un peu, ailleurs*) L'amour dans la sérénité quoi.

Elle : - Tu crois que l'amour ça résiste au froid ?

Lui : - L'amour... L'amour... C'est quoi l'amour ?

Elle : - Je t'aime moi !

> *Elle le regarde en attendant au moins « moi aussi je t'aime. »*

Lui : - Ça ferait trop téléphoné si je te répondais, moi aussi !

Elle : - Tu aurais pu me téléphoner plus souvent !

Lui : - Ça fait pas encore cent quatorze fois que tu le déplores !

Elle : - Tu me parlais pas comme ça à Douai.

Lui : - Tu ne te souviens déjà plus comment c'était ! Il fallait aller à l'hôtel pour enfin ne pas avoir quelqu'un sur le dos ! Quand ta mère nous disait « restez-là, au moins ici c'est gratuit », il fallait qu'elle nous emmerde jusqu'à plus de minuit. Son gros nous assommait avec ses lectures financières qu'il ne comprenait jamais et ton frère détaillait ses prétendus exploits sexuels jamais confirmés pas son monstre.

Elle : - Les gens normaux ne se parlent pas comme ça, si ?

Lui : - Tu as dit « les gens normaux. »

Elle : - Bin oui, les gens qui travaillent, qui rentrent, mangent, regardent la télé et vont se coucher.

Lui : - C'est une analyse sociologique que tu me fais là !

Elle : - Quoi ?

Lui : - Tu as toujours vu les gens vivre comme ça ?

Elle : - *Maman est folle*, à chaque fois qu'elle a eu un homme, c'était comme ça… Et chez l'oncle c'est pareil... C'est quoi de ton truc de philosopher ?… Tu as appris ça où ?

Lui : - Dans les livres… Et il faut toujours essayer de vivre ce qui est écrit dans les meilleurs livres !

Elle : - Ah ! La vieille elle m'a dit, ça sert à rien que tu ailles voir Nino Ferrer, ça fait au moins vingt ans qu'il fait plus rien.

Lui : - Elle t'a dit qu'il ne fait plus rien !

Elle : - Oh si, il fait des trucs, mais c'est nul, ça marche pas. Il a de la chance d'avoir fait des trucs bien avant alors il vit sur ça.

Lui : - Des trucs bien ? *Gaston* et les *Cornichons* ?

Elle : - C'était avant de vivre par ici. Peut-être que le climat est pas bon pour la chanson. De toute façon quand on le voit à la télé c'est que pour ça…

Lui : - Ça doit être drôle mais les gens ne le comprennent pas et lui non plus sûrement : le présentateur lance une image d'archive et ensuite interviewe un mec ressemblant vaguement au jeune dynamique, un mec qui pourrait être le grand-père du type qui chantait les *cornichons*. Etre prisonnier de son image ! Porter un masque à vie !

Elle : - En plus elle a dit qu'il peint… Un chanteur peindre ! C'est vraiment que la chanson ça marche plus.

Lui : - Pour une fois qu'un guignol de variété a la volonté de ne pas se copier, de grandir un peu, de sortir de l'adolescence, de créer vraiment, de chercher. Mais visiblement pas au point de poser son vieux masque !

Elle : - En tout cas, ça marche pas... Regarde Cabrel, c'est tout le temps la même chose mais ça marche !

Lui : - Mais nous n'avons qu'une vie ! Si c'est pour la passer avec le masque d'un succès de potache !

Elle : - En tout cas, je suis sûre que Cabrel il a plus de sous que Nino Ferrer.

Lui : - C'est le critère de qualité actuel !...

Elle : - Au moins il en profite, il a un vrai château, et bien chauffé je suis sûre.

Lui : - Mais dans cent ans il ne restera rien de ses ritournelles.

Elle : - Si c'est pour avoir du succès quand on est mort, ça sert à rien...

Lui : - Je te rassure, il ne restera rien non plus de l'autre, art mineur.

Elle : - J'ai pensé, pendant que tu étais là-bas...

Lui : - Et ne t'arrête surtout pas !

Elle : - J'ai pensé, pourquoi tu prends pas des cours pour écrire des chansons ?

Lui : - Des cours !

Elle : - Oui, je me suis souvenue, un jour j'ai vu à la télé un mec qui donne des cours, il paraît qu'il a écrit plus de cinq mille chansons lui, et après il suffit d'une heure pour écrire une chanson. Ça doit être pour les gens comme toi, qui restent des journées à tourner en rond.

Lui : - En une heure, tu crois que ça donne quoi ?

Elle : - Bah, des chansons. Lui en a écrit cinq mille... Des trucs connus, je sais plus quoi, mais des trucs vraiment connus.

Lui : - Les cours... Ça ne se donne pas... C'est l'auteur qui doit les prendre, en lisant, en écoutant, en réfléchissant...

Elle : - C'est pour ça que tu fais compliqué !

Lui : - Ne t'inquiète pas, il va exister, être chanté, l'auteur seul en face du monde, seul en face de Créon, il sera l'Antigone sans silicone.

Elle : - Créon, c'est le surnom de Cabrel ?

Lui : - Un jour, si tu as le temps, tu liras Antigone.

Elle : - J'aime pas non plus les bandes dessinées.

Lui : - Pourtant Jean Anouilh dessinait bien.

Elle : - Le jockey ?

Lui : - Non, son frère.

Elle : - Il n'a jamais parlé de son frère Léon Zitrone.

Lui, *il la regarde étonné* : - Tu l'as fait exprès ?

Elle : - Quoi ? J'ai dit une connerie ? Léon Zitrone, tu regardais la télé quand tu étais plus jeune, c'est lui qui commentait les courses de chevaux et les mariages des reines.

Lui : - Avec les rois ?

Elle : - J'sais pas… Bin oui, tu vois, à force que tu m'poses des questions comme si j'étais à la télé, j'sais plus c'que j'dis… Tu me stresses !… Qu'est-ce que j'ai fait exprès ?

Lui : - Antigone / Silicone / Zitrone

Elle : - Alors, c'est bien, tu devrais m'embrasser quand je dis quelque chose de bien.

Lui : - J'ai trop d'avance !…

Elle : - Trop d'avance ?

Lui : - Laisse, je te raconterai…

Elle : - J'ai remarqué, y'a pas qu'avec moi que tu te moques. Tu te prends pour un génie ! C'est une maladie ça, non ?

Lui : - *« Un génie ? En ce moment cent mille cerveaux se voient en songe génies comme moi-même et l'histoire n'en retiendra, qui sait ? même pas un ; du fumier, voilà tout ce qui restera de tant de conquêtes futures. »*

Elle : - On voit que tu es un fils d'agriculteur, de bouseux comme on dit chez nous, tu parles toujours de fumier.

Lui : - Mais non, je te citais Pessoa.

Elle : - Tu pourrais citer autre chose qu'un mec qui picolait.

Lui : - Tu sais que Fernando Pessoa picolait !

Elle : - *Maman est folle* en a acheté une bouteille… Même que tu as aimé.

Lui : - Une bouteille ?

Elle : - Bin oui, c'est rouge et ça se met dans du jus d'orange.

Lui, *qui éclate de rire* : - Pessoa. Fernando Pessoa.

Elle : - Pourquoi, c'est pas le même ?

Lui : - Passoa, dans le jus d'orange !…

Elle : - Ah !

Lui : - Je pourrais même pas en faire une chanson. Si j'écrivais du théâtre ce serait une bonne réplique… Quoique, on accuserait l'auteur d'avoir voulu ridiculiser l'absence de culture poétique !…

Elle : - Ah, tu n'as qu'à mieux articuler… Je te l'avais dit que je suis pas une intellectuelle.

Lui : - Ahhhh !

Elle : - Quoi Ahhhh ! Tu regrettes déjà de m'avoir choisie pour le meilleur et pour le pire comme dit *maman est folle…*

Lui : - Sans alliance…

Elle : - Tu me demanderas en mariage un jour ?

Lui : - Je croyais que tu étais contre.

Elle : - Oh, pas tout de suite… Pour les enfants, tu crois pas que ce serait mieux…

Lui : - *Je ne suis rien. Jamais je ne serai rien. Je ne puis vouloir être rien. Ceci dit, je porte en moi tous les rêves du monde*

Elle : - C'est de toi ou de l'autre ?

Lui : - L'autre… *Ah, c'est l'amour qui est essentiel !… L'homme n'est pas un animal mais une chair intelligente, quand bien même il lui arrive d'être malade.*

Elle : - Je préfère quand tu parles d'amour… Mais tu crois qu'il va falloir attendre l'été pour le refaire vraiment… Parce qu'avec nos pull-overs…

Lui, *pour le public* : - Dose… Déjà !

Elle : - Alors quand il fera bon, tu me fais un enfant ?

Lui : - Tu crois qu'il fera bon un jour.

Elle : - Tu as toujours la phrase pour pas répondre.

Elle se lève…

Elle : - Tu sais où je vais.

Elle sort

Lui : - Un enfant ! Déjà ! Bon, c'est vrai, plus vite on le fera, mieux ce sera ! Une chanson qui marche, ça rapporte combien ? Et juste après, tu me fais un enfant !

Ah ! Si j'avais rencontré une chanteuse belle rebelle spirituelle intellectuelle intègre ! Astaffort, pas une âme, que des corps !

On a beau avoir chacun sa raison… La mienne est existentielle quand même ! Mais elle !

La certitude de se goinfrer d'une part du gâteau de la chanson !

Existentielle, c'est quand même plus acceptable. C'est même excusable ! Faut m'y résoudre : partir à la recherche de quelqu'un vraiment bien, c'est remettre l'enfant à trop loin… A jamais peut-être ! Quitte à tricher, au moins ne tricher qu'une fois !

Est-ce que tu grandiras avec un peu de ce que la vie m'a appris ?

Ou est-ce qu'elle va se servir de toi comme vengeance contre moi ?… Parce que chez ces gens-là !… (*il sourit*) Alors j'écrirai des chansons pour que tu les apprennes à l'école !

Finalement, ma vie c'est le sud et la chanson ! L'Amour… Ah ! si ça ne dépendait que de moi !

Ah ! Etre vraiment amoureux… Est-ce qu'ils existent les enfants de l'Amour ? Etre vraiment amoureux…

Pas… Ouais… Elle est pas mal… Et après avoir expérimenté toutes les possibilités de l'intimité, toujours penser « J'ai encore quelque chose à découvrir. » Etre vraiment amoureux… Jusqu'à en bafouiller, les idées pas claires à part « je t'Aime. »

Dire pour la vie ou ne pas le dire. Mais que ce soit évident.

Et là, avoir un enfant ! Un enfant de l'Amour.

Elle rentre…

Elle : - Alors, tu écris des chansons en mars, tu rejointes en avril et tu me fais un enfant en mai ?

Il bâille

Elle : - C'est ta réponse ! Arrête tu vas me faire bâiller aussi (*elle bâille*)

Lui : - Un bon bâilleur fait bâiller… C'est donc mon tour d'aller aux toilettes (*il sourit*).

Elle : - Tout ça pour pas répondre… Tu vas revoir ce que c'est de traverser la grande pièce !

Lui : - Mais j'ai mon peignoir.

Il se lève, enfile son peignoir…

Elle : - Le peignoir d'une ancienne !

Lui : - Les objets n'ont pas d'âme… Je garderai même la lampe que tu m'as offerte !

Elle : - Quoi, tu penses déjà à me quitter !…

Lui : - Tu n'as pas d'humour hein !

Elle : - On sait jamais quand tu plaisantes ou quand c'est vraiment pour de vrai.

Lui : - Allez, je te laisse à tes réflexions. C'est quand même mieux que les abdos !

Il sort.

Elle : - Je rentre bien calme, j'y ai pensé pendant une semaine à mon programme ! J'aurais dû ajouter et je te laisse lire le samedi et le dimanche. Pépé allait bien au PMU, lui peut lire.

Je suis sûre qu'il pense déjà à me virer. J'espère au moins qu'il n'a pas rencontré une chanteuse ! Non, il pourrait pas me faire ça. De toute façon *maman est folle* l'avait dit, « hum, tu as pris un trop intelligent, un homme faut pas que ça réfléchisse trop. »

Bientôt qu'il me traitait de bonne pisseuse ! Il croit que j'ai pas compris. Cousin me l'a déjà faite celle-là ! Mais j'ai dit je m'énerve plus.

Mais s'il avait osé ! Ç'aurait été la goutte d'eau qui aurait fait déborder le verre. Y'a des limites quand même ! Et il aurait eu sa première scène de ménage. Ç'aurait peut-être été mieux ! On se serait réconcilié en faisant vraiment l'amour.

Chez *maman est folle* au moins je regardais la télé… Mais bon, maintenant que le frangin est parti, oh non, j'aurais pas supporté…

Tu parles le sud… Et il va vraiment écrire des chansons ! Comme si quelqu'un va chanter ses trucs… Ah ! S'il pouvait faire un truc qui ramène du fric… Bon là il semble décidé à enfin faire comme les autres. Ça doit pourtant pas être compliqué pour lui à faire des trucs comme Cabrel ou Hervé Villard. Même avec du Francis Lalanne, on pourrait refaire la maison, je suis sûre.

Parfois on dirait qu'il s'en fout de moi.

Une fois qu'il a ses bouquins, son stylo et ses papiers.

Parfois j'ai l'impression qu'il me prend pour une conne.

Y'a que son chien qui montre qui m'aime… Heureusement que je suis là pour lui.

Je suis sûre que si ça marche ses chansons, il va me jeter comme une vieille chaussette.

Et si ça marche pas je suis partie pour avoir froid toute ma vie.

Maman est folle avait raison, c'est des égoïstes les intellectuels. Jamais il m'offrirait des roses.

Oser me dire qu'à son institutrice il lui offrait des roses et jamais m'en offrir… C'est pas une excuse l'argent… Il avait de l'argent quand il m'a connue. Ah ! Comme j'ai rêvé… Ah ! Comme j'ai rêvé quand il m'a dit, « on va acheter une maison dans le sud… » Je m'en foutais alors qu'il m'offre pas des roses, il me faisait rêver… En plus, j'aime pas les roses. J'aime que les chrysanthèmes, parce que ça rime avec je t'aime. Moi aussi je suis poète. Mais il paraît qu'il faut pas le dire, qu'on aime les chrysanthèmes, ça porte malheur. Comme de passer sous une échelle.

Maman est folle a raison, il aurait dû mettre la maison à nos deux noms, au moins j'aurais été sûre de le garder.

J'aurais dû oser lui dire. Je croyais qu'il allait le faire. Je suis trop conne ! Peut-être que c'est parce que c'est l'hiver. Ça ira mieux en été… Je me baladerai au moins, et il redeviendra peut-être comme quand on allait à l'hôtel… J'ai besoin qu'on me fasse bien l'amour moi, on dirait qu'il comprend pas !

Allez ma grande, faut le motiver ton homme, qu'il écrive des bonnes chansons… Après la pluie le soleil, comme dit mère-grand.

> *Elle reste pensive*
> *Il rentre… Revient s'installer sur le lit…*

Lui : - Qu'est-ce qui ne va pas ?... Tu as l'air pensive... (*souriant*) Souvent ça ne te réussit pas !

Elle : - Moque-toi, avec tes chaussettes ! Tu exagères, tu pourrais mettre des chaussettes pareilles... (*il a donc des chaussettes dépareillées*) Tu feras un effort au moins quand *maman est folle* sera là.

Lui : - Ah ! Comme le conseillaient déjà les grands philosophes stoïciens... Il faut toujours prendre les chos... ettes comme elles viennent !

Elle, *indifférente à cette saillie* : - Partir dans le sud pour dormir avec des chaussettes !

Lui : - Elle dort avec des chaussettes
Parce qu'elle a trop froid
Avec des socquettes
C'est pas la joie
Peu importe le temps
Elle râle comme un éléphant...
Tu vois, j'essaye d'écrire une chanson sur toi... Cent chansons à la con, et viva la liberté !

Elle : - Éléphant ! Gazelle plutôt je suis ! Tu aimes bien te moquer de moi, tu es un moqueur ouais. Tu appelles ça une chanson d'amour... C'est pas toi qui dirais « ma femme m'inspire toutes mes chansons. »

Lui : - Parce que tu le crois !

Elle : - Pourquoi, tu crois qu'il a une femme dans chaque port ?... Tous les mêmes, les hommes, dès qu'ils ont de l'argent, leur femme leur suffit plus.

Lui : - Comme dit *maman est folle*.

Elle, *souriant* : - Ah ! Tu l'as déjà entendue dire ça.

Lui : - Non, elle a jamais osé devant moi, elle sait bien que j'aurais trouvé une réponse pour la ridiculiser...

Elle : - Bin alors, comment tu sais que ça vient d'elle ?

Lui : - Dis-toi que c'est la transmission de pensée.

Elle : - Tu y crois à ces trucs-là ?

Lui, *joignant les mains style bouddhiste* : - Lumière, sérénité, intégrité.

Elle : - Arrête, si je te connaissais pas je te prendrais pour un fou, avec tes mots bizarres.

Lui : - Un jour je comprendrai peut-être la quintessence de mes propos.

Elle : - Qu'est-ce que tu veux dire ?

Lui : - Que j'ai du travail pour devenir ce que je veux être.

Elle : - Pourquoi, tu n'es pas bien comme ça ?

Lui, *la voix « asiatique »* : - Celui qui s'arrête au milieu du chemin, c'est qu'il ne mérite pas d'aller plus loin.

Elle : - Arrête, tu vas me faire peur... Non, tu me fais rire... (*elle rit*) Qui est-ce qui t'a appris ces conneries ?

Lui : - Quand on passe ses journées avec des gens exceptionnels, on voudrait au moins mériter leur ombre !

Elle : - Tu passes tes journées avec les araignées, et elles s'en foutent, elles font leurs toiles.

Lui : - Balzac, Proust, Zola, Auster, Stendhal, Kundera, Modiano, Kafka, Le Clézio...

Elle : - Mais ils sont morts tes gens exceptionnels !

Lui, *souriant* : - Tous plus vivants que les pantins de naphtaline ! Plus je côtoie les gens, plus je me sens des affinités avec les personnages des romans ! Etienne Lantier, Fabrice del Dongo, Daniel D'Arthez, Docteur Pascal, mes frères, mes guides !

Elle : - Qu'est-ce tu en as à faire des idées des autres... Si tu as des idées tu les écris, sinon moi aussi je peux le faire de recopier les idées des autres (*il joint les mains style Bouddhiste*). En tout cas, aujourd'hui, tu n'as plus d'excuse avec ton dos !

Lui : - Astaffort m'a rendu plus fort !

Elle : - Tu vois, tu peux faire de l'humour. Pourquoi tu écris pas plutôt des sketchs, ça doit bien payer aussi... Alors, j'ouvre les volets !

Lui : - Tu vois, tu peux prendre une bonne initiative.

> *Elle va retirer la couverture, ouvrir la fenêtre, les volets, en commentant.*

Elle : - Tu aimes bien me regarder travailler !... Oh, on dirait qu'il va faire beau... Il fait moins froid dehors que dans la cuisine.

Lui : - Tu vois, il ne faut jamais désespérer… Du temps !

Elle : - La vieille est déjà sur sa terrasse, elle me voit pas… Tu sais qu'elle est encore plus myope que le boulanger mais elle dit que ça la vieillirait des lunettes, alors elle veut pas en porter… Je vais essayer d'allumer toute seule le feu mais pendant ce temps-là tu m'écris une chanson avec plein plein de « je t'aime » dedans ! Allez, je te laisse… « travailler. »

Elle l'embrasse, prend son manteau… Et sort.

Lui, *voix très grave* : - Personne n'est à l'abri. De passer sa vie. Avec quelqu'un de si différent. Qu'il déteint forcément.
(joie soudaine) Mais si je fais les choses que j'aime vraiment, je finirai forcément, par croiser les gens, qui comme moi veulent vivre autrement… *(perplexe)* Vais-je y parvenir ?… Ah ! Vivre d'Art et d'Amour !…

Une grande pause avant sa référence finale à Bertolt Brecht :

Est-ce qu'elle va m'inoculer la graine féconde
D'où surgit la bêtise humaine qui nous inonde ?

Elle passe la tête à la porte.

Elle : - Alors glandeur, tu viens allumer le feu, il veut pas démarrer, le papier est trop humide. Deux degrés dans la cuisine. Glandeur, je suis contente de ma trouvaille…
Puis arrête de te casser la tête, écris des chansons simples avec plein de « je t'aime »… Au moins on aura des sous ! *(très contente d'elle)* Allez glandeur, viens allumer le feu à ta petite chérie.

Elle repart. Il reprend.

Lui : - Est-ce qu'elle va m'inoculer la graine féconde
D'où surgit la bêtise humaine qui nous inonde ?

Rideau -Fin

Vous souhaitez jouer cette pièce ?
Contactez Stéphane Ternoise sur : http://www.ternoise.fr

Sketchs de l'Amour

J'ai essayé Meetic

J'ai essayé Meetic... car j'avais cru au « tu cliques et tu... » très romantique.

Mais Meetic... tu cliques... et tu te prends une première claque : faut sortir ton fric.
Tu claques ton fric... et t'as le droit d'écrire au bétail... heu... meuh !... heu... aux femmes en attente du grand Amour...
T'envoies 150 messages identiques.
Du genre « salut, ton profil... nana nana... dès que tu veux je t'enfile »... non, tu as résisté à cette envie de montrer ton talent poétique et a supprimé cette rime profil - enfile...

Tu reçois huit réponses.
Dont trois propositions de rencontres immédiates... de rencontres tarifées.

Parfois c'est tentant, alors bon, pour une fois, tu claques encore du fric tout en continuant l'échange avec les cinq femmes romantiques...
T'essayes de briller dans un dialogue original avec ces 5 ravissantes femmes qui prétendent s'être inscrites pour enfin trouver l'amour de leur vie.
Car tu sais bien qu'elles ont d'autres prétendants.
Finalement, un samedi soir, tu as rendez-vous... pas avec la plus mignonne certes.
Elle a accepté une invitation au restaurant.
Bon, tu t'étais fixé un budget pour rencontrer le grand amour alors ta carte bancaire peut se le permettre.

Tu arrives le premier au restau car les femmes doivent se faire attendre et soudain, grand sourire, arrive vers toi une... disons une femme.

Elle t'appelle par ton prénom avec un grand sourire.

Là tu cherches la bonne réplique.

- Votre fille est malade ?

Elle te répond que tu as de l'humour, toi, mais que toi non plus tu n'es pas aussi bien que sur la photo au bord de la mer qui date des vacances 2006.

Tu penses : si c'est vraiment elle, c'est une photo de 1980 et elle a connu bien des soucis.

Bref, tu te sens piégé. Mais elle te dit que le premier regard physique n'est pas le plus important, qu'elle est plutôt du genre cougar, qu'elle aime les jeunes hommes.

À ton âge, être encore appelé jeune homme, ça flatte.

Mais tu ne peux pas t'empêcher de penser que même avec la retraite à 67 ans, elle est plus du pôle emploi.

Et finalement, comme tu ne veux pas avoir l'impression d'avoir perdu ton argent, t'acceptes pour une soirée de devenir le toy boy d'une cougar.

Tu te sens tout bizarre quand tu rentres chez toi avec ton chien qui a gratté la porte car tu avais oublié de lui remplir sa gamelle de croquettes. En plus faudra changer la porte !

Et là c'est évident : la rencontre tarifiée t'avait coutée moins cher.

Ça y est, j'ai de nouveau des soucis avec ma compagne officielle.

Ma starlette m'accuse déjà de ne penser qu'à une partie de son anatomie.

Et ça n'a pas arrangé mes affaires, quand pour belle réponse tendre et amoureuse, je lui ai, avec un sourire ravageur, et un accent aux intonations italiennes qui lui donnaient, les premiers jours, les larmes aux yeux, selon sa propre expression. Je lui ai susurré, armé de ma panoplie de grand séducteur : « tu sais bien, je t'aime beaucul... »

Tout de suite elle est montée sur ses longs cheveux, ses grands chevaux.

Elle le sait pourtant que ma langue fourche fréquemment. Beaucoup beaucul... c'est vrai qu'elle a un... beau corps.

C'est quand même pour cela que je l'ai draguée. Après j'ai découvert, naturellement, sa merveilleuse intelligence de jeune femme qui rêve d'une carrière d'actrice après avoir tenté celle de mannequin.

Voilà, elle est fâchée. J'ai essayé les roses, le diner en tête à tête... comme c'est barbant !... J'ai tout essayé et il faut que je trouve une solution... je l'aime beaucul...

La maîtresse de ma fille

Ma fille est au CM2. Chaque matin je vais la conduire à l'école et chaque soir je l'attends derrière la grille. J'aimerais tant que sa maîtresse devienne la mienne.

Les femmes affabulatrices

Les femmes ! Le pire c'est de tomber sur une femme affabulatrice, du genre "les douleurs des règles."
Quand même, si ça existait vraiment, on le saurait !
Vous avez déjà entendu un homme marmonner sur "les douleurs des règles" ?
Tout ce qui est vraiment grave est universel :
Le cancer, le sida, le communisme, alors qu'on ne vienne plus me causer des règles !

Saint-Valentin des humains

À la Saint-Valentin... enrichissez les magasins...
Non, les magasins ne peuvent pas oser ce slogan...
Alors ça donne, à la Saint-Valentin, offrez un diamant, du parfum,
du champagne...
À la Saint-Valentin, soyez humains, faites l'amour pas les
magasins !

Chansons

Si je parle de toi un jour

Y'aura toujours
Des vibrations suspectes
Si je parle de toi un jour
Sache comme je te respecte
Sache au moins
Que du chagrin
Il n'en vient
Que du... toujours un peu plus humain
Toujours un peu plus humain
Un peu plus martien

T'as pas voulu entrer dans cette histoire
Que j'avais rêvé devant mon miroir
T'as pas pu pas voulu y croire
T'as fini par dire " au revoir "

Je peux te chercher des tonnes de raisons
Souvent je m'étonne de ta décision
Je joue parfois d'la dérision
Je vais jusqu'à m' traiter de con

Y'aura toujours
Des vibrations suspectes
Si je parle de toi un jour
Sache comme je te respecte
Sache au moins
Que du chagrin
Il n'en vient
Que du... toujours un peu plus humain
Toujours un peu plus humain
Un peu plus martien

Un junkie de l'Amour

J'suis qu'un junkie de l'Amour
J'vois plus passer les jours
Pas de méthadone
Quand l'Amour t'abandonne
La lumière on l'a vue
T'en est revenue
Ça peut durer cent-vingt-cinq saisons
Une cure de désintoxication

J'suis qu'un junkie de l'Amour
Qui rime encore toujours
Pauvre type en manque
Qui se pique à l'encre
Renifle ton caraco
Carbure au Porto
Comment veux-tu qu'ça aille Lorelei
Depuis qu'tu vois dans mes yeux la paille

J'suis qu'un junkie de l'Amour (ter)

J'ai mes visions mes délires
Je fixe nos souvenirs
Ma Lescaut câline
J'ai l'accès céleste
Toi t'aimes ta p'tite névrose
Tu veux une pause
C'est plus facile d'être l'égérie
Que de gérer vraiment sa vie

J'suis qu'un junkie de l'Amour
J'vois plus passer les jours
Pas de méthadone
Quand l'Amour t'abandonne
La lumière on l'a vue
T'en est revenue
Comment veux-tu qu'ça aille Lorelei
Depuis qu'tu vois dans mes yeux la paille
J'suis qu'un junkie de l'Amour (ter)

494

Quand on a fini d'aimer

Quand on a fini d'aimer
Quand on sait que l'amour
Se conjugue au passé
On regarde passer les jours

Quand on a fini d'aimer
On cherche la solution
Pour au moins pas pleurer
Pour éviter les questions

Quand on a fini d'aimer
Non on ne peut maudire
On n'peut que regretter
Et aimer ses souvenirs

Quand on a fini d'aimer
On nous croit misogyne
Ou un peu névrosé
Ou bien pire que Marylin

Quand on a fini d'aimer
On n'est plus de ce monde
On a b'soin de planer
Qu'une ombre nous réponde

Quand on a fini d'aimer
Qu'on soit consommateur
Ou qu'on reste enfermé
On tremble quand passe le facteur

Quand on a fini d'aimer...
quand c'est fini d'aimer...
quand c'est fini d'aimer
parfois y'a plus qu'à chanter

Si seulement sexuellement

Si seulement sexuellement
C'était moins souvent
Faire semblant
J's'rais moins souvent
Comme tu dis... distant

Quand ils ont tous foutu le camps
Les jours enivrants
Envoûtants
Chacun attend
Et l'on perd... son temps

Quand y'en a plus de sentiments
Et qu' sexuellement
C'est néant
Pour les enfants
On reste trop... longtemps

Si seulement sexuellement
C'était moins souvent
Faire semblant
J's'rais moins souvent
Comme tu dis... distant

On partage tout...

On signe rien, on s'offre des roses
On partage tout et pas grand-chose
Ça dure le temps qu'on s'amuse
Que ça use, que l'un ruse

Eh oui, nous vivons plusieurs vies
Une belle histoire, une grande déprime
Et un jour elle revient l'envie
De chercher à l'amour... des rimes

Notre exigence d'un peu de magie
Ne plaît pas à tout le monde
On sent poindre des nostalgies
Se répandre de mauvaises ondes

C'était l'bon temps, quand les parents
Ou plutôt le chef de famille
Avec un autre chef de sa ville
Figeait le destin des enfants

Mais nous, nous vivons plusieurs vies
Une belle histoire, une grande déprime
Et un jour elle revient l'envie
De chercher à l'amour... des rimes

On signe rien, on s'offre des roses
On partage tout et pas grand-chose
Ça dure le temps qu'on s'amuse
Que ça use, que l'un ruse

Alors plutôt pas insister
Quand Cupidon a déserté
Ça dure le temps qu'on s'amuse
Que ça use, que l'un ruse

Eh oui, nous vivons plusieurs vies
Une belle histoire, une grande déprime
Et un jour elle revient l'envie
De chercher à l'amour... des rimes

Les jours sans amour

Les jours
Sans amour
Au moins
Ne pas perdre sont temps
Avec quelqu'un
De si différent
Qu'il déteint
Forcément

Les jours
Sans amour
Ecrire
De bonnes résolutions
Enfin détruire
Les pires illusions
Et franchir
Quelques ponts

Les jours
Sans amour
Vivre
Pour le mieux chaque instant
Avec les livres
Vaguer doucement
Vers les rives
Du bon temps

Qu'une fois

On parle de l'Amour
Qui ne serait plus
Qu'une vulgaire chasse à courre
Un jeu pratiqué nu
On joue à l'amour

On dit grand amour
Quand on a trop bu
Ou qu'on reste plus d'huit jours
En étant convaincu
Que c'est pour toujours

Mais les rues sont pleines
De gens qui comme moi
N'ont dit qu'une fois
"Tu sais, je t'aime "
> *Qu'une fois ou j'ai oublié…*
> *Qu'une fois*
> *Je te jure… aussi intensément*
> *Aussi spontanément*

On paye pour l'amour
Comme on paye partout
Faut attendre son tour
Y'a d'quoi être jaloux
Des plus grands vautours

C'est qu'un mot " Amour "
Qui a survécu
Parfois de bon secours
Quand on est à l'affût
Pour gagner l'concours

Mais les rues sont pleines De gens qui comme moi
N'ont dit qu'une fois "Tu sais, je t'aime "
> *Qu'une fois ou j'ai oublié…   Qu'une fois Je te jure…*
> *aussi intensément… Aussi spontanément*

D'art et d'amour

D'art et d'amour
vivre
j'ai dit un jour
qu'on pouvait vivre ainsi
vivre libre comme dans un livre
qu'on pourrait vivre aussi
cette grande utopie

Pour ma vie
J'ai pris le pari
De l'art et de l'amour
De l'art et de l'amour

L'art et l'Amour
suivre
j'y crois toujours
j'en ai toujours l'envie
suivre le chemin qui enivre
quand c'est comme ça la vie
pas de monotonie

Pour ma vie
J'ai pris le pari
De l'art et de l'amour
De l'art et de l'amour

Si tu fais les choses que tu aimes vraiment

Tu te désespères
Tu te dis
Personne pense comme moi
Personne pour s'entendre
Avec moi
Avec moi

Alors tu t'enfermes
Dans tes cris
Tes petites joies
Tu crois comprendre
C'est comme ça
Ici-bas

Mais
Si tu fais les choses
Que tu aimes vraiment
Tu finiras
Forcément
Pas croiser les gens
Qui comme toi)
Veulent vivre) bis
Autrement)

Si je fais les choses
Que j'aime vraiment
Un jour viendra
Forcément
Je crois'rai les gens
Qui comme moi)
Veulent vivre) bis
Autrement)

Tu vois plus personne

Tu grossis
Tu te dis parfois
A quoi bon attendre
Rester-là
Rester-là

Par terre tu t'allonges
Tu t'ennuies
Un livre traîne-là
A quoi bon apprendre
Tu vois pas
Non pourquoi

Mais
Si tu fais les choses
Que tu aimes vraiment
Tu finiras
Forcément
Pas croiser les gens
Qui comme toi)
Veulent vivre) bis
Autrement)

Si je fais les choses
Que j'aime vraiment
Un jour viendra
Forcément
Je crois'rai les gens
Qui comme moi)
Veulent vivre) bis
Autrement)

Mac électronique

Des millions d'inscrits
Ils font tout pour que t'en sois aussi
Inscris-toi c'est gratuit
Et les plus belles nanas
Les plus beaux gars
Seront sur ton écran
Comme c'est... tentant
Seront qu'à quelques clics
Comme c'est magique
Mais pour les contacter
Faut sortir ton fric
Faut le payer
Le mac électronique

Mac électronique
Quel beau métier !
Technique bien rodée
Avec la carte bancaire
Plus d'billets à froisser
Aucune main sale à toucher
Le mac électronique
N'en veut qu'au fric
Après c'est plus ses affaires

Mac électronique
Dans les médias n'ont qu'des bonnes critiques
Z'ont la formule tragique
Achètent des pages de pub
Et nous entubent
Faut vivre avec son temps
Comme c'est... charmant
Y'a forcément quelqu'un
Qui te convient
Dans ta ville ou pas loin
Ça mérite bien

Quelques euros
Pour envoyer un mot…

Mac électronique
Quel beau métier !
Technique bien rodée
Avec la carte bancaire
Plus d'billets à froisser
Aucune main sale à toucher
Le mac électronique
N'en veut qu'au fric
Après c'est plus ses affaires

Choisis tes critères
Et comme du bétail en un éclair
Des photos belles tu l'espères
Seront là devant toi
Déjà à toi
Pourquoi pas phantasmer
Copier coller
C'est l'début d'l'aventure
Le disque dur
Pour la réalité
C'est pas toujours sûr
Faudra payer
Le mac électronique

Mac électronique
Quel beau métier !
Technique bien rodée
Avec la carte bancaire
Plus d'billets à froisser
Aucune main sale à toucher
Le mac électronique
N'en veut qu'au fric
Après c'est plus ses affaires

Millions d'connectés
Si demain plus un se laisse plumer
Les macs seront ruinés
Même pour les webs poisons
Anti poison
L'annuaire des pseudos
Tout est… cadeau
Il suffit de s'inscrire
On peut s'écrire
Pas d'pub à la télé
Bon plan à se dire
Ce s'rait pas net
D'payer ces proxénètes

Mac électronique
Quel beau métier !
Technique bien rodée
Avec la carte bancaire
Plus d'billets à froisser
Aucune main sale à toucher
Le mac électronique
N'en veut qu'au fric
Après c'est plus ses affaires

Trouver quelqu'un

Le samedi soir
On est tous à y croire
Et en semaine
Parfois on se promène

On dit bonjour
On sourit presque toujours
La bonne humeur
Ses effets sur le cœur

Trouver quelqu'un
Quelqu'un de très très bien
Au moins quelqu'un
Pour être bien
On veut tous trouver quelqu'un
Tenir sa main
Du soir au matin

Même dans un bar
On peut voir un vrai regard
Aux terrasses
Y'a pas qu'du strass

Quand vient l'été
C'est des jours sans s'arrêter
Sur la plage
De nouveaux visages

Trouver quelqu'un
Quelqu'un de très très bien
Au moins quelqu'un
Pour être bien
On veut tous trouver quelqu'un
Tenir sa main
Du soir au matin

Aimez-vous sans préservatif

Aimez-vous sans préservatif
Mais uniquement
Après une prise de sang
Attendez le résultat, en vous regardant
En vous caressant

Sans préservatif
L'Amour est impératif
Si c'est pour le sport
C'est si pour les corps
Alors du latex encore et encore

Quelques jours en apéritif
On a tout le temps
Quand on s'aime vraiment
Parlez-en sereinement, en vous découvrant
En vous appréciant

Sans préservatif
L'Amour est impératif
Si c'est pour le sport
C'est si pour les corps
Alors du latex encore et encore

Aimez-vous sans préservatif
C'est plus enivrant
De se donner vraiment
On se montre patte blanche, séronégatif
C'est impératif

Sans préservatif
L'Amour est impératif
Si c'est pour le sport
C'est si pour les corps
Alors du latex encore et encore

Elle a choisi la trahison

Elle a choisi la trahison
Elle s'est trouvé une bonne raison
On trouve toujours une bonne raison
Quand on veut justifier sa trahison

Elle l'appelait « mon âme sœur »
Se prétendait « femme de cœur »
Belle rebelle spirituelle
Osmose intellectuelle
Elle ressentait sa présence
Dans le cœur dans le bas du ventre
Elle pleure même pas son absence

Elle s'est trouvé une ambition
Elle sera une bizness woman
Entourée de faux supermans
Les yeux fermés c'est bon la distraction

Elle l'appelait « mon âme sœur »
Se prétendait « femme de cœur »
Belle rebelle spirituelle
Osmose intellectuelle
Elle ressentait sa présence
Dans le cœur dans le bas du ventre
Elle pleure même pas son absence

Quand elle connaîtra ma chanson
Elle lâch'ra « encore un vieux con »
Y'a sûr'ment une autre solution
Mais faudrait qu'elle oublie ses vieux démons

Elle l'appelait « mon âme sœur »
Se prétendait « femme de cœur »
Belle rebelle spirituelle
Osmose intellectuelle
Elle ressentait sa présence
Dans le cœur dans le bas du ventre
Elle pleure même pas son absence

508

L'Idée d'une femme idéale

Tu te dis
Qu'elle a trop de défauts
Qu'elle n'est pas assez ceci
Qu'elle est trop cela
La femme serrée dans tes bras

L'idée d'une femme idéale
À l'homme cause bien du mal
Fait souvent passer à côté
De dizaines d'années

Quand parfois
Tu fais chambre commune
Qu'elle tire des plans sur la lune
Tu fais rêve à part
T'es déjà sur le départ

Et t'es fier
De dire j'suis pas un vieux
Je peux trouver nett'ment mieux
Et tu ne vois pas
Qu'elle fait tout c'qu'une femme peut faire

L'idée d'une femme idéale
À l'homme cause bien du mal
Fait souvent passer à côté
De dizaines d'années

Quand l'idée
Tourne et cogne dans ta tête
Le besoin d'une femme parfaite
Tu n'sais plus aimer
Te condamnes à tout briser

Tu te dis
Qu'elle a trop de défauts
Tu cliques Meetic Mi-bistrots
Et tu ne vois pas
Qu'elle fait tout c'qu'une femme peut faire

L'idée d'une femme idéale
À l'homme cause bien du mal
Fait souvent passer à côté
De dizaines d'années

Demain la sérénamour

Tu les brises un par un
Tes embrigadements
Tu vois bien plus loin
Tu n'as pas d'amant

Demain il fera jour
Un éternel été
La sérénamour
La sérénité dans l'Amour

Bientôt tu partiras
Ton âme sœur tu l'as vue
Tu sais qu'dans ses bras
Tu s'ras toujours nue

Demain il fera jour
Un éternel été
La sérénamour
La sérénité dans l'Amour

Tu sais déjà qu'en Toi
Un enfant fleurira
Tu sais qu'sous ses doigts
Ton âme vibrera

Demain il fera jour
Un éternel été
La sérénamour
La sérénité dans l'Amour

Demain il fera jour

St Valentin d'Amour

Ils ont réussi à nous faire croire
Qu'il s'agit d'une faute sentimentale
Si la St Valentin tu la prépares
Sans vider carte bancaire et compte Paypal

À la St Valentin
Finis les magasins
On se prend une journée de congés
Pour marcher pour parler pour s'aimer
On s'offre du temps
On s'offre du bon temps

Si vous rentrez crevés du boulot
Même la sacoche remplie de cadeaux
Ne pourra sauver cette journée foutue
Les heures sans amour c'est du temps perdu

À la St Valentin
Finis les magasins
On se prend une journée de congés
Pour marcher pour parler pour s'aimer
On s'offre du temps
On s'offre du bon temps

S'exténuer durant des journées
S'extasier devant des vitrines
S'exécuter dès la publicité
S'exaspérer de n'être que des pantins

À la St Valentin
Finis les magasins
On se prend une journée de congés
Pour marcher pour parler pour s'aimer
On s'offre du temps
On s'offre du bon temps

Auteur

Stéphane Ternoise

Stéphane Ternoise est né en 1968. Il publie depuis 1991. Il est depuis son premier livre éditeur indépendant.

Dès 2004, il a proposé des livres numériques, en PDF. Mais c'est en 2011 seulement que les ventes dématérialisées ont démarré. Son catalogue numérique (depuis mi 2011 distribué par Immateriel) a ainsi rapidement dépassé celui du papier, grâce à des essais, des livres de photos... tout en continuant la lente écriture dans les domaines du théâtre et du roman. Depuis octobre 2013, et son « identifiant fiscal aux États-Unis », son catalogue papier tend à rattraper celui en pixels.
http://www.livrepapier.com ou
http://www.livrepixels.com

Il convient donc de nouveau d'aborder l'auteur sous le biais de l'œuvre. Ainsi, pour vous y retrouver, http://www.ecrivain.pro essaye de fournir une vue globale. Et chaque domaine bénéficie de sites au nom approprié :
http://www.romancier.net
http://www.dramaturge.net
http://www.essayiste.net

http://www.lotois.fr

Vous pouvez légitimement vous demander pourquoi un auteur avec un tel catalogue ne bénéficie d'aucune visibilité dans les médias traditionnels. L'écriture est une chose, se faire des amis utiles une autre !

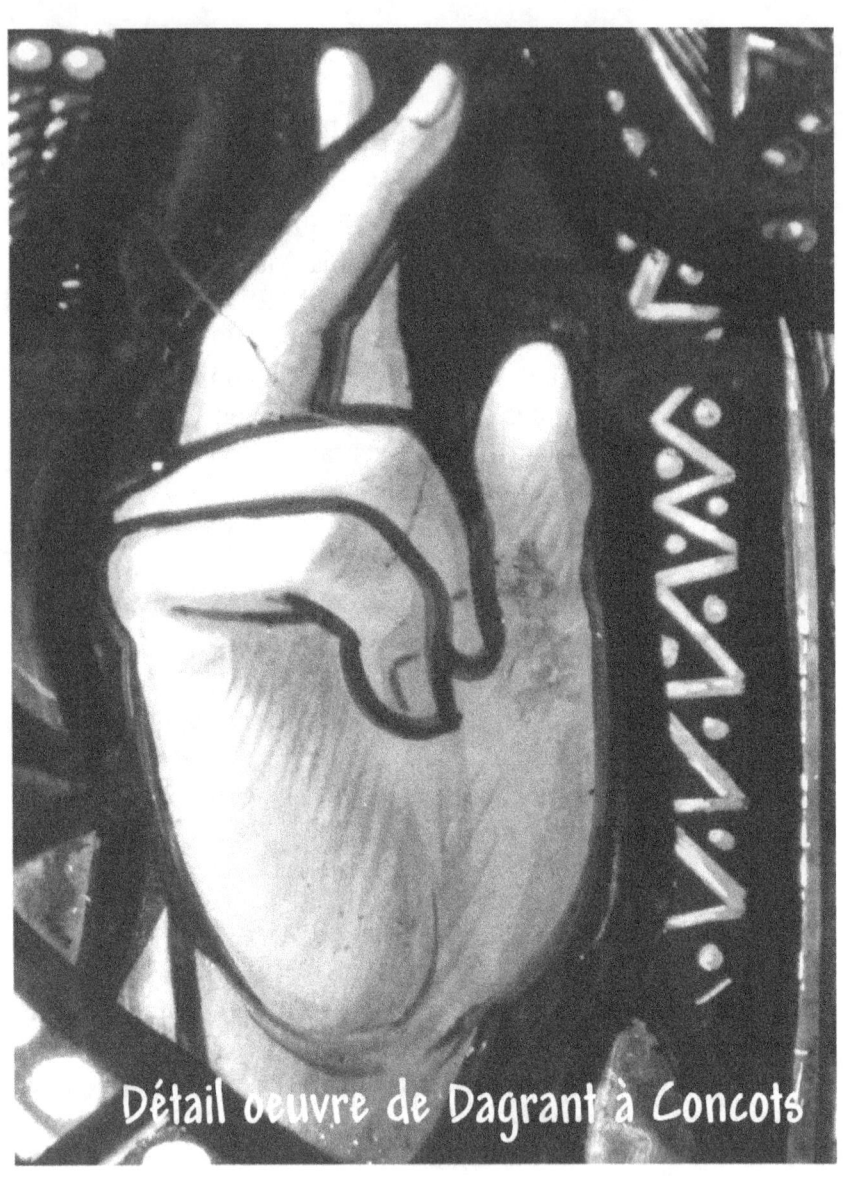

Détail oeuvre de Dagrant à Concots

Saint Valentin 2015,
le livre du samedi 14 février

Dépôt légal à la publication au format ebook du 30 janvier 2017.

Imprimé par CreateSpace, An Amazon.com Company pour le compte de l'auteur-éditeur indépendant.
livrepapier.com

ISBN 978-2-36541-735-8
EAN 9782365417358
Le livre de la St Valentin de Stéphane Ternoise
© **Jean-Luc PETIT - BP 17 - 46800 Montcuq en Quercy Blanc France**